내게 있는 것

믿음이란
한 알의 밀알이 땅에 떨어져 죽음으로 많은 열매를 맺음과 같이
진리의 열매를 위하여 스스로 죽는 것을 뜻합니다.
눈으로 볼 수는 없으나 영원히 살아 있는 진리와
목숨을 맞바꾸는 자들을 우리는 믿는 이라고 부릅니다.
「믿음의 글들」은 평생, 혹은 가장 귀한 순간에
진리를 위하여 죽거나 죽기를 결단하는
참 믿는 이들의, 참 믿는 이들을 위한, 참 믿음의 글들입니다.

모두가 부자를 꿈꾸는 시대의 청년들에게 띄우는 세 번째 청년서신

내게 있는 것

이재철 지음

책을 열며

  이탈리아 출신의 토마스 아퀴나스(Thomas Aquinas, 1225-1274)는, 2,000년 교회 역사상 가장 뛰어난 철학자이자 신학자 중의 한 사람으로 추앙받고 있다. 아리스토텔레스 철학을 기독교 세계관에 도입하여 체계화시키는 데 크게 공헌한 그는 주요 저서들을 남겼는데, 특히 《신학 대전 *Summa Theologiae*》과 《이단 논박 대전 *Summa contra gentiles*》은 800년이 지난 지금까지 라틴 신학의 고전으로 평가되고 있다.
  아퀴나스의 친구였던 레지날드(Reginald)는 말년의 아퀴나스에게 일어났던 일화를 전해 준다. 어느 날 아퀴나스가 성전 제단 앞에서 기도하고 있을 때였다. 제단에 걸려 있는 십자가로부터 주님의 음성이 들렸다.

    나에 대해 참 좋은 책을 썼구나. 너는 나에게서 어떤 보답을 원하느냐?

이에 대한 아퀴나스의 대답은 단 한 줄이었다.

주여, 오직 당신만을!(Only yourself, Lord!)

어떤 사제나 학자보다도 인간의 삶(철학)에 대해, 하나님(신학)에 대해 더 많은 질문과 해답을 갖고 있던 아퀴나스의 대답은 지극히 간단했지만, 그러나 이보다 더 위대한 답변은 없다. 천하를 쥐었을지라도 하나님 없다면, 실은 그는 아무것도 가진 것이 없는 자다. 머지않아 공동묘지의 먼지로 사라질 뿐이다. 반면에 주머니가 텅 비어 있을지라도 주님과 함께라면, 그는 모든 것을 지닌 자다. 그는 이미 영원을 소유한 까닭이다. 참 생명과 진리에 의한 바른 삶의 모태가 공동묘지의 먼지 아닌 영원, 곧 주님이심은 두말할 나위도 없다.

작년 1년 동안도 국내외 도처에서 많은 젊은이들을 만났다. 그리고 그들에게 던진 화두는 '내게 있는 것'(행 3:6)이었다.
사랑하는 청년들이여!
현재 그대에게 있는 것은 무엇인가?
앞으로 무엇을 얻기 위해 지금 애쓰고 있는가?
물론 큰 재물일 수도 있고, 높은 학식일 수도 있으며, 강력한 권세일 수도 있다. 그러나 한 가지 사실만은 잊어서는 안 된다. 그대의 답변이 '주여, 오직 당신만을!'이 되지 않는 한, 그대는 지금 물거품 인생을 좇고 있음에 지나지 않는다. 속지 마라. 물거품은 허상일 뿐, 실체가 아니다. 허상으로는 세상을 소생시키지 못한다. 오직 생명의 실체만이 생명으로 세상을 살릴 수 있고, 그 생명의 실체는 영원하신 그분으로부터만 흘러난다. 이것이 베드로가 다음과 같이 고백한 까닭이다.

> 은과 금은 내게 없거니와 '내게 있는 것'으로 네게 주노니 곧 나사렛 예수 그리스도의 이름으로 걸으라(행 3:6)

2003년 3월 18일

차 례 ■ 책을 열며 5
　　　　책을 닫으며 275

1 믿음의 논리 마 16:13-17　11

1. 인생이란? 2. 왜 가이사랴 빌립보인가? 3. 우리의 실상은?
4. 자기 부인이란? 5. 왜 디베랴인가?

2 믿음의 자리 마 26:73-75　77

1. 공간인가, 중심인가? 2. 성경열차의 승객은? 3. 필연인가, 선택인가?
4. 어떻게 돌아가는가? 5. 왜 당장인가?

3 믿음의 원천 행 3:3-8　139

1. 생명의 법칙은? 2. 내면화의 핵심은? 3. 외향화의 실체는?
4. 외향화의 결과는?

4 믿음의 틀 행 12:6-9　205

1. 성숙이란? 2. 베드로의 틀은? 3. 바른 틀 속에선? 4. 주차장?
혹은 주유소?

1 믿음의 논리

예수께서 가이사랴 빌립보 지방에 이르러 제자들에게 물어 가라사대 사람들이 인자를 누구라 하느냐 가로되 더러는 세례 요한, 더러는 엘리야, 어떤 이는 예레미야나 선지자 중의 하나라 하나이다 가라사대 너희는 나를 누구라 하느냐 시몬 베드로가 대답하여 가로되 주는 그리스도시요 살아 계신 하나님의 아들이시니이다 예수께서 대답하여 가라사대 바요나 시몬아 네가 복이 있도다 이를 네게 알게 한 이는 혈육이 아니요 하늘에 계신 내 아버지시니라 -마 16:13-17

1. 인생이란?

　인생이란 반복이다. 매일 아침마다 날이 밝는다. 으레 잠자리에서 일어나 세수를 하고 아침밥을 먹는다. 어제와 같은 사무실 혹은 집안에서 똑같은 일을 되풀이한다. 점심식사 후에도 마찬가지다. 저녁이 되면 어제 퇴근했던 집으로 귀가하여 동일한 잠자리에서 잠을 잔다. 물론 내일 역시도 똑같은 하루가 반복될 것이다. 그러다가 주일이 되면, 지난 주일과 같은 교회에서 같은 형식의 예배를 드리고 동일한 봉사를 되풀이한다. 이런 의미에서 확실히 인생은 반복이다. 여기에서 예외인 인생이 없다. 그러나 거기에도 차이는 있게 마련이다. 반복이긴 반복이되 그 반복이 무엇을 위한, 무엇에 의한, 무엇을 향한 반복이냐에 따라 그 과정과 결과는 확연하게 구별된다.

　약 10여 년 전 한국 탐험대가 지구의 최극지인 북극을 정복한 적이 있었다. 1827년 영국의 윌리엄 페리가 처음으로 북극 도전에 나섰다가 실패한 이래, 163년 동안 65개 팀이 도전하였지만 성공한 예는 그때까지 17개 팀에 불과하였다. 따라서 한국팀은 북극 도전에 성공한 열여덟 번째 팀이었고, 국가별로는 열한 번째였다. 그 자체만으로도 대단한 위업이 아닐 수 없었다. 그런데 당시 한국 탐험대 대장이었던 최종열 씨는 후에, 자신이 북극점을 정복하던 순간의 감회를 모 일간지에 게재한 수기를 통해 이렇게 피력했다.

> 1991년 5월 7일 새벽 1시 정각, 내가 지구촌 제1의 극지인 북극점에 서는 순간, 허무감 그리고 허탈감뿐이었다. 내가 무엇 때문에, 무엇을 얻기 위해 그 숱한 어려움을 겪으며 목숨까지 내던질 각오로 지구의 꼭짓점을 향해 3년이란 긴 세월을 허비했던가?

인간의 한계를 뛰어넘는 북극을 단지 걸어서 정복하기 위해서, 3년 동안 밤낮으로 얼마나 피눈물 나는 훈련을 반복했겠는가? 그 반복의 경험은 돈을 주고도 살 수 없는 값진 재산이요, 앞으로 살아가는 동안 당사자의 인생에 긍정적인 영향을 미칠 것임에 틀림없다. 그럼에도 세계에서 열여덟 번째로 북극을 정복하는 쾌거를 이루는 순간 허무감과 허탈감을 가장 먼저 느꼈다는 그의 고백은, 오늘도 반복의 인생을 살고 있는 우리에게 많은 것을 생각게 한다. 목적이 성취되었다고 후회하지 않는 것은 아니다. 큰 업적을 이루었다고 마냥 즐겁기만 한 것도 아니다. 오히려 남보다 더 큰 목적이나 업적을 달성할수록 그로 인해 더 큰 허무감과 허탈감에 빠질 수 있음을 알아야 한다.

대학 2학년 때 연극에 출연한 적이 있었다. 프랑스어로 하는 원어

연극이었기에 준비기간이 1년이나 되었다. 대사를 몸에 밴 듯 외우는 기간이 약 8개월이었고, 나머지 기간엔 대사와 몸동작을 함께 익혔다. 강의가 끝난 뒤에야 연습을 할 수 있었으므로, 밤 12시면 통행금지가 실시되던 당시 매일 밤 통금 직전이 되어서야 귀가하였다. 그 1년 동안 연극 이외의 것은 아무것도 생각조차 할 수 없는 강행군이 계속되었다.

마침내 공연일이 다가왔다. 당시 한국 최고의 연출자로 인정받던 김정옥 교수의 연출로 남산 드라마센터에서 막이 오르기 직전이었다. 의상을 갈아입고 분장까지 마친 나는 다른 출연자들과 함께, 얼마나 많은 관객이 와 있는지 무대 안쪽에서 커튼 사이로 객석을 내다보며 주체할 수 없는 흥분에 휩싸여 있었다. 그렇게 무대의 막은 올랐고, 사흘에 걸친 6회 공연은 눈 깜짝할 사이에 지나가 버리고 말았다. 마치 순식간에 스쳐 가는 바람과도 같았다. 마지막 날 마지막 회 공연이 끝나고 마지막 막이 내려오는 순간, 갑자기 허탈감이 나를 엄습하였다. 분장실에서 거울을 들여다보며 분장을 지울 때까지도 그 허탈감은 사라지지 않았다. 오히려 분장이 지워질수록 허탈감은 더 증폭되었다. 고작 이 사흘을 위해 지난 1년 동안 그토록 고생했단 말인가? 참으로 허전하였다. 그날 밤, 가슴에 한 아름 꽃다발을 안고 버스를 타려 남산 길을 걸어 내려오면서 나는 인생을 생각했다. 내가 열다섯 살 되던 해 겨울 밤 갑작스런 아버님의 죽음 앞에서 인생이 무엇인지 난생 처음으로 숙고해 보았다면, 그날 밤은 인생에 대해 깊이 생각한 두 번째 밤이었다.

모든 인간은 각자 인생의 무대 위에 서 있는 존재다. 그러나 그 무대는 영원하지 않다. 언젠가 반드시 끝나고야 마는 한정된 무대다.

관객은 떠나고, 화려한 조명도 꺼지며, 막은 내리게 마련이다. 그때 허탈감에 치를 떨며 무대를 내려올 수도 있고, 비록 부족했을망정 자신의 소임 다하였음을 감사하며 하단할 수도 있다. 그 차이는 무대 위에 있는 동안, 그 무대에서 무엇을, 무엇을 위해 반복했느냐에 의해 판가름 나는 법이다.

2. 왜 가이사랴 빌립보인가?

> 예수께서 가이사랴 빌립보 지방에 이르러 제자들에게 물어 가라사대 사람들이 인자를 누구라 하느냐 가로되 더러는 세례 요한, 더러는 엘리야, 어떤 이는 예레미야나 선지자 중의 하나라 하나이다 가라사대 너희는 나를 누구라 하느냐 시몬 베드로가 대답하여 가로되 주는 그리스도시요 살아 계신 하나님의 아들이시니이다(마 16:13-16)

본문은 시기적으로 3년에 걸친 예수님의 공생애가 마무리에 돌입한 마지막 시점의 이야기이다. 이제 주님께 남은 최후의 과업이 있다면, 십자가를 지기 위해 예루살렘으로 가시는 것이었다. 그런데 지금 주님께서는 예루살렘과는 정반대 방향인 북쪽으로 향하고 계신다. 변화산에 이르시기 위함이었다. 그곳에서 무슨 일이 있었는지 우리는 잘 알고 있다. 주님의 모습이 해같이 눈부시게 변형됨과 동시에, 하늘에서 내려온 두 사람과 더불어 말씀을 나누셨다. 그 두 사람이 누구인지, 그리고 주님께서 그들과 나누신 대화의 내용이 무엇인지 누가복음 9장 30-31절이 밝혀 주고 있다.

> 문득 두 사람이 예수와 함께 말하니 이는 모세와 엘리야라 영광 중에 나타나서 장차 예수께서 예루살렘에서 별세하실 것을 말씀할새

하늘에서 내려온 두 사람은 모세와 엘리야였다. 그리고 그들과 나누신 대화의 내용은, 죄와 죽음에 빠진 인간의 구원을 위해서는 주님께서 친히 십자가의 제물 되어 돌아가시는 것 이외에는 달리 방법이 없음을 재확인하시는 것이었다. 그 직후 주님께서는 갈릴리를 거쳐 예루살렘으로 향하는 십자가의 대장정에 나서셨다. 본문의 시점은 주님의 생애에서 그만큼 중요한 시기였다.

마지막 그 중요한 시점, 북쪽 변화산으로 향하시던 주님께서는 가이사랴 빌립보를 통과하시게 되었다. 가이사랴 빌립보는 본래 이스라엘 최북방 헬몬 산 기슭 해발 345미터 지점에 위치한, 머리 위로 헬몬 산 정상의 만년설이 올려다 보이는 작고 아름다운 시골 마을이었다. 그러나 헤롯 대왕의 아들 헤롯 빌립이 그곳에 도시를 건설하고, 로마 황제의 칭호인 '카이사르'에 자신의 이름 '빌립'을 덧붙여 '가이사랴 빌립보(Caesarea Philippi)'라 명명하였다.

당시 로마 제국에 속한 영토 내에는 로마 황제의 이름이나 칭호를 붙인 도시가 여럿 있었다. 하지만 아무나, 아무 도시에나 로마 황제의 이름을 붙일 수는 없었다. 그것이 가능하기 위해서는 반드시 두

가지의 조건이 충족되어야만 했다. 첫째는 로마 황제의 위용에 걸맞는 규모를 갖추어야 했다. 지중해 세계의 제1인자인 황제의 이름을 아무 곳에나 붙인다면 그것은 황제에 대한 모독일 것이기 때문이다. 두 번째 조건은, 그 도시의 중심이나 혹은 도시의 가장 높은 곳에 반드시 황제를 위한 신전이 자리잡고 있어야 했다. 당시 로마 황제는 지상의 신이었다. 명목상의 신이 아니라, 신전에서 인간의 경배를 받는 실질적인 신으로 군림하고 있었다. 그러므로 분봉왕 헤롯 빌립이 건설한 도시에 황제의 칭호가 붙었다는 것은 바로 이 두 조건이 충족되었음을 의미한다. 가이사랴 빌립보는 한마디로, 황제의 신전이 인간을 압도하는 황제의 도시였다.

그 황제의 도시에 지금 주님 일행이 나타났다. 황제의 도시 사람들에 비해 갈릴리 빈민 출신인 주님 일행의 행색은 유행이나 세련과는 전혀 동떨어진, 마치 거지처럼 옹색했을 것이다. 쉽게 짐작할 수 있는 것은, 주님보다도 로마 황제 신전의 문지기가 훨씬 더 값진 옷을 입고 있었을 것이라는 점이다. 그처럼 초라한 모습의 주님께서 바로 그곳에서 제자들에게, 세상 사람들이 당신을 누구라 여기고 있는지를 물으셨다. 이 질문은 황량한 벌판에서 던져진 질문이 아니었다. 황제의 신전이 인간을 압도하는 황제의 도시에서 던져진 질문이었다.

당시 로마 제국이 추구하고 또 자랑하던 것은 세 가지였다. 첫째, 힘이었다. 권력, 군사력, 경제력─이 절대적인 힘을 과시하기 위해 그들은 도시나 건물을 세울 때면 으레 웅장한 석재와 화려한 대리석을 동원하였다. 둘째, 지식이었다. 그들은 자신들의 높은 학문을 자랑하기 위하여 도시마다 대형 도서관을 건립하였고, 가정마다 서재의 크기를 경쟁하였다. 셋째는 인간 육체의 아름다움이었다. 그래서 그들은 시가지는 물론이요 집 안 곳곳에, 아름다운 몸매를 지닌 여인의 나신상과 우람한 근육의 남자 조각상을 즐비하게 세웠다. 그렇다면 우리는 그와 같은 로마의 도시 장관을 충분히 상상할 수 있다.

그처럼 웅장한 황제의 도시를 배경으로 주님께서, 세상 사람들이 당신 자신을 누구로 여기고 있는지를 물으셨다. 제자들은 그들이 알고 있던 세론(世論), 즉 세례 요한이라 하는 사람들도 있고, 엘리야라 하는 사람들도 있으며, 또 예레미야나 선지자 중의 한 분으로 여기는 사람들도 있음을 그대로 말씀드렸다. 이것은 언뜻 주님에 대한 칭송의 여론처럼 보인다. 그러나 본문의 배경이 황제의 도시임을 감안하면 전혀 그렇지 않다는 사실을 알게 된다. 세상 사람들 보기에 그처럼 초라한 행색의 예수님이라면, 로마 황제처럼 신전에서 인간의 경배를 받는 신일 수는 없다는 것이었다. 그런 몰골이라면, 고작 똑같은 모습으로 이 땅을 이미 거쳐 간 유대 선지자 이상일 수는 없다는 의미였다.

주님께서 이번에는 제자들에게, '너희는 나를 누구라 하느냐?' 고 친히 물으셨다. 이 질문에 대해 베드로가 주저 없이 대답하였다.

> 주는 그리스도시요 살아 계신 하나님의 아들이시니이다(마 16:16)

그리스어 원문에는 '주' 란 말이 없다. 베드로는 이렇게 고백하였다. "당신은 그리스도시요 살아 계신 하나님의 아들이십니다." 베드로의 이 고백은 심산계곡에서 드려진 것이 아니다. 황제의 신전이 인간을 압도하는 황제의 도시를 배경으로 주님께 드려진 고백임이 전제될 때에만, 이 고백의 깊고도 참된 의미를 이해하게 된다.

베드로는 주님을 향해 먼저, 당신은 그리스도 즉 구원자시라고 고백하였다. 무슨 말인가? 지중해 세계를 제패한 로마 황제가 구원자가 아니라는 말이다. 권력의 힘, 경제력의 힘으로 인간에게 풍요로움을 안겨다 주고, 학문적 지식을 고양시켜 주며, 육체의 아름다움을 누리게 해 주는 로마 황제가 구원자가 아니라는 것이다. 로마 황궁의 황금보좌에 앉아 있는 로마 황제가 아닌, 비록 걸인 같은 몰골일망정 나사렛 예수―바로 당신만이 인간을 구원하실 그리스도시라는 뜻이었다.

베드로는 주님을 향해 계속하여, 당신은 살아 계신 하나님의 아들이시라고 고백했다. 하나님의 아들이란 또 무슨 말인가?

개의 새끼는 언제나 개다. 부자의 대저택에서 사람보다 더 비싼 음식을 먹으며 호강한다고 해서 그 개가 사람이 되는 것은 아니다. 같은 논리로 사람의 자식은 어떤 상황에서도 사람이다. 아프리카 빈민촌에서 영양실조로 죽어 간다 해도 사람이 아닌 것은 아니다. 개의 새끼는 항상 개요 사람의 자식은 언제나 사람임이 당연하다면, 하나님의 아들 역시 응당 하나님일 수밖에 없다. 이것이 바로 주님에 대한 베드로의 고백이고, 이 고백의 배경은 황제의 도시이다. 그렇다면 이제 우리는 이 고백의 참 의미를 건져 올릴 수 있다. 즉, 저 웅장한 신전에서 인간의 경배를 받고 있는 로마의 황제가 신이 아니라는 것이다. 삼권을 장악하고 절대권력을 휘두르는 로마의 황제가 아니라, 은과 금은 없지만 나사렛 예수―바로 당신이 이 땅에 오신 임마누엘 하나님이시라는 의미였다.

이 고백을 받으시는 주님께서 지금 어디에, 어떤 모습으로 계시는가? 황제의 신전이 장엄하게 버티고 있는, 웅장하고 화려한 황제의 도시 앞에서 갈릴리 빈민의 모습으로 서 계신다. 그 황제의 도시와 주님의 모습을 비교해 그려 볼수록, 베드로의 이 고백이 얼마나 심오한 고백인지 알게 된다.

한마디로, 이 세상을 압도하고 있는 황제의 논리를 따르지 않고 주님의 논리를 따르겠다는 고백이다. 경쟁자를 가차없이 짓밟고 최고 최대가 되어야 한다는 거대주의, 수단과 방법을 가리지 않고 무조건 목표를 달성해야 한다는 성공제일주의, 인간의 인격마저 물질로 가늠하는 황금만능주의로 대변되는 황제의 논리, 즉 매머니즘(mammonism)의 경제논리를 배격하고, 오직 길이요 진리요 생명이신 주님의 논리—그 영원한 논리를 따르겠다는 결단이었다. 다시 말해, 로마 제국이 추구하고 자랑하는 세상의 힘, 인간의 지식, 육체의 아름다움을 삶의 목적으로 삼는 것이 아니라, 주님께서 이 땅에서 친히 보여 주신 진리의 말씀을 좇아 살겠다는 다짐이었다. 이것이 황제의 도시에서 있었던 일임을 상기한다면, 베드로의 고백이야말로 인간이 주님을 향해 드릴 수 있는 고백 중에 가장 위대한 고백임이 분명하다.

이것이 주님께서 베드로를 다음과 같이 극찬하신 이유이다.

> 바요나 시몬아 네가 복이 있도다 이를 네게 알게 한 이는 혈육이 아니요 하늘에 계신 내 아버지시니라(마 16:17)

그렇지 않은가? 위로부터 하나님의 은총을 입는 복을 받지 않고서야 어찌 확실하게 눈에 보이는 황제의 논리보다 눈에 보이지 않는, 아니 오히려 초라하기 짝이 없어 보이는 주님의 논리를 더 귀히 여길 수 있겠는가? 그래서 주님께서는 베드로를 '바요나 시몬'이라고 부르셨다. '바'는 아람어로서 '아들'을, '요나'는 베드로의 아버지인 '요하나'를, 그리고 '시몬'은 베드로의 옛(히브리식) 이름을 가리킨다. 하나님의 은총이 아니고서는, 부모를 포함하여 그 어떤 인간을 통해서도 깨달을 수 없는 은혜임을 강조하시기 위함이었다. 그리고 주님께서는 베드로에게 세 가지 사실을 천명하셨다.

> 또 내가 네게 이르노니 너는 베드로라 내가 이 반석 위에 내 교회를 세우리니 음부의 권세가 이기지 못하리라 내가 천국 열쇠를 네게 주리니 네가 땅에서 무엇이든지 매면 하늘에서도 매일 것이요 네가 땅에서 무엇이든지 풀면 하늘에서도 풀리라(마 16:18-19)

첫째, 반석(베드로란 이름의 뜻이 '반석'이다)과도 같은 베드로의 신앙고백 위에 주님의 교회를 친히 세우시겠다고 천명하셨다. 이 말씀을 통해 우리는 교회의 본질을 알게 된다. 이 세상의 모든 교회는 주님의 교회요, 그렇기에 주님 외에 인간 그 누구도 교회의 주인일 수 없다. 그러므로 교회란, 제도나 건물이 아니라 주님을 주인으로 모신 사람들의 모임이다. 다시 말해 이 세상을 압도하고 있는 황제의 논리에 빠지지 않고, 오직 주님의 영원한 논리를 좇아 살아가는 사람들의 모임이 교회다. 만약 교회가 세상 사람들로부터 썩었노라 지탄받고 있다면, 그것은 제도나 건물이 낡았다는 말이 아니다. 그 속의 사람들이 영원한 논리가 아닌, 황제의 논리에 침몰해 있음을 뜻하기 때문이다.

둘째, 주님의 교회를 음부의 권세, 즉 사망의 권세, 사단의 권세가 결코 이기지 못할 것임을 천명하셨다. 참으로 지당하신 말씀이다. 영원한 논리를 추구하는 자들 가운데 영원하신 주님께서 함께하고 계실 것인즉, 어찌 죽음의 권세 혹은 사단의 권세가 득세할 수 있겠는가? 그럼에도 오늘날 많은 교회들이 분열과 다툼의 소용돌이에 휘말려 있다면, 그 역시 그 속의 사람들이 황제의 논리를 신봉하고 있음이다. 황제의 논리는 무자비한 경쟁을 초래하고, 그것은 필히 대립과 반목으로 귀결될 수밖에 없다.

셋째, 땅에서 무엇이든지 매고 푸는 대로 하늘에서도 그대로 될 것임을 약속하셨다. 한마디로 응답해 주시겠다는 말씀이었다. 이 또한 당연한 사필귀정이다. 주님을 주인으로 모시고 주님의 영원한 논리를 따라 사는 자들에게 영원하신 주님께서 응답해 주심은 너무나도 자명한 일이다. 오늘날 교회가 외형은 엄청나게 비대해졌음에도 불구하고 세상을 변화시킬 생명력도 감화력도 상실하였다면, 교회가 사회에 새 생명의 영향을 미치지 못하고 있다면, 그 또한 그 속의 사람들이 황제의 논리를 우상으로 섬기고 있는 까닭이다. 황제의 논리는 반드시 폐허로 결말나게 마련이다. 사방을 둘러보라. 오늘날 로마 제국은 오직 폐허 속에 존재할 뿐이다. 로마 황제의 무덤과도 같은 그 허무하고 황량한 폐허 말이다.

여기에서 우리는, 주님께서 이스라엘의 많고 많은 도시와 마을 중에서 왜 하필이면 황제의 도시인 가이사랴 빌립보를 택하시어, 제자들에게 "너희는 나를 누구라 하느냐?"라는 존재적 질문을 던지셨는지 그 연유를 알게 된다. 이 세상을 압도하는 황제의 논리를 뛰어넘어 보이지 않는 영원한 논리를 추구하지 않고서는, 주님을 향한 참된 믿음이 결코 시작될 수 없음을 일깨워 주시기 위함이었다.

    그대 잊지 말아라. 영원한 논리를 좇지 않고서는, 영원한 생명을 누리는 참된 크리스천이 되는 방도가 따로 있을 수 없다. 영원한 논리에서 벗어나 있다는 것은, 반드시 황량한 폐허로 끝나 버릴 허망한 황제의 논리에 빠져 있음을 뜻하기 때문이다.

3. 우리의 실상은?

> 이때로부터 예수 그리스도께서 자기가 예루살렘에 올라가 장로들과 대제사장들과 서기관들에게 많은 고난을 받고 죽임을 당하고 제 삼일에 살아나야 할 것을 제자들에게 비로소 가르치시니(마 16:21)

베드로가 황제의 도시에서 황제의 논리에 전혀 압도당함이 없이 주님께 바른 고백을 드렸기에, 주님께서는 제자들에게 비로소 당신이 당하실 고난—인간의 죄를 대속키 위해 당신께서 친히 십자가의 제물이 되어 돌아가실 것을 밝히셨다. 주님께서 그리스도이심을 제자들이 알게 된 이상, 그들에게 주님께서 이루실 구원의 내용을 밝혀 주시는 것은 지극히 자연스런 수순이었다. 그리고 제자들은 주님의 계획을 순종으로 받아들여야만 했다. 베드로의 고백처럼 주님께서 하나님이셨기에, 주님의 말씀은 곧 하나님의 말씀이요 뜻이었기 때문이다. 그러나 베드로의 반응은 전혀 뜻밖이었다.

> 베드로가 예수를 붙들고 간하여 가로되 주여 그리 마옵소서 이 일이 결코 주에게 미치지 아니하리이다(마 16:22)

본문에서 '간(諫)하다'라는 동사의 원어 '에피티마오(epitimao)'는 '꾸짖다' 혹은 '비난하다'는 뜻이다. 베드로는 주님을 향해 '당신은 하나님이십니다'라고 고백했던 인물이다. 다른 제자면 모르되 베드로라면, 주님께서 무슨 말씀을 하시든 전적으로 수용해야만 했다. 하지만 그는, 대체 그게 무슨 말이냐는 식으로 주님을 꾸짖었다. 본문이 우리말로는 경어로 번역되어 있어 꾸중 혹은 비난과는 거리가 멀어 보인다. 그러나 헬라어에 경어가 없음을 감안하면, 본문의 내용 자체가 이미 주님에 대한 불경스런 도발이요 비난임을 알게 된다. 더욱이 베드로는 주님의 옷자락까지 움켜쥐고 주님을 꾸짖었다. 그는 더 이상 주님의 제자가 아니었다. 주님을 하나님으로 믿는 자도 아니었다. 그 순간엔 베드로 자신이 스승이요 하나님이었다. 조금 전 주님께 드렸던 고백과는 전혀 상반된 행동이었다. 도대체 베드로가 이처럼 어처구니없는 짓을 행한 까닭은 무엇인가?

그는 황제의 논리를 뛰어넘어 영원의 논리의 절대성을 깨닫는 은총은 위로부터 입었지만, 그 깨달음의 은총을 삶 속에 실천할 의지와는 아직 거리가 먼 상태에 있었다. 즉, 주님을 하나님이라 입으로 고백은 하면서도 그의 사고는 여전히 황제의 논리에 젖어 있었던 것이다. 황제의 논리로 볼 때에, 이 땅에 임하신 하나님께서 인간에게 고난을 당하고 죽는다는 것은 적어도 베드로에겐 상상조차 불가능한 일이었다. 정말 하나님이시라면, 로마 황제보다 세속적으로 훨씬 더 큰 성공과 업적을 보여 주어야만 했다. 모든 유대인의 염원에 부응하여, 응당 압제자 로마 황제를 몰아내고 그들에게 정치적 자유와 경제적 풍요로움을 보장해 줌이 마땅하다고 그는 믿어 의심치 않았다. 그래서 그는 일말의 주저함도 없이 주님의 옷자락을 움켜쥐고 주님을 꾸짖었다. 그것이 마치 참된 믿음의 발로인 것처럼 말이다.

주님께서 그와 같은 베드로를 향해 말씀하셨다.

> 사단아 내 뒤로 물러가라 너는 나를 넘어지게 하는 자로다 네가 하나님의 일을 생각지 아니하고 도리어 사람의 일을 생각하는 도다(마 16:23)

여기에서 '일'이라 번역된 원어 '타(ta)'는 '것'이란 말이다. 따라서 '네가 하나님의 일을 생각지 아니하고 도리어 사람의 일을 생각한다'는 본문을 보다 원문에 가깝게 번역하면, '너의 생각은 하나님께 속한 것이 아니라 사람에게 속한 것이다'라는 말이 된다. 대체 하나님께 속한 생각은 무엇이며, 또 사람에게 속한 생각이란 무엇을 뜻하는가? 두말할 것도 없이 하나님께 속한 생각이란 영원의 논리요, 사람에게 속한 생각은 황제의 논리다.

사단은 결코 이마에 뿔이 솟은 도깨비의 모습으로 인간을 공략하지 않는다. 누구든 영원한 논리보다도 황제의 논리를 더욱 신봉하는 자가 있다면, 바로 그 사람이 사단이다. 황제의 논리에 빠져 있는 그가 곧 영원한 논리를 가로막는 걸림돌일 것이기 때문이다. 황제의 논리와 영원의 논리는 어떤 경우에도 자리를 함께하지 않는다. 황제의 논리가 창궐하는 곳엔 영원의 논리가 꽃피지 않고, 영원한 논리가 실천되는 곳에 황제의 논리가 설 자리란 있을 수 없다.

절대로 간과치 말아야 할 것은, 베드로의 어처구니없는 이 모습이 바로 한국 교회의 실상이라는 사실이다. 영원하신 하나님을 믿는다면서도 실은 황제의 논리에 빠져 있는 한국 교회, 영원하신 하나님의 나라를 목표로 삼는다면서도 황제의 논리에 젖어 하나님 나라의 걸림돌이 되어 있는 한국 교회 말이다.

오늘날 교회는 교회 밖의 지탄을 넘어 교회 내부로부터의 들끓는 비판에 직면해 있다. 뜻있는 크리스천이라면 교회가 이래서는 안 된다는 자성의 소리에 입을 모은다. 지난 몇 해 동안 나는 국내외 한인 크리스천들로부터 많은 편지를 받았다. 주로 자신이 다니는 교회의 현실에 대한 아픔을 호소하는 내용이었다. 그 중에서 각각 다른 나라로부터 받은 몇 통의 편지를 함께 살피면서 우리의 현실을 되돌아보기로 하자.

> 저는 한국에서 대학강사로 일하다가 몇 해 전 박사학위를 따기 위해 영국으로 유학을 왔습니다. 아마 늦어도 내년 봄 이전에는 학위논문을 마치고 다시 한국으로 돌아가게 될 것입니다. 제가 오늘 말씀드리고자 하는 것은, 이제 10개월 정도 있으면 영국을 떠날 수밖에 없습니다만, 영국에 오신 목회자들 대부분은 목사님일지는 모르지만, 목회자가 아닌 분이 너무도 많다는 사실을 외람되이 밝혀 드리고자 함입니다.
>
> 그분들은 대부분 선교나 목회를 위해 오신 분이 아닙니다. 거의

다 영국에 영주권을 받으러 온 분들로, 대부분 목회를 빙자하고 있습니다. 한국 어디에서도 더 이상 목회를 할 수 없는 분들이 마지막으로 택한 곳이 영국이라 여겨집니다. 그리고 이곳에서 영주권을 얻어, 자녀들을 박사 내지는 일류대 학생으로 만들겠다는 일념으로 이곳에 온 것처럼 보입니다. (중략) 그분들 중에는 몇 번씩 추방을 당해, 영어 이름으로 Park 대신에 Bark, Kim 대신에 Gym으로 바꿔 영국으로 다시 불법 입국한 분들도 있습니다. 그런 까닭에 그분 자녀들의 이름도 고개를 갸우뚱할 정도로 참 이상한 스펠을 쓰고 있습니다. 이런 의미에서 이곳의 젊은 영혼들은 다 파리한 영혼으로 메말라 가고 있음을 말씀드리지 않을 수 없습니다.

제가 다니고 있는 교회도 참 안타깝고 답답하고 탄식할 일이 많습니다. (중략) 지난 4년간 건축헌금으로 적금해 둔 돈을 얼마 전 목사님이 사적인 용도로 쓰시겠다고 하여 제직회에서 말렸습니다. 그때 그분이 하신 말씀을 그대로 적어 보겠습니다. 물론 저희가 목사님을 청빙한 것이 아니라, 이 교회는 그분이 개척한 교회임을 먼저 밝혀 드립니다.

1. 목사는 하나님의 아들이기 때문에 아버지 돈을 얼마든지 언제든지 쓸 수 있다. 갚을 수도 있지만, 못 갚을 수도 있다.

2. 교회의 머리는 예수님이시고, 예수님 다음에는 목사다. 교회보다 목사가 더 중요하다.

3. IMF 상황 때 적립금을 한국으로 보내어 높은 환율로 팔았다가, 환율이 떨어졌을 때 영국으로 역송금을 했더라면 큰 이익을 보았을 것이다. 그런데 제직들이 교회는 비즈니스처럼 하면 안

된다면서 반대했다. 그때 그랬어야만 했다(IMF가 지난 지금도 이 분은 동일한 이야기를 하고 있습니다).

교인들 대부분은 이미 교회를 떠났습니다. 이제 저도 부득불 떠나야 될 듯합니다. 현재 6명의 제직들은 아예 제직회에 참석지도 않습니다. 그리고 헌금과 재정관리는 모두 목사님이 손수 집행하고 있습니다. 늘 이번 주에 누가 십일조를 냈고, 누가 내지 않았다는 것이 그분의 가장 주요 관심사입니다. 헌금기도 중에도 '하나님의 것을 도둑질하지 말라'고 하십니다. (중략)

교역자의 잘못을 다른 교역자에게 말씀드리는 것은 금기사항으로 여겨집니다만, 한번 이곳의 안타까운 영적 현실을 헤아려 주십사고 이런 편지를 드림을 널리 양해해 주시고 용서해 주시기 바랍니다.

2000년 5월 27일, 영국에서 ○○○

이곳 시드니에 대한 저의 소감을 말씀드리겠습니다.

교민이 약 4만 명 정도에 불과한 시드니에는 교민 잡지에 등록된 교회 수만도 150개 정도이며, 가정 교회까지 합치면 무려 250개 정도로 추산되고 있습니다. 호주 이민성의 자료에 의하면, 현재 700여 명의 한인 목회자가 이곳에 있다고 합니다. 이번 달에만도 광고와 함께 개척된 교회가 4개나 됩니다. 이렇게 많은 교회 중에 자립하는 교회, 즉 목사님 사례비와 운영비를 지불할 수 있는 교회는 약 10퍼센트 정도에 지나지 않습니다. 그래서 많은 목사님과 사모님이 청소나 노동 등을 하고 있고, 대개는 어떤 형태로든 한국으로부터의 지원을 받고 있습니다.

새로 교회를 개척하는 목사님들의 개척의 변은, 교민들의 이민 생활에 따른 영적 침체 및 상처를 치유하고 바른 신앙으로 인도하기 위함이라고 합니다. 그러나 몇 년이 지나도 교인 수가 늘지 않는 교회가 대다수입니다. 영적이라기보다는 인간적인 관계를 통한 부흥을 꾀하는 경우가 더 많습니다. 목사님들이 독선과 고집, 명예욕 등으로 교인들의 마음을 아프게 하거나, 비전이 있는 교회를 만든다며 많은 헌금을 낭비하는 경우도 빈번하게 발생하고 있습니다. 교인과 교인, 교인과 목사, 목사와 목사끼리 서로 싸우다가 교회가 찢어지는 일도 비일비재합니다.

물론 이런 환경 속에서도 열심히 아름답게 신앙생활 하는 분도 많습니다. 문제는 이곳의 덕스럽지 못한 목회자들과 교인들 때문에 고민하고 좌절하면서 심한 영적 침체와 아픔 속에서 괴로워하는, 그러면서도 하나님을 떠나 버릴 정도로는 모질지 못한 불쌍한 영혼들입니다. 이들을 그냥 이렇게 내버려 둘 수는 없지 않겠습니까? 누군가가 붙잡고 위로하고 치료해 주어야 마땅하지 않겠습니까?

2001년 4월 18일, 호주 시드니에서 ㅇㅇㅇ

교회는 일요일의 의례행사로 가는 미국인들은 제쳐놓더라도, 얼마나 많은 한인 교포 신자들이 진정한 하나님의 말씀에 목말라하고 있습니까?

수십 년씩 목사로 재임하면서 교회를 개인의 기업으로 만들고 있는 뉴욕의 교회들, 목사와 장로파로 나뉘어 툭하면 법정소송까지 마다하지 않는 LA 교회들, 총 교민 1만 5,000여 명에, 교회는 새끼에 새끼를 쳐서 수백 개가 되어 있는 밴쿠버 시, 신도 수 30여 명 있는 교회의 목사가 대궐 같은 교회를 사 놓고는 신도 직장을 일일이 방문하며 헌금을 요구하고 있는 라스베이거스 교회, 돈을 벌어 부자가 되긴 했지만 마음이 부자가 되지 못해 큰 집에, 영화관 같은 대형 TV에, 각종 사치로 허전함을 채우려는 교민 신자들……. 모두들 진정한 하나님의 말씀을 목말라하는 손 마른 병자들 아니겠습니까?

2001년 10월 10일, 미국에서 ○○○

저희 교회 헌금의 대부분은 목사님의 개인적인 선교사업에 충당되고 있습니다. 그동안 담임목사님께서는 다이너스티 승용차를 타셨는데, 이번엔 체어맨으로 바꾸신다고 합니다. 물론 교회의 헌금관리는 목사님께서 직접 관여하고 계십니다. 목사님께서는 매달 약 20여 회 부흥집회를 나가시지만, 교회에서 받는 봉급에 대해서만 십일조를 내십니다. 그러면서도 교인들에겐 늘 온전한 십일조를 강조하십니다. 이로 인해 얼마나 많은 교우들이 시험을 당하고 있는지 모릅니다. 제 주위에는 정말 어렵게 목회하시는 분들이 많습니다. 그런데도 목사님이 체어맨을 타는 교회에 십일조를 바쳐야 하는지요? 아니면 어려운 교회로 보내어도 되는 것인지요?

상식적으로 생각한다면 당연히 이 교회를 떠나야겠지만, 아직까지 마음에 확신이 서지 않아 스스로 자위하면서 주님의 음성에 귀를 기울이고 있습니다.

2002년 5월 27일, 서울에서 ○○○

저는 현재 동경에서 박사과정을 밝고 있으며, ○○교회를 출석하고 있습니다. 일본 유학 직후 이 교회를 선택한 이유는, 제가 한국에서 어릴 적부터 부모님을 따라 다니던 교회와 같은 교단의 교회였기 때문입니다.

이 교회 교인들 중 상당수는 유흥업소에 다니는 한인 여성들로, 거의 불법 체류자들입니다. 그러나 제가 보기에, 정말 가정 형편이 딱하여 이국땅에서 술집 종업원으로 살아가는 사람은 그리 많지 않은 것으로 여겨집니다. 그들의 사치스러운 삶의 태도를 보건대, 이유는 다른 데 있는 것 같습니다. 그러나 그 이유가 어떠하든 간에, 한국의 젊고 멀쩡한 수많은 젊은 여성들이 외국 술집을 삶의 터전으로 삼고 있다는 사실에, 같은 한국 청년으로서 얼마나 가슴 아픈지 모르겠습니다.

문제는 이들에 대한 목회자의 태도입니다. 정말 바른 교회 진정한 목회자라면, 이 젊은이들이 현재의 방종한 삶을 청산하도록 도와야 한다는 것이 저의 좁은 소견입니다. 복음의 생명력을 믿기 때문입니다. 베드로의 설교를 들은 유대인들이 '우리가 어이할꼬' 하며 회개했듯, 남의 나라 법을 어기고 불법 체류하던 젊은이들이 자신의 잘못을 뉘우치며 바른 길로 나아가도록 인도하는 것이 정상적인 목회자의 역할이요, 또 그릇된 삶에서 돌아서는 것이 교인들의 의무라 생각합니다. 그러나 목사님은 그들이 내는 헌금과 십일조를 칭찬하고, 그들이 귀국할 경우 교인 수가 줄어들 것을 걱정하는 것처럼 보일 뿐, 그들을 참된 크리스천답게 살아가게 하는 데엔 아무 관심도, 노력도 기울이지 않습니다. 물론 청년들 스스로 술집 생활을 청산하는 것도 아닙니다. 주일예배와 주중 술집의 삶이 계속 평행선을 긋고 있을 따름입니다. 수년 동안 매주일 똑같은 광경을 접하다 보니 과연 이런 교회를 계속 다녀야 하는지, 교인들의 삶이 전혀 변화되지 않는 것이 당연한 듯 여겨지는 형편이라면 굳이 신앙생활을 지속할 필요가 있는 것인지, 심각한 회의가 일고 있습니다.

2002년 11월 1일, 일본 동경에서 ○○○

이상의 글들은 모두 오늘날 국내외 한인 교회의 이지러진 단면들을 적나라하게 보여 주고 있다. 이미 지적했듯이, 교회가 이지러졌다는 것은 건물이나 제도가 잘못되었다는 말이 아니다. 그 속에 있는 사람들이 바른 길을 벗어나 있다는 의미이다.

미국에서 발행되는 남가주 한국일보의 정숙희 기자는 무려 6년 동안이나 교회와 관련된 칼럼을 썼다. 그녀의 칼럼은 읽는 이로 하여금 자신의 신앙을 성찰해 볼 수 있는 귀한 거울 역할을 해 주었다. 지난 2001년 8월, 정숙희 기자는 자신의 종교 칼럼을 일시 중단하면서 마지막 칼럼을 게재하였는데, 그 내용이 다음과 같다.

뉴스에세이—K 목사님께

앞으로 자주 뵙기 힘들 것 같습니다. 지난달로 만 6년 1개월 동안 맡았던 종교면에서 손을 놓게 됐습니다. 아주 오랫동안이었던 것 같은데 '6년'이라고 쓰고 보니 잠깐이었다는 생각도 드네요.

그 6년은 우리 가족의 표현을 빌리자면 '시험에 들어 있던' 기간이었습니다. 한인 교계 곳곳을 뛰어다니면서 좋은 미담, 훌륭한 성직자들도 많이 만났지만 그보다는 교회와 크리스천의 나쁜 모습을 너무 많이 보게 되었기 때문이죠. 그 불합리성을 지적하는 칼럼을 쓰면서부터는 개인적으로 감당하기 힘들 만큼 많은 반향에 부딪치기도 했습니다. 시원하다, 용기가 좋다, 어려움이 많지 않느냐는 격려도 많았고, 좀 지나치지 않느냐는 비난도 있었습니다. 그처럼 회자됐던 이유는 그동안 종교계의 부패상에 관해 언론이 침묵해 왔기 때문일 것입니다.

'끊임없는 갈등과 분열'—이것이 한인 교회의 역사라고 한다면 목사님, 제가 너무 심한가요? 저 보기에 교회와 교인들은 끊임없이 다투고 있습니다. 제 책상에는 수많은 교인들이 목사를, 장로를, 혹은 교회를 비방하며 보내온 투서들이 산더미처럼 쌓여 있습니다. 또 험담으로 가득한 전화를 받은 것은 얼만지요.

그동안의 경험을 통해 알게 된 것은, 교회의 문제는 주도권 싸움에서 시작돼 돈 싸움으로 끝난다는 사실입니다. 목사와 장로, 원로와 후임 목사 간의 주도권 싸움이 종국에는 누가 교회 건물을 차지하느냐로 법정까지 가니까요.

지금 현재 벌어지고 있는 한 교회의 분쟁을 예로 들어 볼까요? 어느 쪽이 잘못했는지는 중요하지 않습니다. 양쪽 다 상대를 결사적으로 증오하며 쫓아내려 한다는 사실만이 분명하지요. 분열된 목사 측과 장로 측이 예배 중 헌금주머니를 쟁탈하기 위해 육탄전을 벌이다가 몇 사람이 다치고 깁스까지 했습니다. 싸움이 절정에 달했던 3주 동안은 주일예배마다 싸움이 일어나 경찰이 출동했고, 양쪽이 모두 '안전을 위해' 시큐리티 가드를 대동하고 예배에 임했습니다. 결국 한쪽이 교회 자물쇠를 모두 바꾸고 주차장을 봉쇄한 후 입구에서 얼굴을 확인하고 자기편만을 교회로 들여보내 예배를 가졌으며, 다른 쪽은 인근 주차장에 텐트를 치고 예배를 드렸습니다.

이곳이 교회일까요? 이것이 예배입니까? 이 사람들이 성도 맞습니까?

이것이 한인 그리스도인의 실상입니다. 너무도 잘못된 교회관과 그릇된 예배관, 비뚤어진 목회자관에 기복신앙을 토대로 한 성장주의와 성전 건축에 대한 집념에 빠져 한국 교회는 부패할 대로 부패한 것입니다. 목사님 말씀대로 "무엇이 어디서부터 잘못되었는지 참으로 딱한 일"입니다.

앞으로 한국 교회가 어떻게 되겠는가고 묻는 사람들이 많습니다. 저 개인의 생각으로 교회는 자정능력을 잃었다고 봅니다. 현 교권주의 제도 하에서 신학교를 나와 목사안수를 받은 사람들이 교회를 운영하는 한 같은 일은 되풀이될 것입니다. 기득권을 유지하려는 노력이 반복되기 때문이지요. 자기 목에 칼을 들이대는 사람이 있겠습니까? 요즘은 유행처럼 교회 개혁과 갱신을 부르짖는데 어느 누구도 자신을 개혁할 생각은 하지 않는 것이 문제입니다.

저는 그동안 '목회 성공=양적 성장'이라는 등식에 사로잡혀 있지 않은 목사를 거의 만나 보지 못했습니다. 그 성공의 척도는 더 크게, 더 멋있게 예배당을 건축하는 일이라고 목회자뿐 아니라 성도들 모두가 인식하고 있는 것 같았습니다. 교회는 건물이 아니라는 것을, 목회는 기업이 아니라는 것을 다 같이 머리로는 알고 있으면서도 말입니다.

한 가지 희망은 평신도들입니다. 평신도가 깨어나면 달라질 것입니다. 교회의 주체인 성도 한 사람 한 사람이 모두 파수꾼이 된다면 교회는 다시 건강해질 수 있습니다.

이 칼럼이 단지 미국 소재의 한인 교회에만 국한된 내용인가? 유감스럽게도 그렇지 않다. 국내의 교회에도 고스란히 해당되는 이야기다. 그뿐만이 아니다. 유럽의 한인 교회, 남미의 한인 교회, 오세아니아의 한인 교회, 동남아의 한인 교회에도 가감 없이 그대로 적용되는 내용이다. 세계 어느 곳을 막론하고 이루 헤아릴 수 없이 많은 한인 교회들이 이와 같은 내홍(內訌)을 겪고 있다.

그 이유는 과연 무엇인가? 왜 오늘날의 교회는 사도행전에 등장하는 초대 교회처럼 교회다운 교회와는 거리가 먼 상태에 있는가? 그 이유는 난해한 것도, 복잡한 것도 아니다. 초대 교회가 진정한 교회일 수 있었던 것은 단지 그것이 처음 생긴 교회였기 때문이 아니다. 그 속에 있는 사람들이 황제의 논리를 배격하고, 오직 영원한 논리를 좇아 사는 사람들이었던 까닭이다. 그러므로 오늘날의 교회가 교회다움을 상실한 것은, 그 속의 사람들이 영원의 논리를 뒤로한 채 눈에 보이는 황제의 논리에 빠져 있음을 스스로 증명하는 것이다. 영원의 논리를 상실하는 순간부터 교회는 성경이 말하는 교회일 수가 없다. 그것은 황제의 논리에 사로잡힌 인간들의 추한 이기집단에 지나지 않는다. 그런 이기집단이 아무리 수를 더한다 한들 혼란과 분열만 가중될 뿐, 그 사회가 새로워질 수 없음은 두말할 필요도 없다.

주님께서는 황제의 논리에 빠져 주님을 부정하는 베드로를 사단이라 부르셨다. 그렇다면 주님께서 우리를 가리켜는 무엇이라 말씀하시겠는가? 황제의 논리에 짓눌려 영원의 논리를 스스로 부인하고 있는 우리 자신들 말이다. 그대는 이미 그 해답을 알고 있을 것이다.

4. 자기 부인이란?

이에 예수께서 제자들에게 이르시되 아무든지 나를 따라오려거든 자기를 부인하고 자기 십자가를 지고 나를 좇을 것이니라(마 16:24)

입으로는 영원의 논리를 노래하면서도 황제의 논리 속에서 허우적거리는 베드로를 주님께서는 사단이라 질타하는 것만으로 그치신 것이 아니었다. 사랑의 주님께서는 앞으로 어떻게 해야 할 것인지 새로운 삶의 지침을 동시에 주셨다. 주님의 영원한 논리를 따르기 위해서는 먼저, 자기를 부인하고 자기 십자가를 져야 한다는 것이었다.

2,000년 전 로마의 지배 하에 있던 유대인들은, 사형을 선고받은 죄수는 자신의 형틀인 십자가를 스스로 지고 사형장으로 가야 함을 알고 있었다. 따라서 제자들은 자기 십자가를 지라는 말씀의 의미를

잘 알았을 것이다. 사형수는 자기가 메고 가는 십자가 형틀 위에 못 박혀 사형당한다. 따라서 사형수가 지고 가는 십자가의 의미는, 그때까지 그릇 살아온 사형수 자기 삶의 총체적 부인이다. 이런 의미에서 주님께서 말씀하신 자기 부인과 자기 십자가는 동전의 양면과도 같아, 자기 십자가란 자기 부인의 또 다른 표현이라 할 수 있다. 자기 부인 없이는 자기 십자가를 질 수 없고, 자기 십자가에 충실하다는 것은 이미 자기 부인이 이루어졌음을 의미한다.

우리는 자기 부인이란 말을 심심찮게 사용하고 있다. 그러나 자기 부인의 구체적 내용에 대해서는 가볍게 지나쳐 버리는 것이 사실이다. 주님께서 제자들에게 명령하신, 자기 십자가로 귀결되는 자기 부인이란 구체적으로 무엇을 의미하는가? 다시 말해 참된 크리스천이 되기 위해 우리가 적극적으로 부인해야 할 것이란 대체 무엇인가?

황제의 논리를 부인

시도 때도 없이 우리를 삼키려는 황제의 논리를 부인하지 않으면 안 된다. 이미 살펴본 것처럼, 그토록 위대한 고백을 드렸던 베드로가 일순간 사단으로 전락했던 것 역시 황제의 논리에서 벗어나지 못한 까닭이었다.

2001년 8월 마지막 주일, 영국 국교 성공회의 상징인 런던의 웨스트민스터 대성당을 찾았다. 아침 10시 예배시간에 맞추어 대성당 안으로 들어가니 운동장만한 실내는 텅 비어 있었다. 단지 백발노인들이 대부분인, 극히 소수의 인원만이 제단 앞에 앉아 있었다. 그들 사이에 자리를 잡고 앉자, 갑자기 눈물이 핑 돌았다. 주님께서 고작 이 대성당 건물을 위해 십자가에서 돌아가셨던가? 주님께서 십자가 위에서 당신의 피와 물을 마지막 한 방울까지 다 흘리셨던 것이 이 거대한 집을 얻기 위함이셨던가? 만약 그렇다면, 지금 그 집은 주님을 믿는 사람들로 차고 넘쳐야 마땅할 것이다. 주님께서 십자가의 제물로 돌아가시면서까지 주시려 했던 것은 영원한 생명이요, 영원한 논리였다. 그러나 황제의 논리에 빠진 사람들이 황궁 같은 대성당을 짓고 그것을 지키는 동안 그 속에 응당 있어야 할 영원한 생명은 실종되고 말았다. 그렇지 않고서야 영원하신 주님께서 운동장 같은 대성당을 그처럼 텅 비도록 내버려 두실 까닭이 없다.

예배를 마치고 착잡한 마음으로 웨스트민스터 대성당을 나서자, 바로 길 건너편 정면에 자리잡고 있는 감리교중앙회관(Methodist Central Hall)의 웅장한 돔 건물이 한눈에 들어왔다. 누가 보아도 성공회에서 떨어져 나온 감리교가 교세를 과시하기 위해 성공회의 상징인 웨스트민스터 대성당 맞은편에 그토록 웅대하게 지은 건물임을 알 수 있었다. 마침 그때의 시간이 11시 직전이었으므로, 나는 감리교중앙회관의 11시 예배에도 참석하였다. 그곳 거대한 예배당에도 사람이 없기는 매한가지였다. 아니 웨스트민스터 대성당보다 더 적은 무리였다. 아무리 많게 잡아도 70명이 넘어 보이지 않았다. 웅장한 돔 예배당의 크기에 비해 참으로 초라한 숫자였다. 정면 강대상 뒤쪽의 넓디넓은 성가대 석엔 단 한 명의 성가대원도 없었다. 텅 빈 성가대 석 위쪽에 자리잡은 오르간 앞 남자 연주자는 설교시간 동안 교인들과 마주보는 자세로 앉아 있었는데, 여자 목사님의 설교시간 내내 어찌나 요란스레 조는지 더욱 민망스럽기만 했다. 그곳에서도 가슴이 저미기는 마찬가지였다. 영국 국교회의 갱신과 부흥을 위해 자신의 일생을 바쳤던 존 웨슬리의 궁극적 목표가, 기껏 웨스트민스터 대성당과 견줄 거대한 건축물이었던가? 아니다. 그 또한 영원한 생명과 영원한 논리를 위해 자신의 전 생애를 헌신했다. 그러나 그의 후예들이 황제의 논리를 좇는 동안 영국 성공회와 감리교는 영국 사회를 향한 정당한 영향력을 상실하고 말았다.

  그러나 어찌 이것이 영국 런던만의 현상이겠는가? 유럽 대륙엔 도시마다 거대한 성당들이 위용을 자랑하고 있고, 그 성당들과 관련하여 감추어진 뒷이야기들이 있다. 이를테면 B도시의 주교가 A도시 주교의 성당보다 더 큰 성당을 짓자, 이번에는 C도시의 주교가 그보다 더 크게 지었다는 식의 비화들이다. 그렇다면 대성당을 건축하는 사람들이 자신의 위세를 과시하기 위해 한 평이라도 더 크고 1미터라도 더 높은 성당을 건축하는 동안, 그 속에서 과연 영원한 진리가 바르게 선포될 수 있었겠는가? 건축비를 충당하기 위한, 복음으로 포장된 황제의 논리만이 난무하지 않았겠는가? 교황이 자신의 절대권위를 더 높이려 세상에서 제일 큰 바티칸 성당을 건축하기 위해 면죄부까지 판매한 것이야말로 황제의 논리의 극치가 아니겠는가? 그 성당이 그 어떤 황제의 황궁보다 더 웅장하고 화려하다 할지라도 그 속에, 인간을 위해 십자가를 친히 지셨던 주님의 영원한 사랑, 영원한 생명이 자리잡을 곳이 없었을 것임은 너무나 자명하다.

  오늘날 유럽의 성당들이 텅 빈 채 공동화되어 있는 것은 결코 우연한 일이 아니다. 황제의 논리는 당장은 화려해 보이는 것 같지만, 그 결과는 필히 쇠퇴와 폐허 그리고 허망으로 끝나고 만다. 이미 언급한 것처럼 로마 제국이 오늘날 폐허와 동의어로 남아 있듯이 말이다. 이것이 우리가 2,000년 교회 역사로부터 얻어야 할 교훈이다. 인간에게 역사가 중요하다면, 역사야말로 오늘의 자신을 비추어 주는 거울이요, 내일의 방향을 제시해 주는 이정표이기 때문이다. 그러나 역사가 인간에게 주는 진정한 교훈은, 인간은 끊임없이 역사를 이야기하면서도 실은 역사로부터 아무것도 배우려 하지 않는다는 것이다. 이것이 국내외의 한인 교회 역시 2,000년 교회사의 전철을 고스란히 밟고 있는 이유일 것이다.

얼마 전 유럽의 한 교우님으로부터 상담 글을 받았다. 자신이 다니는 교회의 교인들은 거의 가난한 유학생들이라고 했다. 그런데도 목사님의 주도 하에 교회는 은행으로부터 막대한 부채를 얻어 예배당을 구입하였다. 그 뒤로부터 목사님의 설교 내용이 바뀌었다. 매주일 설교의 결론은 예외 없이 헌금의 강조로 끝나고 있다. 그래서 그 교우님은 그런 교회를 과연 계속해서 다녀야 하는지를 자신의 글을 통해 묻고 있었다.

서울에서 신앙생활을 하고 있는 부부는 직접 찾아와 안타까움을 호소하기도 했다. 20년 동안이나 다니던 교회가 몇 해 전 수백억 원을 필요로 하는 공사를 벌였다. 그러나 예상과는 달리 교인들의 헌금이 제대로 뒷받침되지 않았다. 이에 목사님은 헌금 강조 차원을 넘어, 전 교인의 개인 헌금액을 프린트하여 매달 공개한다고 했다. 누가 무슨 명목의 헌금을 얼마나 하고 있는지를 누구든 알 수 있도록 말이다. 그런 상황에선 각 가정마다 거액의 건축헌금을 하지 않고는 못 배길 것이다. 하나님께 드리기 위함이 아니라 사람에게 보이기 위해서 말이다. 한 가지 분명한 것은 위에 언급한 두 교회가 은

행에 진 거대한 부채를 다 갚기까지 그 교회의 강단에서 울려 퍼지는 설교란 복음으로 포장된, 실은 황제의 논리의 주입과 강조에 지나지 않을 것이라는 사실이다.

얼마 전 평소 내가 존경하는 목사님으로부터 가슴 아픈 메일을 받았다. 내가 그분을 존경하는 것은 상당한 학력과 경력의 소유자이면서도 열악한 농촌 교회를 위해 근 20년 동안 자신을 헌신해 온 분이기 때문이다. 현재 8년 전에 맡은 시골 교회를 자기 삶을 바쳐 섬기고 있는 그분이 보낸 메일의 내용은 다음과 같았다.

> 제가 농촌 목회를 시작한지 벌써 17년이 되었습니다. 물론 전도사로 사역한 기간까지 합친다면 21년째가 됩니다만, 지금처럼 어렵고 힘든 때는 없었던 것 같습니다. 현재 교회를 사임하라는 압력을 받고 있습니다. 그래서 한때는 모든 것을 털고 세상의 일터로 나갈까 하는 생각까지 했었습니다. 그러나 그럴 수도 없는 것이 저의 현실입니다.
> 목회 21년 동안, 그것도 공식적으로 단 하루도 쉬는 날 없이 외길을 달려왔습니다. 그러다 보니 어느 새 나이는 50이 넘었습니다. 이제 와서 생각해 보니 목회 21년 동안 제게 남겨진 것이라고는 대학생 딸과 금년에 고3이 되는 아들, 그리고 1,000여만 원에 이르는 부채뿐입니다. 이 부채는 교회에서 받는 생활비와 실제 생활비의 차이로 말미암아 누적된 것입니다. 퇴직금은 중간에 정산하여 부채상환에 썼습니다만, 아직도 그만큼 남아 있는 셈입니다. 그렇다고 교회에서 목회자 연금에 가입해 준 것도 아닙니다. (중략)

지금 교회 장로님들이 저더러 교회를 떠나라는 이유는 제가 목회를 실패했다는 것입니다. 실패의 증거는 제가 부임한 지 8년이나 되었는데, 출석 교인이 200여 명밖에 되지 않는다는 것입니다.

8년 전 제가 이 교회에 왔을 때 160-170명 정도의 교인이 출석하고 있었습니다. 그동안 장례를 25차례 정도 치렀습니다. 농촌 교회는 노령화된 교회이기 때문에 도시 교회에 비해 장례가 많습니다. 그리고 도시로 이사 가거나 해외 이민 간 사람들을 제외하면, 제가 부임했을 당시의 교인은 100여 명이 채 되지 않습니다. 그러는 중에도 교인 수는 줄어들지 않고 200여 명이 회집하는 교회가 되어 있습니다. 그러나 장로님들은 지금쯤은 교인수가 500명은 되어야 하는데, 그렇지 않으니 제가 목회를 실패했다는 것입니다. 그래서 교회를 떠나라는 것입니다. 기가 막힌 현실입니다.

현재 농촌은 학교가 폐교되는 실정입니다. 즉 인구가 늘어나는 것이 아니라 심각하게 감소하고 있다는 말입니다. 교회도 예외일 수 없습니다. 이런 상황 속에서는 교회가 현상유지 되는 것만도 다행이라고 여기고 있습니다. 혹 제 생각이 잘못된 것은 아닌지 조심스럽습니다만, 저는 이런 생각으로 목회를 해 왔습니다.

이것은 목회자가 아닌 교인들이 황제의 논리에 빠져 있는 경우이다. 목회자의 영성이나 신실함과 같은 본질은 배제되고, 교인들이 단지 교인 수로 목회자의 성공 혹은 실패를 따지는 풍토 속에서는 영원한 논리가 결코 뿌리내릴 수 없다. 영원한 논리는 인간의 수를 절대적 동반자로 삼지 않는 데 반해, 그때마다 교인들은 목회자를 갈아 치울 것이기 때문이다. 대도시의 대형 교회만 황제의 논리에 빠져 있는 것이 아니다. 심지어 농촌 교회마저도 황제의 논리 속에 침몰해 가고 있다. 목회자들뿐만 아니라 교인들 역시 마찬가지다.

그런가 하면 불교가 국교인 나라에서 사역하고 있는 어느 선교사님은, 자신의 생애 동안 그 나라 국민의 50퍼센트를 기독교인으로 만드는 것이 자신의 비전이라고 했다. 그 나라의 면적은 남한보다도 1.5배나 크고, 인구는 무려 1,200만 명에 달한다. 그렇다면 앞으로 불과 30-40년 내에 그 나라 국민 600만 명을 크리스천으로 만들려 할 때 과연 영원한 복음이 바르게 전해질 수 있겠는가? 인도의 시크교를 예로 들어 생각해 보자.

시크교를 창시한 나나크(Nanak)는 서북인도의 펀자브(Punjab) 출신이다. 펀자브는 지정학적 특성상, 인도의 전통 종교인 힌두교와 외래 종교인 이슬람교가 가장 격렬하게 대립했던 지역이다. 따라서 두 종교 간의 살상과 유혈사태를 목격하며 성장한 나나크가, 이질적인 두 종교가 공생할 수 있는 평화의 그릇으로 시크교를 만든 것은 자연스런 일이었다. 따라서 나나크가 가장 힘주었던 것은 평화주의였다. 그에게 살생이란 있을 수 없는 일이었다. 그는 이 본질적 정신을 강조하기 위해 종교의 모든 외형적 의식을 거부하였다. 이를테면 성지순례 같은 것은 부질없는 허식으로 배격하였다. 그러나 오늘날 시크교는 세계에서 가장 전투적인 종교집단이 되어 있다. 시크교도의 상징 자체가 터번에 수염, 그리고 허리에 찬 단검일 정도로 투쟁적이다. 1984년 당시 인도 총리이던 인디라 간디를 암살한 경호원이 시크교도였음은 이미 잘 알려져 있다. 뿐만 아니라 오늘날의 시크교도는 펀자브의 암리차르에 있는 황금사원을 일평생에 한 번 이상 반드시 순례하는 것을 종교적 의무로 삼고 있다.

 이것은 모두 시크교를 창시한 나나크의 뜻과는 정면으로 배치되는 일들이다. 그런데도 왜 시크교는 이처럼 변질되어 버렸을까? 나나크의 후예들이 나나크가 전해 준 정신보다는, 그들의 교세를 확장하기 위한 황제의 논리에 빠졌기 때문이다. 교세를 키우기 위해서는 무력도 불사해야 했고, 황금사원 순례의 의무로 교인들의 발목을 묶어 두지 않으면 안 되었던 것이다. 나나크의 후예들이 황제의 논리를 신봉한 결과 시크교가 외형적으로는 전 세계에 2,400만 명의 추종자를 거느리는 거대한 종교집단이 되었을망정, 정작 반드시 있어야 할 본질은 상실한 빈껍데기에 지나지 않게 되고 말았다. 만약 나나크가 다시 살아나 오늘날의 시크교를 목격한다면 과연 무엇이라고 말할까? 그것은 시크교가 아니라고 부인하지 않겠는가?

 이상과 같은 관점에서 본다면, 한 개인이 자기 생애에 한 국가 국민의 50퍼센트를 복음화시키겠다는 것이 얼마나 허황한 황제의 논리인지를 알게 된다. 황제의 논리는 결코 믿음의 소산물이 아니다. 황제의 논리에 몰입하면 할수록 남는 것이라곤 본질에서 벗어나는 일탈이 있을 뿐이다. 본질, 즉 영원한 논리를 상실한 교회나 교인으로부터는 세상에 미칠 바른 영향력이 솟아나지 않는다. 교회와 크리스천의 힘은 오직 믿음의 본질인 영원에서부터 샘솟는다. 그래서 주님께서는 사단의 세 번째 유혹마저 일언지하에 물리치셨다.

 마귀가 또 그를 데리고 지극히 높은 산으로 가서 천하만국과 그 영광을 보여 가로되 만일 내게 엎드려 경배하면 이 모든 것을 네게 주리라 이에 예수께서 말씀하시되 사단아 물러가라 기록 되었으되 주 너의 하나님께 경배하고 다만 그를 섬기라 하였느니라(마 4:8-10)

두 번에 걸친 유혹에 실패하자, 사단이 마지막으로 주님께 던진 유혹의 덫은 '천하만국과 그 영광'이었다. 한마디로, 황제의 논리를 섬기며 마음껏 욕망을 추구하라는 것이었다. 그러나 주님께서는 오직 하나님, 즉 영원한 논리를 선택하셨다. 그리고 그 주님을 통해 하나님의 뜻이 이루어졌음은 물론이다.

그대 청년들아, 잊지 말아라.

하루하루 열심히 일하다 보니 결과가 거대하게 되었다는 것과, 처음부터 거대한 것을 목표로 삼는다는 것은 절대로 같은 말이 아니다. 어떤 경우에도 후자를 경계해야 하는 것은 그것은 황제의 논리요, 황제의 논리에 빠진 자는 주님의 제자가 될 수 없는 까닭이다. 2002년 미국을 떠들썩하게 하며 세계 경제를 뒤흔들어 놓았던 미국 엔론과 월드컴의 회계부정사건이 무엇인가? 거대 기업을 이루기 위해 기업과 기업이 합병하면서 서로 자기 기업의 크기를 거짓으로 부풀린 것—한마디로 황제의 논리의 결과다. 한국 경제를 휘청거리게 한 대우와 SK그룹의 분식회계 역시 마찬가지다. 그 부정의 와중에 주님의 참된 제자가 차지할 자리가 없음은 불문가지다. 그런데도 오늘 우리의 사회는 온통 황제의 논리가 판을 치고 있다. 이제부터 그대들은 무슨 일을 하든 가장 먼저 황제의 논리를 부인해야 한다. 그때에 반드시 허망함으로 끝날 나의 야망이나 욕망이 아닌, 천지를 창조하신 주님의 뜻이 그대의 삶을 통해 이 땅에 이루어진다.

넓은 문의 부인

모든 사람이 다 간다고 해서 바른 길인 것은 아니다. 절대다수가 들어가는 넓은 문이라고 바른 문인 것도 아니다. 믿음의 참됨 여부는 다수결에 의해 판가름 나지 않는다. 세상이 다 옳다 할지라도 주님께서 아니라 하시매 그 넓은 길과 문을 포기하고 부인하는 것이 진정한 믿음이다. 크리스천이란 세상 사람들이 들어가는 문이 아니라, 주님께서 지적하신 바로 그 길, 그 문을 향해 나아가는 자들이다. 그래서 주님께서 말씀하셨다.

> 좁은 문으로 들어가라 멸망으로 인도하는 문은 크고 그 길이 넓어 그리로 들어가는 자가 많고 생명으로 인도하는 문은 좁고 길이 협착하여 찾는 이가 적음이니라(마 7:13-14)

베드로의 그 위대한 고백이 행하여졌던 곳은 다름 아닌 황제의 도시—가이사랴 빌립보였다. 그 황제의 도시에서 베드로는 황제가 아니라, 오직 나사렛 예수님만이 참된 구원자요 임마누엘 하나님이심을 거리낌없이 고백하였다. 그때까지만 해도 그는 황제의 논리를 극복한 사람처럼 보였다. 그러나 그 직후 십자가의 죽음을 예고하시는 주님을 붙잡고 꾸짖음으로 자신의 고백과는 달리, 그가 여전히 황제의 논리에 사로잡혀 있음을 스스로 증명하였다. 이처럼 베드로가 영원의 논리를 말하긴 하면서도 실제로는 황제의 논리에 빠져 있었던 것은, 그것이 당시 모든 유대인들이 예외 없이 지향하던 '넓은 문'이었기 때문이다. 다시 말해 이 땅에 임하실 메시아는 반드시 로마 황제를 제압할 것이란 유대인들의 세속적 사고에 베드로 역시 젖어 있었던 것이다. 그 세속적 사고의 관점에서 볼 때 임마누엘 하나님께서 인간의 손에 죽임을 당하는 일이란 결코 있을 수도 없고, 또 있어서도 안 될 일이었다. 그러므로 주님께서 말씀하신 '자기 부인'이란 곧 '넓은 문'의 부인, 다시 말해 '세속적 사고방식'의 부인임을 알게 된다.

주님을 믿는다는 것은 나 중심의 사고에서 주님 중심으로, 세상을 압도하는 황제의 논리에서 영원의 논리로 사고의 축이 바뀌는 것을 의미한다. 그러므로 세속적 사고방식의 부인 없이 참된 크리스천이 되는 길은 있을 수 없다. 진리의 좁은 문을 선택했다는 것 자체가 이미 세속적 사고의 넓은 문을 포기했음을 뜻한다. 바로 여기로부터 크리스천의 순결과 거룩이 샘솟는 법이다. 그러나 오늘날 이 땅의 교회 현실은 어떠한가? 교회의 순결성은 의심받고 있으며, 교회의 거룩성은 교회 내부에서부터 허물어지고 있다. 이것은 교회가 넓은 문을 부인하기는커녕 도리어 넓은 문을 지향하고 있다는 반증인 것은 아닌가?

미국 펜실베이니아 주의 공업도시 피츠버그는 인구가 많지 않음에도 세계적인 세 명의 재벌 기업인을 배출한 도시로 유명하다. 철강왕으로 잘 알려져 있는 카네기(Carnegie), 멜론 금융그룹의 창업자 멜론(Mellon), 마요네즈와 피클 그리고 케첩 등으로 전 세계를 석권한 하인츠 식품회사의 창시자 헨리 존 하인츠(H. J. Heinz)가 그 주인공들이다. 그들은 세계적인 대기업인으로 대성한 이후, 고향인 피츠버그에 자신들의 이름으로 극장, 학교, 도서관, 박물관, 연구소 등을 경쟁적으로 건축하여 바쳤다. 그 건축물들 앞엔 으레 그들의 이름을 기리는 증정비가 세워져 있고, '하인츠 기념 예배당'은 그 중의 하나다.

1919년 세상을 떠나기 직전 하인츠는, 자신의 어머니인 '애너 마거레타 하인츠(Anna Margaretta Heinz)'를 위해 예배당을 건립하라는 유언을 자식들에게 남겼다. 이에 자식들은 5년에 걸친 대공사 끝에 피츠버그 대학 캠퍼스 내에 자신들의 부친과 할머니를 위한 대예배당을 완공하고, 그 이름을 '하인츠 기념 예배당(Heinz Memorial Chapel)'이라 붙였다. 그 이후, 그림처럼 아름다운 그 예배당은 피츠버그의 상징물 중 하나로 손꼽히고 있다. 그러나 그 예배당을 직접 찾아가 그 어느 곳을 둘러보아도, 심지어는 교회 안내서에서까지도 예수 그리스도를 찾아볼 길은 없다. 오직 보이는 것이라곤 하인츠와 그 가족들의 이름과 흔적뿐이다. 물론 거기에도 목사가 있고 주일마다 예배가 드려지곤 있지만, 그러나 어느 모로 보아도 그 예배당은 이름 그대로 주님과는 전혀 무관한, 단지 인간 하인츠를 기념하는 하인츠의 예배당일 따름이다.

미국 서부 캘리포니아의 팰러앨토에 있는 스탠퍼드 대학(Stanford University)에서도 똑같은 광경을 목격하게 된다. 대학 캠퍼스 한가운데엔 거대한 예배당이 자리잡고 있다. 스탠퍼드 대학 설립자인 철도왕 릴랜드 스탠퍼드(Leland Standford)가 죽자, 그의 아내였던 제인이 남편을 위해 건립한 예배당이다. 그래서 건물을 지탱하고 있는 실내 여섯 개의 기둥은 각각 남편, 아들, 시아버지와 시어머니, 그리고 자신의 친정 부모를 기리는 기념비로 세워져 있다. 말하자면 그 예배당 역시 이름만 예배당일 뿐 실은 스탠퍼드 가(家)의 기념 사당에 지나지 않는다. 삼위일체 하나님보다 더 크게 추앙받고 있는 것이 있다면, 그 건물이 아무리 화려하고 웅대해도 하나님을 경배하는 예배당일 수는 없다.

하인츠와 스탠퍼드 예배당은 오늘날 교회의 실태를 상징적으로 보여 주고 있다. 주님의 교회이기보다는 소위 세상에서 출세하고 성공한 사람들의 교회가 되어 있는 현실 말이다. 그들이 어떻게 성공했으며 어떤 과정을 거쳐 출세했는지는 따지지 않는다. 단지 결과만 중요할 뿐이다. 그래서 세상에서 부귀영화를 누리기만 하면, 마치 그것이 하나님의 복을 받은 증거이기나 한 듯 교회에서도 높임을 받는다. 교회에서 높임을 받아야 할 자가 있다면 주님과 사람을 도리어 겸손하게 섬기는 자요, 진리를 따라 바르게 살아가는 자다. 교회란 주님을 머리로 모시고 영원한 논리를 추구하는 사람들의 모임이기 때문이다. 그럼에도 세상에서의 출세와 하나님의 복이 마치 동의어처럼 간주되고 있는 것은, 오늘날의 크리스천들이 그만큼 세속적 사고방식에 물들어 있음을 반영한다. 세속적 사고방식의 특징은 그 토대가 인간의 욕망이다. 따라서 영원한 논리를 따르는 크리스천에게 그것은 절대부인의 대상이다. 그러나 하인츠와 스탠퍼드의 예배당에서 보듯, 오늘날의 교회가 세속적 사고방식으로부터 구별되기는커녕 오히려 혼연일체를 이루고 있다는 데에 문제의 심각성이 있다.

한인 교회와 한인 크리스천이라고 해서 예외가 아니다. 우리 역시 얼마나 세속적 사고방식에 젖어 있는지, 세 가지의 예를 통해 각자 자신을 성찰해 보기로 하자.

먼저 첫 번째 예다. 서울의 어느 교회가 기도원을 신축하였다. 그 기도원이 세인의 관심을 끄는 것은 거기에 대형 목욕탕이 달려 있기 때문이다. 서울 근교 산 속에 목욕탕을 건립한다는 것은 현실적으로는 사실상 불가능한 일이다. 아니나 다를까 관계당국은 기도원에 대형 목욕탕을 건립하려는 계획을 허가해 주지 않았다. 그러자 교회 측에서 기도원에 대형 목욕탕을 건립해야 하는 사유서를 제출했는데, 그 내용이 이러했다고 한다. 목욕탕을 건립하려는 것은 목욕을 위함이 아니라, 종교행위인 세례식을 거행하기 위함이라고 말이다. 관계당국은 그 사유를 받아들였고, 목욕탕은 계획대로 건축되었다. 문제는, 그 교회는 침례교가 아니라는 데에 있다. 설령 침례교라 할지라도 침례를 위해 대형 목욕탕을 필요로 하는 것은 아니다. 침례교 예배당에 가 보면, 강단 옆 혹은 뒤쪽에 한두 사람 들어갈 정도의 작은 침례탕이 있을 뿐이다. 그 교회는 장로교회다. 나 역시 장로교 목사지만, 장로교의 세례는 물 세 방울이면 족하다. 그렇다면 세례를 베풀기 위해 대형 목욕탕이 필요하다는 것은 편법도 아니요, 명백한 거짓말이다. 대체 누가 그런 거짓말을 했는가? 그 속에 있는 사람들―주님을 믿으며 스스로 주님의 몸 된 교회를 이루고 있는 사람들이 거짓된 짓을 한 것이다. 그러고서도 일을 지혜롭게 처리했다며 그 목욕탕을 자랑스러워한다면 이 얼마나 서글픈 일인가?

한번 곰곰이 생각해 보자. 앞으로 그 교회의 목사님이 교인들에게 신앙의 양심을 따라 정직하게 살자고 설교할 수 있겠는가? 물론 할 수는 있을 것이다. 그러나 교인들 중 아무도 그 설교를 귀담아 듣지는 않을 것이다. 무엇보다 그런 설교를 통해서는 성결하신 성령님의 역사가 일어나지 않을 것이다. 이번에는 교인들의 입장에서 생각해 보자. 그 교회 교인들이 삶의 현장, 일터에서 과연 크리스천답게 말씀을 따라 정직하게 살겠는가? 한 번 거짓말이면 100원을 벌 수 있는데, 정직의 대가로 얻은 단돈 10원에 만족하며 살아가겠는가? 그와는 정반대일 것이다. 자신이 목표로 하는 바를 성취하기 위해 거짓을 불사하며 수단과 방법을 가리지 않을 것이고, 그렇게 불의하게 번 돈의 일부를 마치 적선하듯 헌금하는 것으로 크리스천의 의무를 다한 줄 착각하며 살 것이다. 바로 그것이 교회—세례식을 거행하기 위해 목욕탕을 건립한다는 거짓말로 목적을 성취하고서도 전혀 신앙양심의 거리낌을 받지 않는 교회로부터 배운 것이기 때문이다.

두 번째 예다. 오래 전 나는 여행사가 기획한 성지순례를 다녀온 적이 있다. 신문광고를 보고 신청하였기에 전국에서 모인 15여 명의 순례객들은 모두 일면식도 없는 분들이었다. 이집트의 카이로, 시내산 그리고 이스라엘 네게브 사막을 거쳐 예루살렘에 도착한 것은 서울을 떠난 지 며칠이 지나서였다. 말하자면 참가자들이 서먹서먹함을 버리고 서로 친밀감을 느낄 때였다. 예루살렘에서의 마지막 일정은 다이아몬드 세팅 공장 견학이었다. 어디나 그렇듯 이 공장의 마지막 코스도 다이아몬드 판매장이었다. 일행 중 당시 미화 5,000달러짜리 다이아몬드를 구입한 분이 있었다. 현지 공장도가격이 면세로 5,000달러였으니 동일한 크기의 다이아몬드가 한국에서는 훨씬 비쌀 것임을 짐작할 수 있었다. 경제적으로 넉넉한 사람이 해외여행을 하면서 보석을 구입하는 것은 얼마든지 있을 수 있는 일이다. 사랑하는 아내를 위한 선물용으로, 혹은 자녀 결혼을 위한 혼수용으로 구입할 수도 있다. 문제는 그 다음이었다. 이튿날 아침 조반을 함께

들면서 다이아몬드를 구입한 분의 선도로, 그 다이아몬드를 어디에 어떻게 숨겨야 서울에 도착하여 김포공항 세관대를 무사히 통과할 수 있겠느냐는 내용으로 우리 일행의 대화가 흐르는 것이었다. 그 이후에도 다이아몬드 구입자를 중심으로 그와 같은 대화는 몇 번 더 계속되었다. 우리 일행 중 크리스천 아닌 자는 아무도 없었다. 아니 모두 목사, 장로, 권사와 같은 소위 중직자들이었다. 그러나 누구도 법에 따라 세금을 납부하라고 권하는 사람은 없었다.

    모든 일정을 다 마친 뒤 파리에서 귀국행 비행기를 탔다. 비행기가 김포공항에 도착하기 몇 시간 전, 마침 다이아몬드를 구입한 분이 내 옆자리에 와 앉았다. 그분이 나보다 몇 년 연하였으므로 나는 그분의 손을 꼭 잡고 말했다.

> "한 가지 부탁말씀이 있습니다. 김포공항에 도착하면 구입하신 다이아몬드를 꼭 세관에 신고하시고, 부담해야 할 세금이 있다면 자진 납부하시기를 부탁드립니다. 5,000달러짜리 다이아몬드를 구입할 정도라면 세금도 납부하실 수 있는 형편이라 여겨집니다. 그런데도 단지 돈을 아끼기 위해 거짓을 행한다면, 그러고서도 우리가 세상을 향해 정의를 말할 수 있겠습니까? 더욱이 이 세상의 빛이 되라고 주님께서 우리에게 맡겨 주신 귀한 직책을 감당한다 할 수 있겠습니까?"

    김포공항에 비행기가 도착했다. 우리 일행은 수화물 찾는 곳에서 짐이 나오는 순서대로 헤어지기로 했다. 마침 나의 짐이 먼저 나왔으므로 나는 일행과 작별인사를 하고 공항을 떠났다. 그리고 믿었다. 다이아몬드를 구입한 분이 세관을 통과하면서 반드시 자진 신고를 했을 것이라고 말이다. 마침 작년 9월 일본에 갔다가 잠시 그분을 만났다. 성지순례 이후 첫 만남이었다. 나는 그분에게, 그때 다이아몬드 자진 신고하셨지요, 하고 물으려다 말았다. 분명히 그렇게 했을 것이라 계속 믿고 싶었기 때문이다.

마지막 세 번째 예는, 《참으로 신실하게》 1장에서 언급한 '대한항공 담요'와 관련된 이야기다. 나는 작년 1년 동안 가는 곳마다 이 이야기를 하였다. 크리스천 승객들이 항공회사 재산인 담요를 훔치고서도 자신이 도둑이라는 사실을 인식조차 못 하는 현실을 거울 삼아, 각자 자신의 진면목을 성찰해 보자는 취지에서였다. 집회가 끝나면 으레 이와 관련하여 많은 분들이 사석에서 자신도 똑같은 과오를 범했음을 고백하곤 했다. 그 중에는 "목사님, 아시아나항공 담요는 괜찮지요"라고 역설적으로 고백하는 분들도 적지 않았다. 내가 대한항공 담요를 언급한 데 대해, 자신은 아시아나항공 담요를 훔쳤음에 대한 공개적 회개인 셈이었다.

이와 관련하여 각각 다른 대학을 다니고 있는 두 학생으로부터 동일한 내용의 고백을 들었다. 여름방학을 이용하여 외국으로 단기선교여행을 떠났다. 비행기 안에서 팀장이 선교단원들에게 항공사 담요를 가방에 넣고 내리라고 했다. 이유를 물었더니, 단기선교 유경험자인 팀장의 대답이 이랬다. 선교지에서는 몇 시간씩 리무진 버스를 타고 장소를 이동하는 경우가 빈번한데, 버스 안의 에어컨이 너무 강해 담요가 없으면 감기 들기가 십상이라고 말이다. 그것은 팀장의 경험에 입각한 주문이었다. 그렇다면 팀장은 서울을 출발하기 전에 단원들에게 점퍼나 스웨터를 준비하게 했어야만 했다. 그럼에도 그는 비행기 안에서 선교단원들에게 항공사 담요를 훔치게 했고, 선교지에 도착한 단원들은 버스 속에서는 훔친 담요를 덮고 이동하다가(물론 그들은 그때 그 담요가 자신들이 훔친 장물이라곤 상상도 하지 않았다), 버스에서 내려서는 예수 믿으라고 전도하였다. 그렇다면 그들에게 예수는 과연 누구이며, 또 그들에게 믿음과 선교란 대체 무엇이란 말인가?

    이상의 예는 그들만의 이야기가 아니다. 여기에 등장한 사람들은 모두 우리 자신들의 또 다른 모습이다. 주는 그리스도시요 살아 계신 하나님의 아들이시라고 입으로 고백은 하면서도 자기 부인과는 전혀 동떨어진 채, 세속적 사고방식에 젖어 이기적인 기복주의자로 살아가고 있는 우리 자신 말이다. 이렇게 살아서는 전 국민의 25퍼센트가 아니라, 100퍼센트가 교회에 다닌다고 할지라도 이 세상은 새로워지지 않을 것이다. 도리어 그 같은 우리로 인해 세상의 어둠과 혼란이 가중될 뿐일 것이다.

    잊지 마라. 하나님의 나라로 일구어 가야 할 이 세상의 정화는, 크리스천인 우리 각자가 오직 세속적 사고방식을 부인해 갈 때에만 가능하다. 영원한 진리는 결코 넓은 문이 아닌, 오직 좁은 문으로만 이어지기 때문이다.

자기 관대의 부인

    베드로는 주님의 옷자락을 붙잡고 주님을 꾸짖었다. 아무 잘못도 없는 주님께 허물투성이인 베드로가 호통을 친 것이다. 이때 베드로가 주님을 꾸짖는 잣대의 백 분의 일만이라도 자신에게 적용했던들,

주님을 야단치는 것과 같은 어처구니없는 짓을 감히 저지르지는 않았을 것이다. 베드로―그는 자신에게 한량없이 관대한 인간이었다. 자기 자신에게 관대한 인간은 모든 판단의 절대기준을 자기 자신으로 삼기에 자신과 타인에 대해 동시에 눈이 멀고 만다. 그래서 죄인 베드로는 마치 자신이 완전한 듯, 임마누엘 하나님이신 흠 없는 주님을 꾸짖었다. 여기에서 우리는 주님께서 말씀하신 '자기 부인'의 세 번째 의미가 곧 '자기 관대의 부인'임을 깨닫게 된다.

> 보라 네 눈 속에 들보가 있는데 어찌하여 형제에게 말하기를 나로 네 눈 속에 있는 티를 빼게 하라 하겠느냐 외식하는 자여 먼저 네 눈 속에서 들보를 빼어라 그 후에야 밝히 보고 형제의 눈 속에서 티를 빼리라(마 7:4-5)

 주님의 이 말씀은 크리스천에게 자기 관대의 부인은 필수 불가결의 과정임을 일깨워 준다. 자기 관대의 부인 없이는, 그 누구도 타인을 바로 세우는 주님의 통로가 될 수 없다. 주님께서 쓰시는 사람은 언제나 진리 안에서 자기 자신에게 엄격한 사람이다.
 이미 언급한 바와 같이, 영국 성공회의 심장인 웨스트민스터 대성당에서 주일예배를 드릴 때이다. 예배순서 중에 영국 왕과 왕실을 위해 기도하는 공식적인 순서가 있었다. 만약 그것이 우리가 우리나라와 대통령을 위해 기도하는 것과 같은 시간이라면 응당 영국 수상을 위해 기도함이 마땅할 것이었다. 영국의 실제적 정치지도자는 상징적 존재에 불과한 영국 여왕이 아니라, 국민에 의해 선출되는 수상이기 때문이다. 그럼에도 성공회 대성당에서 수상이 아닌 영국 여왕과 왕실을 위해 기도한 것은, 우리가 교과서에서 배운 소위 '수장령'으로 인함이었다.

영국 튜더 왕조의 헨리7세가 갑자기 죽자, 그의 동생 헨리8세가 왕위를 이어받으면서 형수인 스페인 공주 캐서린을 아내로 맞았다. 왕위 계승의 정통성을 위함이었다. 그러나 캐서린이 딸 메리 외에 아들을 낳지 못하자 헨리8세는 궁녀 앤 불린을 아내로 맞기 위해 캐서린과 헤어지기 원했지만, 당시 유럽 대륙에서 가장 막강한 힘을 지녔던 스페인 왕가의 입김 아래 있던 로마 교황은, 가톨릭 신자요 스페인 공주인 캐서린과의 이혼을 허락하지 않았다. 이에 헨리8세는 1534년 '수장령(Acts of Supremacy)'을 제정함으로써 자신의 이혼을 반대하는 로마 가톨릭과 공식적으로 결별해 버렸다. 수장령이란, 영국의 왕이 영국 교회의 '유일한 최고의 수장(The only Supreme Head)'임을 법적으로 천명한 것이다. 이 수장령과 함께 헨리8세는 앤 불린을 왕비로 맞았지만, 그녀를 통해서도 딸 엘리자베스밖에 얻지 못하자 그는 3년 만에 앤을 간통혐의로 처형해 버리고 말았다(이 이후 사람들은 그녀를 '1,000일의 앤'이라 부른다).

그 후 헨리8세가 죽자 우여곡절 끝에 왕위를 이어받은 메리1세는 폐비당한 자신의 어머니, 즉 가톨릭 신자였던 캐서린의 한을 풀기 위해 아버지 헨리8세에 의해 제정되었던, 수장령을 포함한 모든 반가톨릭법을 폐지하고 영국에서의 가톨릭 회복 정책을 펼쳤다. 이 과정에서 수많은 반대자를 죽였기에 그녀는 지금도 '피의 메리(Bloody Mary)'로 불리고 있다. 그러나 그녀가 아들이 없이 5년 만에 세상을 떠난 뒤, 이번에는 엘리자베스1세가 왕위에 오르게 되었다. 엘리자베스1세는 헨리8세가 수장령을 제정하면서까지 왕비로 맞아들인 앤 불린의 딸이었기에, 자신의 이복언니 메리1세에 의해 폐기된, 아버지 헨리8세가 로마 가톨릭과 결별키 위해 제정했던 모든 법을 부활시켰다. 이 과정에서 수장령 역시 1559년에 다시 제정되었고, 그 이후로 영국의 왕은 영국 교회의 합법적인 '유일한 최고의 통치자(the only Supreme Governor)'가 되었다. 이것이 오늘날에도 영국 성공회가 주님께 드리는 공식 예배시간에, 현재의 왕인 엘리자베스 여왕과 그 가족을 위해 기도하는 까닭이다. 엘리자베스 여왕은 영국 성공회 교회의, 현존하는 '유일한 최고의 통치자'이기 때문이다.

그렇다면 우리는 여기에서 심각한 질문을 제기치 않을 수 없다. 영국의 헨리8세가 단지 자신의 이혼과 재혼을 위해 제정한 수장령이 500년이 지난 지금까지, 과연 주님께서 주인이셔야 할 영국 교회에 적용될 수 있는가? 근래에 있었던 찰스 황태자와 다이애나 비의 추문은 차치하고서도, 지난 500년 동안 도덕과는 거리가 멀어도 한참 멀었던 영국의 왕이 과연 흠 없고 순결해야 할 영국 교회의 '유일한 최고의 통치자'일 수 있는가?

영국 성공회는 전 세계적으로 인권과 정의사회 구현에 지대한 관심을 기울이고 있다. 백인우월주의적 인종차별에 맞선 공로로 노벨 평화상을 받은 남아프리카 공화국의 투투 주교도 성공회 신부요, 여성 사제 안수와 소위 '동성애자에 대한 그릇된 편견을 타파한다'는 명분 아래 동성애 사제 안수를 앞장서 실시한 것도 영국 성공회다. 그뿐만이 아니다. 우리 사회가 암울한 독재정권 하에서 신음하던 시절, 이 땅의 민주화를 위한 최전선에도 한국 성공회가 자리잡고 있었다. 사회 불의와 부정에 맞서온 성공회의 노력은 결코 과소평가되어서는 안 된다. 그러나 이처럼 외부의 잘못에 대해 과감하게 항

거하는 한국 성공회 내부로부터, 과연 영국 왕이 성공회 교회의 '유일한 최고의 통치자'가 될 수 있는지 스스로 반문하는 소리를, 과문의 탓인지 나는 아직 들어 본 적이 없다. 그렇다면 이것은 얼마나 무서운 자기 이중성이요, 가공스런 자기 관대인가?

천주교 역시 세계 인권과 정의에 대해 지대한 관심을 표하고 있고, 그 정점엔 교황이 앉아 있다. 몇 해 전 미국 CNN의 시사대담 프로그램 '래리 킹 라이브'의 진행자인 래리 킹이 인터뷰를 당한 적이 있었다. 늘 인터뷰를 하던 사람이 인터뷰의 대상이 된 것이다. 그때 그는 인터뷰를 하고 싶은 대상 중 한 명으로 교황을 지목하면서, 그 이유를 이렇게 밝혔다. 교황은 세계의 인권과 민주화에 개입하면서도 막상 그 자신은 왕관을 쓰고 18세기를 살고 있는, 매우 다면적인 인물이기 때문이라고 말이다. 이것이 불가지론자인 래리 킹의 눈에 비친 교황의 모습이다. 한마디로 외부의 모순엔 민감하면서도, 내부적으로는 교황 중심의 절대전제주의 체제를 고수하고 있는 천주교에 대한 비판인 셈이었다.

비단 래리 킹의 지적이 아닐지라도 이것은 천주교 신자를 제외한 거의 모든 사람들의 질문이다. 과연 인간에 불과한 교황이 지상에서 하나님의 대리인으로 절대 군림할 수 있는가? 불행하게도 천주교 내부로부터 이런 질문의 소리는 거의 들리지 않는다. 오히려 스위스 출신 한스 큉 신부처럼 교황의 절대성을 부정하는 자에 대한 가차없는 징계의 굉음만 들렸을 뿐이다. 그때, 국내의 인권을 위해 앞장섰던 한국 가톨릭이 징계당한 한스 큉 교수의 인권을 위해 교황에게 이의를 제기했다는 이야기 또한 들어 본 적이 없다. 그렇다면 이 역시 무한정한 자기 이중성과 자기 관대의 전형이 아닐 수 없다. 이와 같은 자기 관대에 기인한 세몰이로 사회의 외적인 제도나 법은 뜯어 고칠 수 있지만, 한 인간의 영혼을 진정으로 거듭나게 하는 참 생명의 도구가 되기는 어렵다. 하나님이시면서도 인간이 되시기까지 자기 관대의 부인을 솔선수범하셨던 주님께서는, 자기 관대를 스스로 용인치 않는 자를 당신의 도구로 사용하신다.

나는 지금 천주교와 성공회를 비판하기 위해 이 글을 쓰고 있는 것이 아니다. 이상과 같은 예를 거울 삼아 우리 자신을 함께 냉철하게 성찰해 보기 위함이다. 종교개혁의 핵심 중 하나는 '만인제사장'이다. 크리스천은 하나님과 우리를 이어 줄 지상의 제사장을 더 이상 필요로 하지 않는다. 만인이 그리스도 안에서 하나님 앞에 직접 나아갈 수 있는 제사장이 되었기 때문이다. 그래서 개신교인은 그리스도 안에서 하나님께 직접 기도할 수 있고, 직접 죄 사함을 받으며, 직접 예배를 드릴 수 있다. 말하자면 개신교인에겐 단지 역할의 차이만 있을 뿐 그들 사이에 사람과 사람을 나누는 계급이란 있을 수 없다. 천주교의 하이어라키(hierarchy), 즉 교황 – 대주교 – 주교 – 주임신부 – 신부 – 평신도로 이어지는 계급제도를 개신교가 비판하는 것은 바로 이 만인제사장 사상에 기인함이다.

그러나 실제로는 어떤가? 오늘날 개신교회에도 원로목사 – 목사 – 장로 – 권사 – 안수집사 – 서리집사 – 일반교인 순으로 엄연히 계급이 나뉘어 있다. 왜 각 교회의 투표 때마다 선거운동으로 인한 물의가 빚어지고 있는가? 안수집사, 권사, 장로가 계급으로 인식되고 있기 때문이다. 왜 목사와 장로 사이에, 원로목사와 후임목사 사이에 헤게모니 쟁탈이 벌어지고 있는가? 그 직분이 계급으로 간주되고 있음이다. 오늘날 많은 교회에서 목사 혹은 장로가 절대권한을 휘두르는 교황으로 군림하고 있는 것이 엄연한 현실이다. 그렇다면 수장령의 영국 성공회와 교황을 정점으로 하는 천주교—이 양자와 일반 개신교 사이에는 대체 무슨 차이가 있단 말인가? 자기를 향한 한량없는 관대함에는 전혀 구별이 없지 않는가? 신·구교를 포함하여 기독교가 오늘날 전 세계적으로, 본질을 상실한 채 그럴듯한 허울로만 겨우 지탱되고 있는 것은, 바로 이와 같은 자기 관대가 초래한 당연한 귀결이 아닌가?

지난 몇 해 동안, 신학교를 졸업하고 사역지에 갓 부임한 젊은 목회자(부목사나 전임전도사)로부터도 많은 편지를 받았다. 그 내용은 거의 공통적이었다. 이를테면 자신이 섬기는 교회는 성경이 말하는 교회가 아니라는 것이다. 자기 교회의 담임목사님이 성경대로 목회를 하지 않는다는 것이다. 자기 교회의 장로나 권사 혹은 집사님들이 말씀대로 살지 않는다는 것이다. 그와 같은 상황 속에서 그저 가만히 침묵하고 있어야 하는지, 아니면 담임목사나 장로라 할지라도 반대할 것은 반대하면서 바른 의견을 제시하는 것이 옳은지를 그들은 절망 속에서 물었다. 나는 그들에게 이렇게 답변해 주곤 했다.

"작금 교회의 현실을 보면 참으로 절망할 수밖에 없습니다. 그러나 창세기부터 요한계시록까지 성경을 자세히 읽어 보십시오. 어느 시대, 어느 곳에서, 절대다수의 사람들이 하나님을 바로 믿은 적이 있었던가요? 오히려 그 반대입니다. 언제나 절대다수의 사람들은 하나님을 믿는 것 같았지만, 그들의 중심은 하나님을 등지고 있었음을 성경은 우리에게 일깨워 주고 있습니다. 그 대신 하나님께서는 매시대마다 깨어 있는 소수를 도구 삼아 그 시대를 새롭게 하셨다는 것이 성경이 우리에게 주는 일관된 메시지입니다.

그러므로 젊은 목회자인 그대는 그릇되어 보이는 기성세대를 비판하는 일에 정열을 쏟지 마십시오. 그렇지 않으면 그대는 조만간 그대가 그토록 비판하는 그분들과 닮아 있을 것입니다. 오히려 자기 자신에 대해 엄격하십시오. 자기 자신과 싸우십시오. 자기 눈의 들보 빼기를 게을리 하지 마십시오. 그대 자신이 먼저 이 시대의 '깨어 있는 소수'가 되십시오. 하나님께서는 기필코 그대를 통해 이 시대의 역사와 교회를 새롭게 하실 것입니다. 바로 그것이 하나님께서 성경을 통해 우리에게 주시는 약속입니다."

그대 청년들이여! 부디 잊지 말기를 간청한다.

그대가 일평생 싸워야 할 대상은 결코 그대 밖에 있지 않다. 그 대상은 바로 그대 자신이다. 자기 관대를 부인함으로, 진리 안에서 이기적인 자기 소아(小我)와 싸워 이기는 자만 주님의 제자로 쓰임 받을 수 있다. 그 사람만 진리 안에서, "그리스도의 장성한 분량이 충만한 데까지"(엡 4:13) 자랄 수 있기 때문이다.

눈에 보이는 것의 부인

베드로가 임마누엘 하나님이신 주님의 옷자락을 붙잡고 마치 자신이 스승인 듯 호통치는 잘못을 범한 또 다른 이유는, 따지고 보면 그는 세상의 보이는 것에 집착하고 있었기 때문이다. 주님께서 예고

하신 십자가의 고난, 즉 눈에 보이는 죽음에 얽매여 그 너머의 보이지 않는 영원한 부활을 보지 못했던 것이다. 영원을 보지 못하는 자는 결국 보이는 목전의 것에 얽매일 수밖에 없고, 그런 자의 행동은 자신의 고백과는 달리 보이지 않는 하나님을 수도 없이 부정하는 결과를 초래하게 마련이다.

   이 세상에 살고 있는 모든 인간은, 눈에 보이는 것 없이는 잠시도 삶을 영위할 수가 없다. 우리의 삶에 필수 불가결한 의식주는 모두 보이는 것이다. 그러나 눈에 보이는 것이란 반드시 쇠퇴하고 끝내는 먼지로 화해 버리고 만다. 그렇기에 보이는 것이란 그것이 무엇이든 우리 삶의 수단이요 도구일 뿐, 그 자체가 어떤 경우에도 인간의 목적일 수는 없다. 그러나 인간의 불행은 많은 사람들이 이 사실을 망각한 채, 보이는 것을 섬기느라 보이지 않는 영원을 상실하고 살아간다는 데 있다.

   연전에 터키를 여행하면서 참으로 많은 교훈을 얻었다. 터키는 사도 바울의 1-2차 선교여행지인 동시에, 사도 요한이 세운 아시아 일곱 교회의 터전이기도 하다. 가히 신약성경의 보고라 할 만하다. 기독교가 로마의 국교가 된 이후, 성경과 관련되는 곳마다 웅장한 기념 예배당이 세워졌음은 물론이다. 그러나 오늘날 그 현장은 모두 폐허뿐이다. 주춧돌과 몇 개의 기둥, 아니 그나마 없는 곳도 있다. 그래서 말할 수 없이 은혜롭다. 그 폐허의 현장은 한 가지의 분명한 메시지를 전해 주고 있다. 끊임없이 눈에 보이는 것을 짓고 세우려는 인간에 반해, 인간을 사랑하시는 하나님께서는 인간이 세운 것을 계속 허무셨다는 것이다. 보이는 것이 부정될 때에만 보이지 않는 영원하신 하나님을 볼 수 있기 때문이다.

터키의 다소에 가면 사도 바울의 생가였던 곳으로 알려진 곳이 있다. 그 역시 폐허이기는 매한가지다. 남아 있는 것이라곤 집터와 우물터, 그리고 회교 국가인 터키 관광청에서 세운 초라한 안내판 하나뿐이다. 그 외에 보이는 것이라곤 아무것도 없는 그 현장에 섰을 때, 사도 바울의 음성이 나의 폐부를 찌르면서 나도 모르게 눈시울이 뜨거워졌다.

> 우리의 돌아보는 것은 보이는 것이 아니요 보이지 않는 것이니 보이는 것은 잠간이요 보이지 않는 것은 영원함이니라(고후 4:18)

그렇다. 사도 바울은 일평생 보이지 않는 것을 위해 살았다. 그때 그가 누볐던 곳은 아프리카 벽지가 아니었다. 당시 터키는 로마 제국의 땅이었고, 그가 다녔던 곳은 그 중에서도 대도시들이었다. 온 세상이 웅장하고 화려하게 보이는 것투성이였다. 그러나 그는 그 보이는 것들을 결코 자기 삶의 목적으로 삼지 않았다. 보이는 것은 결국 잠시 후면 사라져 버릴 것을 그는 알았던 것이다. 그래서 그는 보이는 것들 속에서 보이지 않는 영원을 좇았고, 그 결과 2,000년이 지난 지금까지도 그는 우리 가운데 살아 있다. 만약 그가 보이는 것만을 위해 살았던들 그의 삶은 2,000년 전 로마 제국의 어느 공동묘지에서 끝났을 것이고, 우리가 그를 알 리도, 알 필요도 없을 것이다.

유럽의 교회는 지난 2,000년 동안 보이지 않는 영원을 예배당이나 성상처럼 보이는 형상으로 재현하는 일에 골몰하다가 하나님과 교인을 동시에 상실하고 말았다. 그리고 동일한 과오는 지금 이 땅에서도 똑같이 되풀이되고 있다. 화려하고 웅장한 예배당 그 자체가 영원한 것은 절대로 아니다. 오히려 그것은 영원을 향한 우리의 시선을 쉽게 가려 버리는 장애물일 수 있다. 영원은 보이는 것을 뛰어넘을 때에만 그 찬란한 실체를 보여 준다. 바울이 자신의 일평생을 바칠 정도로 찬란했던, 바로 그 실체를 말이다.

5. 왜 디베랴인가?

이스라엘 백성들에게 갈릴리 호수(워낙 넓어 바다라고도 부른다)는 생명의 원천이다. 대부분 사람들은 그곳으로부터 흘러내리는 요단 강물로 생명을 유지한다. 이스라엘 사람들 중에는 그 바다를 게네사렛(히브리어로는 긴네렛. '비파'를 뜻함)이라 부르는 이도 있었다(눅 5:1). 갈릴리 호수의 모양이 비파처럼 생긴 데서 비롯된 이름이었다. 그런데 2,000년 전 그 땅을 정복한 지배자들은 갈릴리를, 유대인들과는 전혀 다른 이름으로 불렀다.

주전 25년 갈릴리 분봉왕 헤롯 안티파스는 자신이 다스리던 갈릴리와 베뢰아의 수도를 갈릴리 서쪽 연안에 새로이 건설하고, 당시 로마 황제이던 디베료(Tiberius)의 이름을 붙여 디베랴(Tiberias)라 불렀다. 그 도시를 로마 황제의 이름으로 불렀다는 것은 그 도시 역시 황제의 신전이 인간을 압도하는 황제의 도시였음을 의미한다. 그 이후 지배자들은 그 도시 앞에 펼쳐져 있는 갈릴리 호수를 디베랴 바다라 불렀다. 로마 제국의 지배자들에겐 그 바다 역시 황제에게 속한 황제의 바다였던 것이다. 그러나 지배자들이 어떻게 부르든 상관없이 유대인들에게 그 바다는 변함없는 갈릴리였다. 어느 민족보다도 민족성이 강한 유대인들이, 자기들 생명의 원천인 갈릴리의 이름을 지배자를 흉내내어 부를 까닭이 없었다. 그런데 유대인에 의해 기록된 성경 속에 갈릴리를 디베랴라고 부른 곳이 딱 두 군데 나타나 있다. 두 번 다 사도 요한에 의해서이다. 그 역시 유대인이요, 갈릴리가 갈릴리임을 모를 까닭이 없다. 그런데도 왜 요한은 갈릴리를 두 번씩이나 지배자들처럼 디베랴라고 불렀을까?

    사도 요한이 디베랴라는 명칭을 처음으로 사용한 곳은 요한복음 6장이다. 벳새다 벌판에 큰 무리가 운집하였다. 그곳에 계시는 주님을 뵙기 위함이었다. 여자와 아이는 셈에 넣지 않고도 남자 장정만 5,000명이 넘는 대군중이었다. 그곳은 마을에서 멀리 떨어진 곳이었다. 시간이 흘러 식사시간이 되었지만, 외딴 곳의 그 큰 무리에게 먹을 양식이 있을 리가 없었다. 주님께서는 어린 소년이 가지고 있던 떡 다섯 조각과 생선 두 토막으로, 그곳의 모든 사람들을 배불리 먹이는 이적을 행하셨다. 상상을 초월하는 이적을 접한 군중들은 그 즉석에서 억지를 써서라도 주님을 왕으로 옹립하려 하였다. 그들이 주님을 바로 알았기 때문이 아니었다. 그들이 필요로 했던 것은 오병이어의 이적을 가능케 한 주님의 신통력이었다. 그런 신통력이라면 로마 황제를 몰아내고, 자신들의 욕망을 얼마든지 채워 줄 수 있으리라 믿었던 것이다. 그러나 주님께서는 군중의 제의를 단호히 거절하시고 산으로 올라가셨다. 하나님께 기도하시기 위함이었다. 이 이야기를 전해 주고 있는 요한복음 6장은 다음과 같이 시작되고 있다.

> 그 후에 예수께서 갈릴리 바다 곧 디베랴 바다 건너편으로 가시매(요 6:1)

사도 요한은 상기의 사건이 디베랴 바다, 즉 황제의 바닷가에서 일어났음을 밝혀 주고 있다. 왜 일까? 자기 욕망에 기인한 황제의 논리에 빠져 주님을 지상의 왕으로 옹립하려는 어리석은 민중들, 그와는 반대로 영원한 논리를 일깨워 주시려는 주님을 대비하여 강조하기 위함이었다.

사도 요한이 갈릴리를 두 번째로 디베랴라 부른 곳은 요한복음 21장이다. 요한복음 21장은 요한복음의 끝 장인 동시에 4복음서의 마지막 장이다. 그만큼 중요한 장이다. 4복음서의 결론이 그 속에 들어 있는 까닭이다.

우리는 요한복음 21장의 내용을 익히 알고 있다. 부활하신 주님께서 사랑하는 제자들을 찾아오시어, 제자들을 대표한 베드로에게 '네가 나를 사랑하느냐'고 세 번 반복하여 물으셨다. 베드로 역시 '내가 주를 사랑하나이다'라는 동일한 대답을 세 번 되풀이하였다. 이에 대한 다양한 해석은 이미 잘 알려져 있다. 이를테면 주님께서 베드로로 하여금 세 번씩이나 주님에 대한 사랑을 고백케 하심으로, 주님 잡히시던 날 밤 대제사장 집 뜰에서 주님을 세 번 부인했던 베드로의 명예를 회복시켜 주셨다는 것이다. 또는, 주님께서는 베드로에게 무조건적인 사랑(아가페의 사랑)을 뜻하는 동사 '아가파오(agapao)'를 물으셨지만 그 의미를 알아채지 못한 베드로가 우정(필리아)을 뜻하는 '필레오(phileo)'를 반복하자, 끝내 주님께서 베드로의 수준으로 내려가시어 필리아의 고백을 받아 주셨다는 것이다. 어

믿음의 논리 71

느 쪽 해석이든 모두 주님의 사랑을 강조하는 것으로 그 깊이는 참으로 심오하다. 그런데 이 내용을 전하는 요한복음 21장 역시 다음과 같이 시작되고 있다.

> 그 후에 예수께서 디베랴 바다에서 또 제자들에게 자기를 나타내셨으니 나타내신 일이 이러하니라(요 21:1)

요한 사도는 요한복음 21장의 무대 역시 디베랴, 즉 황제의 바다임을 강조하고 있다. 요한복음 21장이 4복음서의 결론 장임을 감안하면, 우리는 이제 이 장의 더 깊은 의미의 해석을 길어 올릴 수 있다. 주님께서는 베드로에게 이렇게 물으셨던 것이다.

> "베드로야, 너는 황제의 논리가 판을 치는 이 세상—이 욕망의 바다 속에서 나를 사랑할 수 있겠느냐? 오직 나의 영원한 논리를 좇아 살아갈 수 있겠느냐?"

세 번 반복되는 주님의 질문에 대해 베드로 역시 같은 대답을 세 번 되풀이하였다.

> "주님! 이 세상이 아무리 황제의 논리가 판을 치는 욕망의 바다라 할지라도, 저는 오직 주님의 영원한 논리만을 반복하며 살아가겠습니다."

이상과 같은 4복음서의 결론은, 가이사랴 빌립보에서 있었던 주님과 베드로의 대화를 연상시켜 준다. 그러나 그 결과는 전혀 상이했다. 가이사랴 빌립보에서의 베드로는 영원한 논리의 가치를 깨닫는 은총은 입었지만, 그 논리를 실천할 의지는 전혀 갖추지 못하고 있었다. 그래서 그는 순식간에 주님을 꾸짖는 사단으로 전락하고 말았었다. 그러나 디베랴에서의 베드로는 고백만으로 그친 것이 아니었다. 그 이후 그는 오직 영원한 논리를 반복하는 삶으로 일관했고, 그 반복의 기록이 사도행전으로 남아 오늘 우리에게까지 전해지고 있다. 베드로가 오늘날 우리가 알고 있는 대로의 베드로가 된 것은, 황제의 논리를 부인하고 영원한 논리를 반복하기 시작한 이후의 일임은 두말할 나위가 없다.

내가 살고 있는 합정동에는 절두산이 있다. 병인양요 이후 대원군이 약 1만 명에 달하는 가톨릭 신자들을 참수시킨 곳으로, 한국 가톨릭의 중요 성지이다. 그 성지의 교육관 입구에는 다음과 같은 내용의 현판이 달려 있다.

그리스도는 당신만을 믿습니다.

김수환 추기경이 쓴 글이다. 나는 절두산을 산책할 때마다 그 현판 앞에서 잠시 멈추어 서서 주님께 감사를 드리곤 한다. 인간은 흔히 하나님에 대한 인간의 믿음을 절대시한다. 그러나 그것은 인간에 대한 하나님의 믿음과는 감히 견줄 수도 없다. 주님께서 베드로를 믿지 않으셨다면, 가장 결정적인 순간에 주님을 배신한 베드로를 부활하신 주님께서 어찌 다시 찾아가실 수 있었겠는가? 주님께서 우리를 믿지 않으셨다면, 어찌 임마누엘 하나님께서 친히 더러운 죄인인 우리를 위해 십자가에 달려 돌아가실 수 있었겠는가? 우리가 주님을 믿을 수 있는 것은 그분이 우리를 먼저 믿어 주셨기 때문이다. 베드로가 이 이후 주님을 좇아 영원한 논리를 반복할 수 있었던 것 역시, 주님을 배신한 베드로를 디베랴까지 찾아 주신 주님의 베드로에 대한 믿음의 결과였다.

독일 프라이부르크에서 인간을 향한 하나님의 믿음에 대해 말씀을 전했을 때다. 설교가 끝난 뒤 식사를 하면서, 이제 막 주님을 영접한 여성도님이 이런 말을 했다. 그분은 독일인과 결혼하여 단란한 가정을 이루고 있는 50대 초반의 주부였다.

"30년 전 제가 한국에서 독일로 떠날 올 때였습니다. 당시 딸을 홀로 유학 보낸다는 것은, 아버지로서는 정말 대단한 결심을 요하는 일이었습니다. 공항에서 헤어지기 직전 제 손을 꽉 잡으신 아버지께서 말씀하셨습니다. '네가 무슨 일을 해도, 난 널 믿는다.' 연약하기 짝이 없는 이 딸을 믿으신다는 아버지의 말씀 한마디가, 지난 30년간 저를 지탱케 해 주었습니다. 전들 왜 객지에서 넘어질 뻔한 적이 없었겠습니까? 그러나 그때마다 절 믿고 계시는 아버지를 생각하면서 일어나곤 했습니다. 그런데 이제 하나님께서 저 같은 인간을 믿어 주고 계심을 깨닫고 나니, 왠지 그냥 가슴이 자꾸 저며 옵니다."

그리고 그분은 주르르 눈물을 흘렸다. 그 모습을 보는 나의 눈시울 역시 뜨거워졌다. 나 자신도 스스로 믿지 못하는 나를 하나님께서 믿고 구원해 주셨으니, 세상에 이보다 더 큰 기적이 어디에 또 있겠는가? 그렇다면 이제 베드로처럼, 허망한 황제의 논리가 판을 치는 이 디베랴의 세상 속에서, 영원한 논리의 깃발을 드높이 세우는 일 이외에 무슨 일이 더 중요하겠는가?

미국에서 사역하고 있는 한 젊은 목회자가 내게 보낸 편지의 마지막 단락을 나는 잊을 수가 없다.

> 이것 한 가지는 확실한 것 같습니다. 위대한 비전과 대단한 목회철학을 말하는 것보다 작은 것부터 실천하는 신뢰할 수 있는 인격적 목회자를 후배들은 갈망하고 있다는 것⋯⋯.
> 그런 의미에서 목사님의 지나온 삶은 저에게 큰 도전과 희망이 되고 있습니다. 끝까지 저희들에게 실망을 주지 마세요. ⋯⋯ Please⋯⋯.

이 젊은 목회자는 나를 잘 알고 있지 못함이 분명하다. 나는 타인의 희망이 될 만한 인물이 전혀 아니다. 그럼에도 이 젊은 목회자의 마지막 구절은 하나님의 말씀이 되어, 마치 비수처럼 나의 심장에 꽂혔다.

> 재철아, 끝까지 나를 실망시키지 말거라! Please!

그동안 우리에게 존경할 만한 신앙 선배가 얼마나 많았는가? 또 그분들 중에 우리를 실망시킨 분들이, 그리고 지금도 실망시키고 있는 분들은 또 얼마나 많은가? 우리는 어떤 경우에도 하나님과 사람

믿음의 논리 75

을 동시에 실망시키는 자가 되어서는 안 된다. 아니 하나님의 믿음에 우리의 믿음으로 보답하는 자가 되어야 한다.

사랑하는 청년들이여!

변화와 변질은 결코 같은 말이 아님을 잊지 말아라. 우리는 날마다 영원한 논리를 반복하므로 성숙하게 변화되어 가야 한다. 어떤 경우에도 황제의 논리에 빠져 변질되어서는 안 된다. 인생이란 반복이라 했다. 아직 무대 위에 있을 동안, 변질됨이 없이 영원한 논리를 반복하는 자만 무대의 막이 내리는 순간, 바로 그 순간에, 감사함으로 하나님 앞에 설 수 있다.

그대 가만히 귀를 기울여 보라. 황제의 논리가 인간을 압도하는 디베랴의 세상 한복판에서 지금, 주님께서는 그대에게 이렇게 묻고 계신다.

너희는 나를 누구라 하느냐?

2 믿음의 자리

조금 후에 곁에 섰던 사람들이 나아와 베드로에게 이르되 너도 진실로 그 당이라 네 말소리가 너를 표명한다 하거늘 저가 저주하며 맹세하여 가로되 내가 그 사람을 알지 못하노라 하니 닭이 곧 울더라 이에 베드로가 예수의 말씀에 닭 울기 전에 네가 세 번 나를 부인하리라 하심이 생각나서 밖에 나가서 심히 통곡하니라 -마 26:73-75

1. 공간인가, 중심인가?

허리 잘린 우리나라의 경우, 열차를 타고 외국으로 여행한다는 것은 상상치도 못할 일이다. 위로는 북한이 버티고 있고, 좌우 그리고 아래쪽은 온통 바다이기 때문이다. 그러나 철도와 더불어 발전해 온 유럽 대륙은 철도망이 마치 거미줄처럼 연결되어 있다. 스위스에서 사역하던 3년 동안 나는 제네바에서 프랑스, 독일, 이탈리아는 물론, 해저터널을 통해 영국까지도 열차로 다녀오곤 했다.

이제 우리 모두 프랑스 빠리를 향해 스위스 제네바를 출발하는, 그 유명한 테제베(TGV) 열차를 탔다고 가정해 보자. 열차 속에는 많은 승객들이 탑승해 있을 것이다. 그 승객들이 해당 열차를 타기 위해 제네바 역에 도착한 시각은 하나같이 일정치 않을 것이다. 열차 출발 30분 전에 도착한 승객이 있는가 하면, 1분 전에 허겁지겁 당도한 승객도 있을 것이다. 그러나 승객들의 제네바 역 도착 시각이 언제였든 상관없이, 그들이 프랑스 빠리를 향해 출발하는 시각은 예외 없이 모두 동일할 것이다. 열차의 출발 시각이 곧 모든 승객들의 출발 시각인 까닭이다. 열차가 달리는 바로 그 속도가 승객들이 빠리를 향해 나아가는 속도이기에, 모든 승객의 속도 또한 차별 없이 동일하다. 1등석이라고 해서 더 빠르게 달리고 2등석은 상대적으로 더 느린 것이 아니다. 그러므로 승객들이 빠리에 도착하는 시각 역시 모든 승객이 다 똑같게 된다.

이처럼 똑같은 열차를 타고, 똑같은 시각에 스위스 제네바를 출발하여, 똑같은 속도로 달리다가, 똑같은 목적지인 빠리에, 똑같은 시각에 닿는 동일한 열차의 승객들이라고 해서 각 개인마저도 구별 없이 다 동일한 사람들인가? 전혀 그렇지 않다. 국적, 성별, 나이, 재산 정도, 지적 수준, 가치관 등 백이면 백 다 제각각일 것이다. 무엇보다 프랑스 빠리를 향하는 여행 목적이 다 같지 않을 것이다. 관광을 위해 그 열차를 탄 사람이 있는가 하면, 어떤 이는 사업 목적으로, 어떤 사람은 유학을 위해, 또 어떤 사람은 사기행각이나 도피를 위해 그 열차에 몸을 싣고 있을 것이다.

인생열차도 마찬가지다. 사람에 따라 먼저 온 자도 있고 상대적으로 늦게 태어난 사람도 있지만, 모든 사람의 출발지와 행선지는 한결같이 동일하다. 출발지는 출생이요, 행선지는 죽음이다. 세상을 관통하는 인생열차의 궤도 또한 동일하다. 그 궤도는 세상에서 시작하여 세상에서 끝난다. 누구도 이 궤도에서 벗어날 수 없다. 이런 의미에서 이 세상에 태어난 모든 인간은 동일한 인생열차의 동일한 승객이다. 그렇다고 각 사람마저 다 동일한가 하면 그런 것은 전혀 아니다. TGV 승객들이 모두 다른 것과 같은 이치다. 인생열차 승객 중엔 진리를 좇아 사는 자가 있는가 하면 욕망의 노예가 된 자도 있을 것이다. 투명한 양심의 소유자가 있는가 하면 죽은 양심에 짓눌려 사는 자, 칭송을 받는 자와 지탄의 대상이 된 자, 타인에게 유익한 자와 백해무익한 자도 있을 것이다. 그야말로 인생열차 승객들의 면면은 천태만상일 것이다.

여기에서 우리는 중요한 사실을 인식하게 된다. 한 인간의 삶의 태도 혹은 결과는 공간의 문제가 아니라, 그 인간 중심의 문제라는 것이다. TGV 열차 승객들은 모두 TGV 열차라는 동일한 공간 속에 있다. 그러나 같은 공간에 처해 있다고 해서 다 같은 사람인 것은 아니다. 만약 그 중심이 악에 사로잡힌 자라면, 그가 아무리 1등석에 귀족 같은 자태로 앉아 있어도 그는 불의한 자일 수밖에 없다. 반면에 그 중심이 진리의 빛으로 충만한 자라면, 비록 그가 초라한 옷차림으로 3등석에 몸을 싣고 있다 한들 그는 의로운 자임이 분명하다.

인생열차의 승객 또한 마찬가지다. 그 중심이 강도의 굴혈이라면, 그가 거하는 곳이 아방궁일지라도 그 공간 역시 강도의 굴혈 이상의 의미를 지닐 수 없다. 그러나 그 중심이 진리의 전으로 일구어진 자라면, 설령 그의 처소가 초가삼간이라 해도 아름다운 성소와 다를 바 없을 것이다. 여기에서 우리는 주님의 말씀에 귀를 기울일 필요가 있다.

> 그때에 두 사람이 밭에 있으매 하나는 데려감을 당하고 하나는 버려둠을 당할 것이요 두 여자가 매를 갈고 있으매 하나는 데려감을 당하고 하나는 버려둠을 당할 것이니라(마 24:40-41)

마지막 날에 대한 주님의 말씀이시다. 참으로 이상하지 않는가?

분명히 두 남자는 같은 밭, 즉 같은 공간에서 같은 일을 하고 있다. 그러나 그 중에서 한 남자는 데려감을 당하고 나머지 남자는 버림을 받을 것이란다. 두 여인도 같은 공간에서 같이 매(맷돌)를 갈고 있다. 서로 다른 공간에서 다른 일을 하고 있는 것이 결코 아니다. 그럼에도 주님께서 한 여인은 취하시고, 또 다른 여인은 버리실 것이란다. 대체 그 이유가 무엇일까? 비록 공간은 동일할망정 그들의 중심이 같지 않기 때문이다. 주님께서 우리에게 이 이야기를 하시는 까닭이 무엇이겠는가? 지켜야 할 참된 믿음의 자리란 공간이 아닌, 인간 중심의 문제임을 일깨워 주시기 위함이다.

2. 성경열차의 승객은?

죄를 가리키는 그리스어 '하마르티아(hamartia)'는 본디 과녁에서 벗어난 상태를 말한다. 궁수의 시위를 떠난 화살이 과녁을 벗어났다고 하자. 이 경우 잘못은 어디에 있는가? 과녁판에 잘못이 있는가? 아니면 과녁을 벗어난 화살 자체의 잘못인가? 아니다. 화살이나 과녁판이 잘못된 것이 아니다. 잘못은, 과녁을 바르게 겨냥하지 못한 궁수의 그릇된 조준에 있다. 조준이 잘못되는 한, 수백 발을 쏜다한들 모두 과녁을 빗나갈 뿐이다. 그러므로 믿음의 과녁판을 벗어난 사기, 거짓, 절도와 같은 행위는 죄의 결과인 범죄요, 그 행위 자체가 죄인 것은 아니다. 죄는 하나님을 향해 정조준되어 있어야 할 인간의 중심이 하나님을 떠나 있는 상태이다.

원래 하나님을 향해 정조준되어 있던 인간의 중심은 왜 하나님을 겨냥치 않게 되었는가? 하나님을 벗어난 인간의 중심은 대체 어디를 향해 무엇을 조준하고 있는가? 우리는 그 해답을 창세기에서 찾을 수 있다.

> 뱀이 여자에게 이르되 너희가 결코 죽지 아니하리라 너희가 그 것을 먹는 날에는 너희 눈이 밝아 하나님과 같이 되어 선악을 알 줄을 하나님이 아심이니라(창 3:4-5)

사단은 인간에게 하나님께서 금하신 열매를 먹으라고 꼬드겼다. 그것을 먹기만 하면 인간이 하나님과 같이 될 것이라 유혹하면서 말이다. 인간은 그 덫에 빠져 금단의 열매를 먹고 말았다. 이유는 한 가지―스스로 하나님이 되기 위함이었다. 이 순간부터 하나님을 향해 있던 인간의 중심은 자기 자신을 정조준하게 되었다. 하나님 중심의 인간에서 자기 중심의 인간으로 바뀐 것이다. 즉 인간 중심이 지켜야 할 바른 자리를 이탈한 것이다. 그 직후 하나님께서 최초의 인간인 아담에게 던지신 최초의 물음이 바로 자리에 대한 질문("네가 어디 있느냐?")이었다는 사실은 참으로 시사하는 바가 크다.

> 그들이 날이 서늘할 때에 동산에 거니시는 여호와 하나님의 음성을 듣고 아담과 그 아내가 여호와 하나님의 낯을 피하여 동산 나무 사이에 숨은지라 여호와 하나님이 아담을 부르시며 그에게 이르시되 네가 어디 있느냐 가로되 내가 동산에서 하나님의 소리를 듣고 내가 벗었으므로 두려워하여 숨었나이다(창 3:8-10)

무소부재하신 하나님께서 손바닥만한 에덴동산 어느 공간 속에 아담이 숨어 있는지 모르실 까닭이 없다. 그럼에도 네가 어디 있느냐고 물으신 것은 공간에 대한 질문이 아니었다. 하나님을 벗어나 버린 아담의 중심에 관한 질문이었다. ㅡ"나를 향해 정조준되어 있어야 할 너의 중심이 대체 어디로 갔느냐?" 그러나 이미 바른 중심을 상실한 아담은 이 질문의 참뜻을 헤아리지 못했고, 결국 그의 답변은 공간에 국한되고 말았다. 스스로 하나님이 되기 위해 하나님으로부터 자기 자신에게로 자기 중심을 옮긴 것이 아담의 첫 번째 잘못이었다면, 중심에 대한 하나님의 질문에 공간으로 답한 것은 두 번째 과오였다.

그렇다면 인간은 자기 중심적이 되어도 좋을 만큼 그 중심이 밝고 바르고 아름다운 것들로 차 있는가? 이 질문에 대한 주님의 대답은 전혀 그렇지 않다는 것이다.

> 속에서 곧 사람의 마음에서 나오는 것은 악한 생각 곧 음란과 도적질과 살인과 간음과 탐욕과 악독과 속임과 음탕과 흘기는 눈과 훼방과 교만과 광패니 이 모든 악한 것이 다 속에서 나와서 사람을 더럽게 하느니라(막 7:21-23)

하나님을 벗어난 인간의 중심엔 밝고 칭찬받을 만한 것이 하나도 없다. 온통 추하고 역한 것뿐이다. 하나님을 떠난 인간은 이미 본질적으로 죄인이 되었기 때문이다. 따라서 죄인이 된 인간과 인간 사이에는 근본적으로 아무런 차이가 있을 수 없다. 굳이 차이를 따진다면 학식을 갖춘 죄인과 무식한 죄인, 부유한 죄인과 가난한 죄인, 도덕적인 죄인과 비도덕적인 죄인, 죄성이 범죄행위로 드러난 죄인과 아직 잠복중인 죄인, 범죄행위가 공개된 죄인과 비공개 상태에 있는 죄인, 감옥에 수감되어 있는 죄인과 요행히 자기 집 안방에서 잠을 자는 죄인 정도의 차이밖에 없다.

  오래 전 사회생활을 할 때의 일이다. 명절을 맞아 관련 업계 사람들과 함께 구치소에 위문품을 전달하러 간 적이 있었다. 우리 일행을 맞은 소장은 친절하게도 구치소 내부를 샅샅이 보여 주었다. 어떤 사람들이 어떤 죄목 하에 어떤 상태로 수감되어 있는지를 장시간에 걸쳐 둘러본 뒤 구치소를 나설 때였다. 나는 충격적이라 할 만큼 스스로 부끄러워하지 않을 수 없었다. 그 구치소에 수감되어 있는 자들이나 나 자신이나 아무것도 다를 바가 없다는 자각 때문이었다. 내가 사회생활을 하며 저지른 범법행위를 생각하면 내가 있어야 할 곳은 다름 아닌 구치소였다. 단지 나는 나의 범법행위가 아직 발각되지 않았기에 구치소 밖에서 버젓이, 좀 괜찮은 사업가 행세를 하며 살고 있음을 깨달았던 것이다.

  이처럼 죄인인 인간은 그가 처해 있는 공간이 어디든 상관없이, 하나님 앞에서는 본질적으로 다 똑같은 죄인이요, 그 어떤 차이도 있을 수 없다. 그렇다고 하나님을 떠나 자기 중심적으로 살아가는 인간의 삶이 평안하기라도 한가 하면 그것도 아니다. 오히려 정반대다.

> 그들이 내 백성의 상처를 심상히 고쳐 주며 말하기를 평강하다 평강하다 하나 평강이 없도다(렘 6:14)

> 네 악이 너를 징계하겠고 네 패역이 너를 책할 것이라 그런즉

> 네 하나님 여호와를 버림과 네 속에 나를 경외함이 없는 것이
> 악이요 고통인 줄 알라 주 만군의 여호와의 말이니라(렘 2:19)

하나님을 떠나 자기 중심, 자기 욕망을 정조준하고 있는 인간에겐 평강은커녕 오직 고통이 있을 뿐이다. 그 이유는 자동차를 생각해 보면 쉽게 이해할 수 있다. 자동차 한 대는 수많은 부품들의 조립을 통해 완성된다. 그러나 아무렇게나 조립해서는 안 된다. 반드시 설계자의 설계도면에 따라 정확하게 순서대로 조립하지 않으면 안 된다. 만약 누군가가 그 원칙을 무시하고 자기 마음대로 조립했다고 치자. 그러고도 자동차가 움직인다면 그 속에 탄 사람이 안락함을 느끼겠는가? 달리면 달릴수록 괴롭기만 할 것이다.

하나님을 벗어나 자기 욕망을 정조준하고 살아가는 인간 역시 이와 다르지 않다. 그가 욕망을 좇으며 거대한 자기 욕망을 성취할 수는 있지만, 그 결과는 언제나 소태처럼 쓸 수밖에 없다. 인간의 욕망이란 물거품과 같아서 그 최후는 예외 없이 허망한 소멸로 끝나 버린다. 소멸 중에 있는 것은 그 형태와 내용이 무엇이든, 그 속엔 참된 평안이 있을 수 없다. 참된 평안이란 변하지 않는 것으로부터만 흘러나기에, 영원하신 하나님 아니고는 그 누구 그 무엇으로부터도 참된 평안을 얻을 수 없다. 이것이 하나님을 떠난 인간이 소멸의 고통 속에 살아가는 까닭이다.

이상과 같은 관점으로 성경이란 열차 속을 들여다보자. 그 속에도 헤아릴 수 없을 정도로 많은 승객들이 타고 있지만, 그러나 그들은 확연하게 두 부류로 구별된다. 중심으로 하나님을 정조준하는 바른

믿음의 자리를 지켜 하나님께서 주시는 평강과 존귀를 누린 자들이 한 부류라면, 자기 욕망을 겨냥하는 자기 중심의 자리를 고수타가 끝내 괴롬과 고통 속에서 멸망한 자들이 나머지 부류이다.

  이에 대한 보다 명확한 이해를 얻기 위해 창세기의 객차 속을 살펴보자. 우리는 먼저 객차 앞 칸에서 노아와 동시대의 사람들을 만나게 된다. 그들은 분명 같은 시대 같은 공간에서 살았지만 그들의 중심은 전혀 달랐다. 노아와 그 가족들의 중심이 하나님을 정조준하는 바른 믿음의 자리를 지킨 데 반해, 나머지 사람들의 중심은 자기 욕망의 자리에 집착했다. 외형적으로 성공하고 출세한 것처럼 보이는 사람들은 모두 후자에 속한 자들이었다. 그들에 비하면 멀쩡한 날, 날이 새기가 무섭게 배만 만들고 있는 노아 가족은 한심하기 짝이 없는 자들처럼 보였다. 그러나 결과는 전혀 딴판이었다. 느닷없이 하늘에서 비가 쏟아지기 시작했다. 마치 물을 쏟아 붓는 것 같았다. 처음에는, 저러다가 하루 이틀 지나면 괜찮아지겠지─대수롭지 않게 여겼지만 그게 아니었다. 사흘, 나흘, 열흘, 스무날이 지나도 도무지 비는 그칠 줄을 몰랐다. 무려 사십 일 동안이나 밤낮 없이 퍼부었다. 곳곳에서 홍수 피해가 속출했다. 급기야 사람들은 높은 곳으로 대피하기 시작했다. 하지만 비는 그치지 않았고, 아직까지 살아남은 자들은 기를 쓰면서 더 높은 곳을 찾아 올라갔다. 그래서 그들은 자기 생명을 스스로 지킬 수 있었던가?

> 물이 땅에 더욱 창일하매 천하에 높은 산이 다 덮였더니 물이 불어서 십오 규빗이 오르매 산들이 덮인지라 땅 위에 움직이는 생물이 다 죽었으니 곧 새와 육축과 들짐승과 땅에 기는 모든

것과 모든 사람이라 육지에 있어 코로 생물의 기식을 호흡하는 것은 다 죽었더라(창 7:19-22)

사람들은 살기 위해 더 높고 더 높은 곳을 찾아 사력을 다해 올라갔지만, 가장 높은 산마저 삼켜 버린 물은 거기서도 15규빗이나 더 높이 차 올랐다. 결국 자기 중심 자기 욕망의 그릇된 자리를 고수하던 인간들은 하나님 심판의 날, 모두 고통과 괴롬 속에서 멸망하고 말았다. 그 와중에서 노아 가족은 어떻게 되었는가? 비가 쏟아져 물이 차오르면 오를수록 노아의 방주 역시 점점 더 올라갔다. 동일한 공간에서 벌어진 동일한 홍수였건만 그 의미는 전혀 같지 않았다. 자기 욕망을 조준하고 있던 자들에게는 그 홍수가 심판이요 고통이요 죽음이었지만, 똑같은 홍수가 하나님 중심으로 살던 노아 가족에겐 점점 더 높아지고 존귀케 되는 하나님의 은총이었다.

하나님께서는 그 홍수를 통해 노아 가족을 어느 정도까지 존귀케 해 주셨던가? 제일 높은 산보다 15규빗이나 더 높여 주셨다. 1규빗이 45.6센티미터이므로 15규빗이라면 6.84미터다. 노아 당시에도 권력가와 재벌은 물론 있었다. 그들이 악을 쓰면서 오를 수 있었던 곳은 세상의 정상이었다. 그러나 노아는 그보다 6.84미터 더 높은 곳에 있었다. 6.84미터라면 건물 2층 높이 정도다. 대수롭지 않아 보이는 차이다. 그러나 그 차이는 삶과 죽음, 구원과 심판, 영원한 영광과 고통스런 멸망을 극명하게 보여 주는 절대적 차이였다.

이처럼 홍수 사건을 통해 하나님께서는, 스스로 하나님 된 자의 고통과 하나님을 중심에 모신 자의 영광을 대조적으로 확인시켜 주셨다.

우리는 창세기 객차의 승객 중에서 아브라함과 그의 조카 롯을 만나게 된다. 그들은 모두 같은 공간에서 살던 사람들이다. 아브라함이 하나님의 말씀을 좇아 삶의 공간을 하란에서 가나안으로 옮길 때, 조카 롯 또한 삼촌인 아브라함을 따라갔다. 롯은 아브라함과 공간적으로 헤어지기 싫었던 것이다. 그들은 새로운 공간에서도 한동안 더불어 살았다. 그러나 세월이 흘러 양가의 가축 수가 급증함에 따라, 계속 같은 공간에서 함께 산다는 것이 불가능하게 되었다. 그러자 그 땅은 본래 하나님께서 아브라함에게 주신 아브라함 소유의 공간이었음에도, 그는 사랑하는 조카 롯을 위해 자신의 기득권을 포기하였다. 원하는 공간을 먼저 선택할 수 있는 권리를 롯에게 기꺼이 양보하고 자신은 나머지 공간을 갖기로 한 것이다. 삼촌의 양보를 당연하다는 듯 받아들인 롯은 먼저 선택권을 행사하기 위해 사방을 둘러보았다.

> 이에 롯이 눈을 들어 요단 들을 바라본즉 소알까지 온 땅에 물이 넉넉하니 여호와께서 소돔과 고모라를 멸하시기 전이었는 고로 여호와의 동산 같고 애굽 땅과 같았더라(창 13:10)

> 소돔 사람은 악하여 여호와 앞에 큰 죄인이었더라(창 13:13)

환락과 죄악의 소굴인 소돔과 여호와의 동산은 어떤 의미에서도 동일할 수가 없다. 그럼에도 롯의 눈에는 그 양자가 전혀 달라 보이지 않았다. 오히려 그의 눈에는 악이 하늘을 찌를 듯 타락한 소돔이 여호와의 동산—에덴동산처럼 투영되었다. 어떻게 이처럼 어처구니없는 일이 롯에게 일어났을까? 그의 중심이 자신의 욕망을 정조준하고 있었기 때문이다. 욕망의 자리에 집착하고 있는 자와 바른 분별력 사이에는 그 어떤 연관도 없다.

롯은 쾌재를 부르며 소돔이란 공간으로 향했다. 마치 천하를 얻은 듯이 말이다. 그는 그곳에서 더 많은 재물을 모으고 더 좋은 집에서 살았으며, 더 큰 향락을 누렸다. 그러나 그의 종국은 너무나도 비참했다. 그는 그곳에서 사랑하는 아내를 잃었다. 아들 같은 두 사위와도 사별해야만 했다. 자신의 피붙이인 두 딸과 동침하여 자식을 낳음으로 천륜마저 범하고 말았다. 한마디로 자기 주위에 있던 사람들과의 관계가 끊어지거나 뒤틀려 버리고 말았다. 그 이유는, 자기 중심의 자리에 서 있는 그의 생명 자체가 뒤틀려 있었기 때문이다. 하나님을 정조준하지 않는 자는 누구를 막론하고 그 생명이 뒤틀리게 마련이고, 뒤틀린 생명은 뒤틀린 인간관계를 초래할 뿐이다.

반면 아브라함에겐 어떤 일이 있었는가? 롯이 아브라함과 결별하고 소돔으로 떠난 직후, 하나님께서는 자신의 기득권을 조카에게 미련 없이 양보한 아브라함을 찾아오시어 친히 말씀하셨다.

> 너는 눈을 들어 너 있는 곳에서 동서남북을 바라보라 보이는 땅을 내가 너와 네 자손에게 주리니 영원히 이르리라 내가 네 자손으로 땅의 티끌 같게 하리니 사람이 땅의 티끌을 능히 셀 수 있을진대 네 자손도 세리라 너는 일어나 그 땅을 종과 횡으로 행하여 보라 내가 그것을 네게 주리라(창 13:14-17)

하나님께서는 아브라함에게 그의 눈길과 발길이 닿는 데까지의 모든 땅을 송두리째 주시리라 약속하셨다. 이를테면 백지수표를 주신 셈이었다. 실로 엄청난 일이었다. 이 경우 아브라함이 과연 무엇을 어떻게 함이 마땅할까?

우리는 톨스토이의 우화 '사람에게는 얼마만큼의 땅이 필요한가?'를 알고 있다. 욕심쟁이 빠흠은 어느 날 촌장으로부터 경천동지할 제안을 받는다. 즉 하루 동안 걸어서 표시할 수 있는 모든 땅을 그냥 주겠다는 약속이었다. 이에 빠흠은 새벽부터 쉬지 않고 앞으로 나아갔다. 쉰다는 것은 그만큼 자신의 땅이 줄어듦을 의미했다. 그러나 나아가면 갈수록 욕심이 사라지기는커녕 더 커지기만 했다. 결국 해가 지기 시작할 즈음에야 황급하게 뒤를 돌아 목숨을 걸고 뛰었다. 숨을 헐떡이며 되돌아온 빠흠에게 촌장이 말했다. "정말 장하구려! 참으로 엄청난 땅을 취하셨소!" 그 말을 들음과 동시에 빠흠은 피를 토하며 쓰러져 죽었다. 그에게 돌아간 땅이라곤 겨우 그의 관이 묻힐 반 평에 지나지 않았다.

톨스토이가 불경을 참조했는지는 알 수 없으나 똑같은 이야기가 불경 속에도 있다. 주인공이 한 평이라도 더 취하기 위해 기를 쓰고 나아간 것도 똑같고, 깜짝 놀라 사력을 다해 되돌아온 것도 동일하고, 귀환 즉시 불귀의 객이 된 것도 다르지 않다. 단지 불경 속의 주인공은 톨스토이의 빠흠과 한 가지 면에서 달랐다. 그는 죽기 직전 손에 들고 있던 자신의 지팡이를 앞으로 던졌다. 그리고 이렇게 말하면서 숨을 거두었다. —"저기까지가 내 땅이야!" 그러나 그에게 돌아간 땅 역시 반 평의 무덤뿐이었다는 점에서는 빠흠과 전혀 다를 바가 없다.

이것이 인간의 탐욕스런 본성이라면 아브라함 역시 마찬가지여야 하지 않겠는가? 조금이라도 더 먼 곳까지 자기 시야에 포함하기 위해 눈을 부라리며 사방을 둘러보든지, 아니면 빠흠이나 불경의 주인공처럼 죽도록 뛰어다녀야 하지 않겠는가? 더 멀리 보고 더 많이 뛰어다니는 만큼 땅이 더 늘어나는 판이니 말이다. 그러나 성경은 전혀 뜻밖의 사실을 전해 주고 있다.

> 이에 아브람(아브라함의 옛 이름)이 장막을 옮겨 헤브론에 있는 마므레 상수리 수풀에 이르러 거하며 거기서 여호와를 위하여 단을 쌓았더라(창 13:18)

아브라함은 보다 많은 땅을 얻기 위해 동분서주하지 않았다. 도리어 그는 헤브론의 마므레에서 하나님께 경배드렸다. '헤브론'과 '마므레'는 단순히 지명만을 가리키지 않는다. 히브리어로 '헤브론'은 '교제의 자리', '마므레'는 '활발한, 뜨거운, 강한'이란 뜻으로, 그 두 단어를 합치면 '뜨거운 교제의 자리'가 된다. 그러므로 아브라함이 헤브론 마므레에서 하나님을 경배했다는 것은, 그가 하나님과 뜨겁게 교제하는 자리를 선택했다는 말이다. 물론 여기에서의 자리란 공간이 아니라 중심이다. 즉 아브라함은 하나님을 정조준하는 믿음의 중심—바른 믿음의 자리를 택했다는 의미다. 하나님께서는 아브라함에게 분명 땅, 곧 지상의 공간을 약속하셨다. 그러나 아브라함의 중심은 지상의 공간으로 대변되는 자기 욕망이 아니라 하나님을 정조준하였던 것이다. 롯과는 전혀 상반된 선택이었다.

그 결과 아브라함은 인류 역사상 각각 다른 세 종교로부터 믿음의 조상으로 추앙받는 전무후무한 인물이 되었다. 유대교, 기독교, 회교는 서로 전혀 다른 종교다. 그런데도 아브라함은 그 세 종교 모두로부터 추앙받는 믿음의 조상이다. 상식적으로는 불가능한 일이지만, 그것은 엄연한 사실이다. 이를 통해 하나님께서는, 하나님을 향해 자신의 중심을 정조준하고 사는 자를 얼마나 존귀케 해 주시는지를 다시 보여 주신 것이다.

이처럼 창세기 객차에서부터 요한계시록 객차에 이르기까지, 길고 긴 성경열차 속에 자리잡고 있는 숱한 승객들은 다 똑같은 사람들이 아니다. 동일한 공간 속에 있다고 동일한 사람일 수는 없다. 동일한 예배당 속에 있다고 다 같은 신자인 것은 아니다. 같은 선교회에 속해 있다고 다 신실한 크리스천인 것도 아니다. 참됨과 신실의 여부는 공간이 아니라, 오직 중심에 의해서만 가려지는 법이다.

그렇기에 어떤 경우에도 그대가 고수해야 할 바른 믿음의 자리는 공간이 아닌, 바로 그대의 중심이다.

3. 필연인가, 선택인가?

　인생열차의 승객이든 혹은 성경열차의 승객이든 다 같은 공간에 속한 같은 승객이지만, 그러나 동일한 공간의 동일한 승객이라고 해서 사람 개개인마저 동일한 것은 아님을 일깨워 주는 성경의 메시지는 몇 가지 중요한 교훈을 던져 주고 있다.
　첫째, 한 인간이 자신의 중심을 어디에 두고 사느냐는 것은 필연이 아닌, 인간의 선택사항이라는 것이다.
　노아와 아브라함은 자신의 중심으로 하나님을 정조준하며 살았다. 그러나 노아 당대의 사람들과 롯은 자기 중심을 자기 욕망에 뿌리내리고 있었다. 그것은 어쩔 수 없는 필연이었던가? 아니다. 당사자들의 선택이었다.
　그대는 지금 이 책을 읽기 위해 어딘가에 앉아 있을 것이다. 우리말로 '앉다' 란 동사는 자동사다. 그러므로 우리가 어디에 앉아 있다고 말할 때, 마치 그 행위가 저절로 이루어진 것처럼 착각하기 쉽다.

그러나 세계에서 가장 정확한 문법을 지니고 있는 프랑스어는 이런 경우 '대명동사(verbe pronominal)'를 사용한다. 즉 '앉다'가 아니라 '자신을 앉히다(s'asseoir)'로 표현한다. 예를 들어 '나는 책을 보기 위해 책상 앞에 앉는다'는 우리말을 프랑스어 식으로 바꾸면, '나는 책을 보기 위해 나 자신을 책상 앞에 앉힌다(Je m'assois)'가 된다. 이것이 적확한 표현이다. 그대가 지금 책을 읽기 위해 책상 앞에 앉아 있다면 그것은 저절로 이루어진 행위가 아니다. 그대는 극장에 갈 수도 있었고 친구를 만날 수도 있었다. 그대가 지금 그대 자신을 책상 앞에 앉히고 있는 것은, 그대가 이 시간의 중요성을 깨닫고 그대의 의지로 독서의 자리를 선택했기 때문이다.

인생도, 신앙도 마찬가지다. 만약 누군가가 도박꾼이나 알코올 중독자로 자신의 인생을 탕진하고 있다면 그것은 필연이 아니다. 그 자신의 선택의 결과다. 크리스천이면서도 그 중심이 자기 욕망에 뿌리박혀 있다면 그것 역시 필연이 아니라, 당사자가 그와 같은 삶을 선택한 까닭이다. 황제의 논리가 인간을 압도하는 이 디베랴의 세상─거대한 욕망의 바다 속에서 오직 영원한 논리를 좇아 살아가는 자가 있다면, 그가 영원한 논리를 선택한 것이지 필연에 의한 것은 아니다.

혹자는 이렇게 반문할 수도 있을 것이다. 인간의 상황이 어떤 선택을 필연적으로 강요할 수도 있지 않느냐고 말이다. 물론 상황은 중요하다. 인간은 그를 둘러싸고 있는 상황의 영향을 받지 않을 수 없다. 그러나 그 상황의 영향을 어떤 방향으로 소화시킬 것인가는 전적으로 당사자의 선택사항이다. 창녀의 자식으로 태어났다고 다 창녀가 되는 것은 절대로 아니다. 오히려 창녀의 자식인 까닭에 더 바른 길을 걷는 사람도 얼마든지 있을 수 있다. 가난 속에서 자랐다는 이유만으로 인생 낙오자가 되는 것도 아니다. 그렇다면 빈곤 속에서 태어나고 성장했던 노무현 씨가 대통령이 될 수는 없었을 것이다. 도리어 가난했기 때문에 더욱 강인하고 의롭게 성장한 사람은 수없이 많다.

상황을 따진다면 가롯유다보다 더 좋은 상황이 어디에 또 있겠는가? 그는 이 땅에 오신 임마누엘 하나님을 모시고 3년이나 그분과 함께 동거했던 장본인이다. 인류 역사상 그와 같은 특별한 은총을 누렸던 인간은 가롯유다를 포함하여 천지창조 이래 단 열두 명뿐이었다. 생각할수록 신비로운 은총이요, 기적 같은 상황이었다. 그러나 그 기막힌 상황 속에서 가롯유다가 행한 것은 무엇이었던가? 주님에 대한 배신이었다. 그 배신의 대가란, 그를 둘러싸고 있던 그 경이로운 상황과 견준다면 티끌에도 미치지 못할 은 30냥에 불과하였다. 그것은 필연이 아니었다. 가롯유다 그 자신의 선택이었다.

상황 탓을 한다면 사도 바울보다 더 참혹한 상황을 상상할 수 있겠는가? 그는 청년 시절 주님을 만난 이래 자신의 전 일생을 주님께 바쳤다. 그가 발이 닳도록 주님을 전하고 다녔던 곳은 모두 로마 제국의 대도시들이었다. 가는 곳마다 황제의 논리가 난무하고 있었다. 황제의 도시에서 그는 너무나도 초라한 인간이었다. 하지만 그는 단 한 번도 영원의 논리를 포기한 적이 없었다. 영원의 논리는 그의 모든 것이었다. 그렇게 살기를 한평생. 그에게 돌아간 것이 무엇이었던가? 쇠사슬에 묶인 채 로마의 지하 감방에 내던져졌다가, 끝내 목이 잘리는 참수형으로 처참하게 죽고 말았다. 가롯유다처럼 주님에 대한 배신으로 얼마든지 피할 수 있는 죽음이었지만 그는 기꺼이 죽음의 길, 아니 영원한 생명의 길을 택했다. 그 역시 필연이 아닌, 사도 바울 그 자신의 선택이었다.

그대는 지금 그대의 중심을 어디에 두고 있는가? 어떤 길을 걷고 있으며 어떤 모양의 삶을 추구하고 있는가? 그 대답이 무엇이든, 그것은 필연이 아니요 그대 선택의 결과임을 잊어서는 안 된다.

둘째, 인생이란 필연이 아닌 선택이므로, 그 선택의 결과에 대한 책임은 전적으로 자기 자신의 몫이라는 것이다.

알코올 중독자나 도박꾼의 인생은 그 누구의 책임도 아니다. 그 길을 선택한 당사자의 책임일 뿐이다. 하나님을 믿는다면서도 자기 욕망의 자리에 집착하느라 일생을 덧없이 날려 버린 자의 인생 역시 타인이 책임져 주지 않는다. 그 모든 책임은 그 같은 인생을 선택한 그 자신에게 귀속된다.

1965년 47세의 나이에 루마니아 인민공화국의 당 서기장직을 장악한 니콜라이 차우셰스쿠는 제일 먼저 국명을 루마니아 사회주의 공화국으로 변경하였다. 뒤이어 무소불위의 권력으로 74년 신설된 초대 대통령직에 오른 그는 통일전선, 국방, 경제, 이데올로기 등 국가 주요 부서의 장관직마저 겸직하였다. 루마니아가 그의 사유물이 된 셈이었다. 그의 집권기간 24년 동안 무자비하게 숙청당한 자의 수만도 무려 2만 명에 달했다.

차우셰스쿠가 북한의 김일성과 호형호제의 사이였던 것은 국제사회에 널리 알려진 이야기이다. 1971년 김일성의 초청으로 북한을 방문한 차우셰스쿠는 평양 소재의 웅장한 김일성 주석궁을 보고 큰 감명을 받았다. 자신의 권위를 드높이기 위해서는 자기에게도 대규모의 궁이 절대적으로 필요하다고 판단한 차우셰스쿠는, 귀국 후 김일성 주석궁보다 훨씬 거대한 그 유명한 '인민궁'을 짓기 시작했다. 단일 건물로는 유럽에서 가장 크고, 전세계적으로는 미국방성 펜타곤 다음으로 큰 규모의 궁전이었다. 인민궁 건너편에 자신의 아내 엘레나를 위한 별도의 '엘레나궁'을 짓고, 그 앞으로는 신시가지를 조성하였다. 그 공사를 위해 주위 3킬로미터 이내에 있던 모든 건물들을, 유적이나 문화재를 포함하여 완전히 파괴해 버렸다. 루마니아에 관한 한 그는 지상의 신이었다.

  그러나 그의 궁이 완공되기 직전인 1989년 12월 촉발된 민중봉기로 인해, 철옹성 같던 그의 권좌는 눈 깜짝할 사이에 무너져 내리고 말았다. 그해 12월 17일 차우셰스쿠는 티미쇼아라에서 일어난 반정부 시위대에 발포할 것을 군대에 명령, 수많은 인명피해를 초래하였다. 이로 인해 반정부 민심이 진정되기는커녕 도리어 정국이 극도로 불안해지자, 차우셰스쿠는 12월 22일 수도 부쿠레슈티에서 대규모의 친정부 관제시위를 벌이도록 했다. 차우셰스쿠 역시 그 자리에 참석했음은 물론이다. 바로 거기에서 전혀 뜻밖의 돌발상황이 벌어지고 말았다. 관제시위에 동원된 인민들이 삽시간에 반정부 데모대로 돌변한 것이었다. 군대의 힘으로는 도저히 데모대의 무서운 기세를 꺾을 수 없음을 확인한 차우셰스쿠 부부는 황급히 헬리콥터를 타고 수도를 탈출, 지방 군부대로 피신하였다. 군부는 여전히 자기 수족이라 믿었던 것이다. 그러나 바로 그곳에서 그토록 믿었던 군부에 의해 체포당한 차우셰스쿠 부부는, 사흘 뒤인 25일 총살형을 당하고 말았다. 총을 맞고 얼굴을 하늘로 향한 채 드러누운 그의 시체는 사진과 TV 화면을 통해 전 세계에 공개, 그의 최후가 얼마나 비참했는지를 여실히 보여 주었다.

  그의 사후, 수도 부쿠레슈티 시민들은 차우셰스쿠 부부의 시체를 부쿠레슈티 공동묘지에 묻었다. 그 공동묘지를 직접 찾아가 보면 가슴 섬뜩한 장면을 목격하게 된다. 서양인들은 아무리 가난해도 석곽과 비석으로 무덤을 꾸민다. 그러나 루마니아의 신으로 군림했던 차우셰스쿠의 무덤엔 석곽도 비석도 없었다. 그 대신 초라하고 엉성한 흙 봉분으로 일구어져 있었다. 서양 공동묘지에는 전혀 어울리지 않는 광경이었다. 그 봉분 크기가 얼마나 왜소한지, 우리나라 어린이의 무덤보다도 훨씬 더 작았다. 더욱 충격적인 사실은 그 무덤이 묘역이 아닌, 묘역과 묘역 사이의 통로, 좁디좁은 길바닥에 버린 듯이 조성되어 있다는 것이다. 갓난아기 엉덩이 정도의 크기에 불과한 봉분 주위엔 녹슨 철책이 옹색하게 둘러져 있고, 그 철책 상단에 '차우셰스쿠'란 이름이 쓰인 작고 녹슨 팻말이 부착되어 있었다. 그것은 한마디로 그 공동묘지에서 가장 초라한, 감히 무덤이라 부르기조차 민망할 정도의 흙더미에 지나지 않았다.

  거기에서 몇십 미터 떨어져 있는 차우셰스쿠의 아내 엘레나의 무덤도 마찬가지였다. 묘역이 아닌 길바닥에 비석이나 석곽도 없이 할머니의 가슴처럼 말라붙은 봉분, 녹슨 철책과 조그마한 팻말—그 모두 남편의 무덤과 완전 일치하고 있었다. 다른 것이 있다면 두 사람의 시신이 누워 있는 방향이었다. 안내인의 설명에 의하면 시민들이 차우셰스쿠 부부의 시체를 매장할 때, 그 두 사람이 무덤 속에서도 서로 볼 수 없게끔 시신의 머리를 정반대쪽으로 향하도록 묻었다고 한다. 그들에 대한 루마니아인의 증오가 얼마나 큰지를 충분히 짐작할 수 있었다. 이처럼 길바닥에 버려진 차우셰스쿠 부부의 무덤을 돌아보는 내내 나의 귓전에는 하나님의 말씀이 맴돌았다.

> 아합에게 속한 자로서 성읍에서 죽은 자는 개들이 먹고 들에서 죽은 자는 공중의 새가 먹으리라(왕상 21:24)

> 그러므로 이스라엘의 하나님 나 여호와가 말하노라 내가 전에 네 집과 네 조상의 집이 내 앞에 영영히 행하리라 하였으나 이제 나 여호와가 말하노니 결단코 그렇게 아니하리라 나를 존중히 여기는 자를 내가 존중히 여기고 나를 멸시하는 자를 내가 경멸히 여기리라(삼상 2:30)

아합은 이스라엘에서 가장 패역한 왕이었다. 그는 스스로 하나님의 자리에 앉아 있던 자였다. 하나님께서는 그처럼 패역한 인간을 가리켜 성읍에서 죽으면 개의 밥이 될 것이요, 성 밖에서 죽으면 새의 먹이가 될 것이라 경고하셨다. 한마디로 죽은 뒤 길바닥에 버려질 것이란 의미였다. 실제로 아합이 죽고 난 뒤 개들이 그의 흘린 피를 핥았다.

루마니아의 신으로 군림하던 차우셰스쿠 무덤은, 빈민의 무덤도 비석과 석곽으로 덮어 주는 유럽의 장례 문화 속에서 볼품없는 흙더미로 길바닥에 내버려져 있다. 그나마 부부가 합장은커녕 각각 수십 미터 떨어진 길바닥에 시신의 머리마저 서로 반대쪽으로 향하고 있다. 하나님을 멸시하던 자의 최후가 얼마나 비참하고 허망한지를 이보다 더 적나라하게 보여 줄 수 있을까? 그러나 그 비참한 최후는 그 누구의 책임도 아니다. 황제의 논리를 우상으로 섬기던 그들 자신의 책임일 뿐이다. 짐승보다 못한 그들의 중심은 추악한 욕망의 자리를 선택했고, 그 선택의 결과로 그들은 죽은 뒤 짐승보다 더 못한 인간으로 취급되어 저주받듯 길바닥에 버려져 있는 것이다.

그대는 지금 어떤 삶을 선택하고 있는가? 선택은 자유로울지 몰라도, 그 결과로부터는 결코 자유로울 수 없음을 명심하라. 그 결과에 대한 책임은 전적으로, 그리고 철저하게 그대 개인의 몫일 뿐이다.

셋째, 한 인간이 삶의 자리를 그릇 선택할 경우 당사자는 말할 것도 없고, 그로 인해 주위 사람들마저 함께 고통당하게 된다는 것이다.

이스라엘 초대 왕 사울은 하나님께 등을 돌리고 도리어 하나님께서 맡기신 권력을 섬겼다. 그의 중심이 평생 권력의 노예로 일관한 것이다. 그로 인해 그 자신의 인생만 비참한 자살로 막을 내린 것이 아니었다. 그가 스스로 목숨을 끊던 바로 그날, 사랑하는 세 아들을 포함하여 자신이 그토록 믿었던 전 군대가 전멸하고 말았다. 욕망의 자리에 집착하던 사울 한 인간으로 인해 그 주위의 모든 사람들이 죽음의 고통을 겪어야만 했던 것이다. 욕망에 눈이 어두워 악의 소굴인 소돔을 선택했던 롯의 가족도, 노욕(老慾)을 이기지 못해 하나님을 등한시한 엘리 제사장의 혈족도 모두 고통 속에서 멸망해 가기는 마찬가지였다.

특별히 알코올 중독자의 가족만 괴롬을 당하는 것이 아니다. 도박꾼의 혈족만 수치 속에서 살아가는 것도 아니다. 그대가 소위 세상적으로 출세하고 성공한 사람이라 치자. 그럴지라도 그대의 중심이 하나님을 향해 정조준되어 있지 않는 한, 그대 주위의 숱한 사람들이 고통 속에서 살아갈 것임을 잊지 말아야 한다.

　미국에서 신앙생활하고 있는 한 여 성도님으로부터 자신의 친정과 관련된 글을 받았다. 글 쓴 분의 허락을 받아 그 내용을 여기에 옮긴다.

　유난히도 꿈을 잘 꾸는 나는, 그날은 아무런 꿈도 꾸지 않았습니다. 요란하게 울리는 전화벨 소리에 수화기를 집어 드니, 전화선을 타고 언니의 통곡소리가 들려왔습니다. 갑자기 온몸이 후들거리며 어떤 불길한 소식을 듣게 되리라는 두려운 마음에 그냥 주저앉아 함께 울고 있었습니다. 언니는 기가 막힌 소식을 듣고 놀랄 나를 더 걱정하는 것 같았습니다. 언니의 입을 통해 동생이 죽었다는 소식을 듣는 순간, 나는 터무니없이 동생의 죽음을 부인하고 있었습니다. "아니야! 동생은 죽지 않았어!"
아버지는 이른 새벽, "딸 낳았다!" 소리치며 뛰어 들어오셨습니다. 두 딸을 낳고 만 여덟 살 터울이 나는 아이였습니다. 아들이었던 동생을 딸이라고 속이셨던 4월 1일 만우절에 동생은, 식구들의 기대 속에 태어났습니다. 득남 소식을 들은 외할머니께서 얼마나 기쁘셨던지, 신발도 짝짝이로 신고 단숨에 병원으로 달려오셨던 기억이 생생합니다.
아이의 발바닥에 흙 묻는 것이 안쓰러워, 여섯 살이 넘도록 할머니는 동생을 업고 다니셨습니다. 그리고 어머니 홀로 눈물의 기도로 키운 생명 같은 아들이었습니다. 그렇기에 누구보다도, 한국을 방문중이신 어머니께 동생의 죽음을 알려야만 했습니다. 나는 먼저 어머니께, "엄마, 우리는 모두 한 번은 죽을 사람들이지?" 이렇게 물었습니다. 어머니께서는 무엇인가 마음의 준비를 하신 분처럼, "그래"라고 대답하셨습니다. 그 순간, 너희들이 죽어야 할 자리라면 엄마가 그 자리를 대신하리라시던 어머니의 말씀이 기억났습니다. 그런 어머니께 아들의 죽음을 알렸습니다. 어머니의 애통하는 울음소리가 가슴을 찢는 것 같았습니다. 그러나 그 와중에도 어머니께서는 나를 위로하고 계셨습니다. 그리고 한 마디의 원망도 없으셨습니다. 단 한 마디의 원망도…….

처음 이민 와서 한없이 눈물을 흘려야만 했던 시카고에서, 우리 가족은 다시 모였습니다. 25년 전 우리 곁을 떠나셨던 아버지께서도, 죽은 아들의 얼굴을 보기 위해 한국에서 오셨습니다.

장례예배를 드리러 장례식장으로 들어서셨습니다. 언니와 내가 양쪽에서 어머니를 부축했습니다. 식장 팻말에 'Hwang'이라고, 동생의 성이 씌어 있었습니다. 그곳에 들어서니, 동생은 거기에 반듯이 누워 있었습니다. 바로 거기에, 그렇게 누워 있었습니다.

주여! 라고 외치며 주님을 찾으시는 어머니의 눈에서는, 피 같은 눈물이 소낙비처럼 쏟아지고 있었습니다. 저는, "나사로야 나오라"고 부르셨던 부활의 주님께서 동생에게 일어나라고 외쳐 주시기를 얼마나 간절히 바랐는지 모릅니다. 장지에서 모든 절차를 마치고 돌아설 때 한차례 비가 쏟아져 내렸습니다. 아마 하나님께서도 함께 울어 주셨나 봅니다.

동생의 죽음을 통해, 주님과 우리 가족 곁을 떠나 사시던 아버지께서는 주님을 영접하셨습니다. 그동안 두 번이나 죽음의 고비를 넘기셨는데, 주님께서 당신을 살려 두신 이유가 당신을 구원해 주시려는 주님의 섭리였다는 고백을 하셨습니다. 실로 25년 만에 받은 기도의 응답이었습니다.

푸른 잎 청청한 나무와 같던 젊은 동생이, 한창 열매 맺어야 할 나이에 잘 있으라는 인사말 한마디 없이 훌쩍 떠나갔습니다. 이런 아픔을 견뎌내기에는 너무나 연약한 인간이기에, 사랑하는 동생을 데려가심으로 아버지를 구원하시는 주님의 깊은 뜻을 헤아리기에는 아직까지 속이 좁기만 한 저 자신이 저를 더 괴롭히고 있습니다.

언뜻 보면, 사랑하는 동생의 죽음을 통해 육신의 아버지를 구원해 주신 하나님 은총에 대한 간증처럼 보인다. 그것은 사실이기도 하다. 그러나 이 글을 좀더 면밀히 읽어 보면, 이 가정의 가장이 25년 동안이나 가장의 자리를 바르게 지키지 않음으로 인해 그 가족들이 겪어야만 했던 슬픔과 아픔이 눈물겹도록 구구절절이 배어 있다. 만약 가장이 지켜야 할 가장의 자리를 바르게 고수했던들, 지난 25년 동안 이 가정의 역사가 전혀 다르게 전개되었을 것임은 아무도 부인할 수 없다.

나는 목회경험을 통해 예전에 몰랐던 것을 새롭게 알게 된 것들이 많다. 그 중의 하나가 교인들의 자기 주위 사람들에 대한 불감증이다. 대부분의 남성 교인들이 모르고 있다. 독불장군처럼 살아가는 자신으로 인해 자기 아내와 자식들이 얼마나 고통스러워하고 있는지를 말이다. 여성 교인들이 거의 모르고 있다. 남편과 자식을 자기 뜻에 묶어 두려는 자기 이기심 때문에 가족들이 얼마나 괴로움을 당하고 있는지를 말이다. 절대다수의 직장인들이 모르고 있다. 상대를 배려치 않는 자신의 성품 탓에 얼마나 많은 동료 혹은 아랫사람들이 상처받고 있는지를 말이다. 수많은 청년들이 모르고 있다. 자신의 왜곡된 사고 혹은 언행으로 말미암아 숱한 주위 사람들이 얼마나 가슴앓이를 하고 있는지를 말이다.

사랑하는 청년들이여!

그대 몸이 주일마다 예배당에 앉아 있는 것만으로 그대 주위의 사람들이 그대로 인해 행복해지는 것은 아니다. 그대의 중심이 하나님을 향해 정조준되기까지는 그대의 배우자와 자식들이 그대 탓에 눈물로 밤을 하얗게 지새울 수 있음을, 그대 동료 혹은 친구들의 가슴앓이가 날이 갈수록 그 도가 더 심해질 수 있음을 결코 잊어서는 안 된다.

넷째, 한 인간이 자신의 중심을 지금 어떤 자리에 두고 있는지를 간단하게 확인하는 방법이 있다는 것이다.

소크라테스의 말을 빌리지 않더라도, 사람이 자신의 실체를 스스로 바르게 파악한다는 것은 여간 어려운 일이 아니다. 그러나 매우 손쉬운 길이 있다. 먼저 누가 나를 필요로 하고 있는지를 살펴보면 된다.

몇 해 전 참으로 엽기적인 사건이 있었다. 몇 사람이 공모하여 모 재벌 총수 부친의 묘를 파헤치고 시신의 목을 절단한 뒤, 그것을 되돌려 주는 조건으로 8억 원을 요구한 사건이었다. 죽은 사람의 시신 일부를 절단하여 흥정의 대상으로 삼는 자라면 그는 인간이 아니라

인면수심의 짐승, 아니 짐승보다 더 못한 자임에 틀림없다. 그런데 그 사건은 단독범행이 아니었다. 주범과 공범들이 있었다. 최초로 그 패륜적인 범죄를 발상한 주범이 대체 어떤 자들을 공범으로 불러들였을까? 자신의 수첩을 펴놓고 평소 정직하게 여기던 친구에게 전화를 했겠는가? 아니면 의롭고 진실된 친구였을까? 그럴 리가 만무하다. 오히려 정반대다. 주범이 생각하기에 자신의 범행 계획을 듣고 쾌재를 부르며 기꺼이 동참하리라 확신하는 사람, 다시 말해 자기처럼 눈앞의 이득을 위해서라면 물불을 가리지 않고 무슨 짓이든 서슴없이 저지를 친구를 끌어들였을 것이다. 따라서 체포되어 법의 심판을 받은 공범들의 잘못은 그들이 그 범행에 가담하기 이전에, 주범으로부터 반인륜적인 사건의 공범 제의를 받을 만큼 불의했던 그들 삶 자체에 있었다.

그렇다면 여기에서 그대 역시 지금 그대가 어떤 삶을 살고 있는지 간단하게 점검해 볼 수 있다. 지금 그대를 절실하게 필요로 하는 자가 누구인지를 확인해 보면 된다. 세상의 쾌락만을 추구하는 자들이 그대를 필요로 한다면, 그대가 바로 그런 사람이다. 자신의 목적을 위해 수단과 방법을 가리지 않는 자들이 그대를 불러들이고 있다면, 그대가 그런 사람이다. 거짓과 불의를 벗하는 자들이 그들의 일에 그대를 끌어들이려 한다면, 그대가 그런 사람이다. 오직 바르고 참된 삶을 살기 원하는 자들이 두 팔을 벌려 그대의 도움을 요청하고 있다면, 두말할 것도 없이 그대는 진정한 크리스천이다.

모든 인간은 실은 누구에겐가 통로의 역할을 하면서 살아가고 있다. 자신의 중심을 불의와 연계한 자가 불의한 자의 필요가 되는 것은, 그가 이미 불의의 통로가 되었기 때문이다. 불의를 붙잡은 그를 통하여 흘러내리는 것은 불의이기에, 불의한 자가 그를 필요로 하는 것은 너무나 당연한 이치다. 똑같은 연유로 자기 중심을 진리에 둔 자가 진리에 목말라하는 자들의 필요가 되는 것은, 진리를 좇는 그가 진리의 통로가 되어 있는 까닭이다. 그를 통해 진리가 샘솟기에 진리에 목마른 자들이 그의 도움을 청할 수밖에 없다.

그대가 그대의 중심을 어디에 두느냐에 따라 그대가 무엇을 위한 통로인지가 결정되고, 그 결과 그대를 필요로 하는 자들이 누구인지 절로 판가름 나게 된다. 그대를 필요로 하는 자를 통해 그대 자신을 파악할 수 있다는 말의 의미가 이것이다.

자신의 실상을 파악하는 또 하나의 쉬운 길이 있다.

자신의 영향 하에 있는 사람들의 삶을 통해서다. 몇 년 전에 타계한 미국의 프랭크 시나트라는 세계적으로 명성을 떨친 배우 겸 가수였다. 그와 관련하여 빼놓을 수 없는 것이 그가 부른 '마이 웨이(My way)'다. 본래 '마이 웨이'는 이 노래를 만든 폴 앵카가 직접 불렀지만, 1969년 시나트라가 부르자마자 그의 간판곡이 되고 말았다. 시나트라의 중후한 목소리로 불린 이 노래는 지난 30년 동안 수많은 사람들을 감동시켰다. 클래식이 아닌 대중 팝송으로 이처럼 긴 기간 동안 전 세계의 남녀노소를 사로잡은 노래도 흔치 않을 것이다. 그래서 사람들은 '마이 웨이' 하면 프랭크 시나트라를 생각하고, 프랭크 시나트라 하면 '마이 웨이'를 연상한다. 그 유명한 '마이 웨이'의 가사는 다음과 같다.

이제 끝날 시간이 다가왔으니 / 곧 마지막 커튼이 내려지겠지 /

친구여, 나는 분명히 말하려 하네 / 내가 확신하는바 나의 경우를 말일세

나는 부족함이 없는 삶을 살았다네 / 거의 모든 길을 달려 보았지 / 하지만 무엇보다, 그 무엇보다도 / 나는 나의 길을 달렸다네

몇 가지 후회되는 일도 있긴 했지만 / 돌이켜보면 그리 언급할 정도는 아니라네 / 나는 내가 해야만 했던 일들을 했었지 / 누구의 도움도 없이 말일세

모든 정해진 코스는 물론이요 / 때론 샛길을 따라 조심스레 발을 내딛기도 했지만 / 그러나 무엇보다, 그 무엇보다도 / 나는 나의 길을 걸었다네

물론 자네도 잘 알고 있겠지만 / 때론 내 능력에 비해 힘든 순간도 있었다네 / 그러나 난 견디어 내었었지 / 때론 의심이 일기도 했었지만 / 그 모든 것을 극복했었지 / 나는 그 모든 것들과 맞서고 참아내었다네 / 그리고 나는 나의 길을 걸었다네

사랑도 했고, 기뻤던 적도 그리고 슬펐던 적도 있었지 / 성공한 때도 있었고 실패한 때도 있었다네 / 그리고 이제 눈물이 진정되면서 / 그 모든 것들이 즐거움이었음을 깨닫는다네

내가 모든 것을 다 이루었다고 생각한다면 / 그리고 부끄럽지 않게 살아왔다고 말한다면 / 아닐세, 그런 것은 아니라네 / 나는 단지 나의 길을 걸었을 뿐이라네

무엇이 인간의 길이며, 인간은 무엇을 얻어 왔는가 / 만약 자기 자신이 아니라면 모두 무가치한 것이라네 / 굴복한 자의 비굴한 말이 아니라 / 진정으로 느끼는 바를 말하는 그런 인간 말일세 / 혹 과장이라고 말할는지 모르지만 / 나는 나의 길을 달렸다네

얼마나 의미심장한, 그리고 의지에 찬 내용인가? 생전의 시나트라가 백발의 모습으로 의연하게 이런 내용의 '마이 웨이'를 부르면, 그는 정말 자신의 길을 멋지게 완주한 사람처럼 보였다. 그래서 그의 당당한 모습이 더 진한 감동을 안겨 주곤 했다. 하지만 어떤가? 그가 30년 동안이나 열창했던 그 자신의 '마이 웨이'는 어떠했던가? 과연 바람직한 길이었던가? 그가 그토록 자신만만하게 노래했던 그의 '마이 웨이' 위에서 그 자신을 비롯하여 그의 영향 하에 있던 그의 가족, 자식들은 어떤 모습이었던가?

그의 인생이 범죄조직인 마피아와 연루되어 있었음은 널리 알려진 바다. 그가 한때 미국 대통령에게 여자를 소개해 주는 뚜쟁이였다는 사실도 공공연한 비밀이다. 그의 사생활이 얼마나 문란했었는지는 새삼 언급할 가치도 없다. 그가 그토록 '마이 웨이'를 열창하다가 그의 인생길에서 숨을 멈춘 뒤엔 무슨 일이 벌어졌던가? 그가 병원의 중환자실에 누워 있을 때부터 그의 재산을 놓고 전처와 현재의 처, 전처가 낳은 자식들과 현재의 처가 낳은 자식들 사이에 은밀하

게 벌어졌던 재산 다툼이 그의 사후엔 불꽃 튀는 혈투가 되고 말았다. 결국 그의 노래 '마이 웨이' 그 자체는 말할 수 없이 감동적이었지만 그가 걸었던 그의 '마이 웨이'는 허망한 욕망의 길에 지나지 않았음을, 그의 영향 하에 있던 사람들의 삶이 스스로 증명해 주고 있다.

한 인간의 삶은 주위 사람들의 삶과 분리되지도 않으며, 될 수도 없다. 그러므로 그대는 이 세상을 살아가면서 그대 영향 속에 있는 사람들의 삶을 그대의 거울로 삼기를 게을리 해서는 안 된다. 그들의 모습이 곧, 지금 그대 자신의 실상이기 때문이다.

마지막 교훈은, 바른 인생의 선택이 이처럼 중요함에도 절대다수의 인간들이 그릇된 선택에 빠져 있다는 것이다.
주님의 음성에 귀를 기울여 보자.

> 항상 기도하고 낙망치 말아야 될 것을 저희에게 비유로 하여 가라사대 어떤 도시에 하나님을 두려워 아니하고 사람을 무시하는 한 재판관이 있는데 그 도시에 한 과부가 있어 자주 그에게 가서 내 원수에 대한 나의 원한을 풀어 주소서 하되 그가 얼마 동안 듣지 아니하다가 후에 속으로 생각하되 내가 하나님을 두려워 아니하고 사람을 무시하나 이 과부가 나를 번거롭게 하니 내가 그 원한을 풀어 주리라 그렇지 않으면 늘 와서 나를 괴롭게 하리라 하였느니라 주께서 또 가라사대 불의한 재판관의 말한 것을 들으라 하물며 하나님께서 그 밤낮 부르짖는 택하신 자들의 원한을 풀어 주지 아니하시겠느냐 저희에게 오래 참으시

겠느냐 내가 너희에게 이르노니 속히 그 원한을 풀어 주시리라
(눅 18:1-8상)

불의한 재판관일지라도 거듭되는 과부의 청을 들어주겠거늘, 하물며 하나님께서 어찌 인간의 간구에 응답치 않으시겠느냐는 말씀이다. 매일 척박한 삶을 살아가는 인간에겐 복음 중의 복음이 아닐 수 없다. 그래서 본문은 기도회 시간에 단골로 인용되기도 한다. 그러나 결코 간과치 말아야 할 것은, 주님의 말씀이 여기에서 끝난 것이 아니라는 사실이다. 주님께서는 이 뒤에 한 말씀을 더 덧붙이셨다. 그것이 바로 본문의 결론이다. 다시 말하면 주님께서는 그 결론을 위해 앞부분의 긴 말씀을 하셨던 것이다. 그러므로 그 결론을 배제하고서는 본문의 진정한 의미를 알 수 없다. 결론의 내용은 다음과 같다.

그러나 인자가 올 때에 세상에서 믿음을 보겠느냐 하시니라(눅 18:8하)

인간이 자기 소원이나 목적을 두고 간절히 기도하는 것은 아름다운 일이다. 그러나 그 자체가 성경이 말하는 믿음인 것은 아니다. 그런 기도는 불교에도 있고 회교에도 있으며, 심지어는 무속에도 있다. 따라서 자신의 바람을 간구하는 행위 그 자체만은 성경이 요구하는 믿음의 시금석이 될 수 없다. 성경이 말하는 믿음(pistis, 피스티스)이란 곧 '신실'이다. 주님의 말씀을 좇아 삶이 신실하게 변화되는 것, 이것이 성경이 요구하는 참된 믿음이다. 그러므로 자기 삶의 변

화는 안중에도 없이 오직 자기 목적을 위해 신을 변화시키려는 것은 미신일 뿐 참된 믿음이 아니다. 주님께서는 상기 본문을 통해, 수많은 사람들이 참된 믿음과 미신을 혼동할 오늘날의 세태를 예언하신 것이다. 바꾸어 말해 절대다수의 신자들이 욕망에 사로잡혀 인생을 그릇 선택할 것에 대한 한탄이셨다.

스페인 화가 고야의 작품 중에 '이빨사냥'이 있다. 한 여인이 교수형으로 사형당한 시체의 입으로부터 치아를 뽑아내려는 그림이다. 본래 짐승에게만 해당되는 '이빨'이란 단어를 그림 제목의 우리말 번역에 동원한 것은, 그것이 죽은 시체의 치아를 가리키기 때문인 듯하다. 그림 속엔 죽은 사형수의 시체가 교수대의 줄에 매달려 축 늘어져 있다. 그 앞에서 한 여인이 무서움에 떨며 시체를 감히 쳐다보지도 못하고 얼굴을 뒤로 돌린 채, 한 팔만을 뻗어 시체 입 속의 치아를 뽑기 위해 안간힘을 쓰고 있다. 죽은 사람의 시체, 그것도 교수형으로 사형당해 얼굴이 흉측하게 일그러진 시체라면 상상하는 것조차 끔찍하다. 그런데도 그 여인은 왜 무서움을 무릅쓰면서까지 한낱 시체의 치아를 사냥하려는가? 고야가 살던 18세기 스페인에 만연해 있던 미신 때문이었다. 즉 사형당한 시체의 치아엔 신통한 힘이 있어 그것을 지닌 자는 무엇이든 할 수 있다는 미신이었다.

고야가 그 미신의 내용을 소재로 '이빨사냥'을 그린 것은, 그처럼 하찮은 미신에 빠진 어리석은 여인 한 명을 조롱하기 위함이 아니었다. 그 여인을 통해 모든 크리스천들을 비판하려 함이었다. 당시 가톨릭이 국교였던 스페인의 모든 국민은 크리스천이었다. 집집마다 성상으로 장식되지 않은 집이 없었고, 주일마다 성당에서는 거룩한 미사가 드려졌다. 사람들은 성당에서나 집에서나 자기 소원 간구에 열심이었다. 그러나 그들의 실생활은 전혀 딴판이었다. 자기 욕망을 성취하는 길만 있다면 수단과 방법을 가리지 않았다. 마치 시체의 이빨을 사냥하고 있는 그 미련한 여인처럼 말이다. 고야가 보기엔 그들이 참된 크리스천일 수가 없었다. 결국 고야의 '이빨사냥' 역시 그릇된 선택을 당연시하고 있는 인간 어리석음에 대한 한탄―주님의 한탄에 맥이 닿아 있는―이었다. 그리고 오늘을 살고 있는 우리 역시 주님의 이 한탄으로부터 자유로운 처지에 있는 것은 아니다.

 국제 부패 감시 단체인 국제투명성기구가 작년에 91개국을 대상으로 조사한 결과 한국의 투명성을 42위로 발표하였다. 동남아 국가 중 일본, 싱가포르에 뒤진 것은 물론이요, 대만, 홍콩, 심지어는 말레이시아보다도 못한 성적이었다. 말하자면 선진국이거나 혹은 선진국을 지향하는 나라 가운데 한국이 꼴찌였다. 한 국가의 투명성이란 곧 정직성이기에 한국은, 아니 한국 사람은 그만큼 부정직하고 거짓되다는 말이다. 실제로 한국 사람 중 모든 국민이 자기 수입에 대해 정직한 세금을 납부하고, 공무원에 의해 작성되는 서류는 다 진실되며, 사방에서 진행중인 공사가 어김없이 성실시공이라고 스스로 믿는 자는 거의 없다. 실제로는 대부분의 사람들이 부정직과 거짓 속에서 밥 먹고 살아가면서도 그 사실을 자각지도 못할 정도로 우리 사회의 도덕불감증은 중증이다. 허망한 욕망으로 인해 인생의 선택을 그만큼 그릇 행하고 있다는 증거다.

 이것이 비기독교인만의 문제가 아님은, 크리스천인 우리 자신이 더 잘 알고 있다. 예배에는 경건한 모습으로 어김없이 참석하지만, 실생활 속에서는 '이빨사냥' 속의 여인처럼 욕망의 성취를 위해 수단과 방법을 가리지 않는 우리 자신 말이다. 이 세상을 회복시키는 한 알의 밀알이기보다는 오히려 세상을 타락시킨 공범으로서의 우리 자신 말이다. 그렇기에 조금이라도 정직하게 오늘의 교회 그리고 크리스천 아니 자신의 삶을 들여다보면, 누구든 주님의 깊은 한탄소리에 가슴 저미지 않을 수 없다. 제1장 '믿음의 논리'에서, 오늘날 우리 크리스천들의 중심이 그릇된 선택으로 말미암아 추한 황제의 논리에 얼마나 깊이 빠져 있는지는 충분히 다루었으므로 여기서는 더 이상 재론치 말기로 하자. 그러나 우리가 꼭 유념해야 할 사안이 있다.

역사적으로 식민통치를 경험한 국민의 공통점 가운데 하나는 부정직하다는 것이다. 식민 압제로부터 살아남기 위해서는 어쩔 수 없는 노릇이기 때문이다. 정복자의 수탈 아래에서 가족의 생계를 책임지기 위해서는, 쌀 한 톨이라도 더 얻기 위해서는 일상적으로 거짓과 타협치 않을 수 없는 것이다. 오랜 기간 식민통치에 시달린 인도, 파키스탄, 아프리카인들이 오늘날까지 부정직한 것은 그리 이상한 일이 아니다. 그러므로 만 35년 동안 잔혹한 일제의 수탈을 당한 우리 민족이 그동안 정직과 거리가 멀었던 것 역시 당연한 역사의 귀결이라 자위할 수도 있다. 그러나 2차 대전 이후 독립한 나라 중에 우리만큼 경제적 번영을 이룬 나라는 없다. 우리는 생존의 차원을 넘어 선진국이 되기를 원하는 단계에 와 있다. 그렇다면 우리는 이제 단호하게 부정직과 결별하지 않으면 안 된다. 바른 선택의 길로 나아가야 한다는 말이다. 선진국은 돈으로 구축되는 것이 아니라, 바른 삶의 선택으로 이루어지기 때문이다. 거짓된 선택의 되풀이로는 선진국이 되기는커녕 오히려 계속 주님의 한탄거리가 될 뿐이다. 마치 '이빨사냥' 속의 여인처럼 말이다.

그러므로 일제잔재 청산은 친일인사 명단에 몇 사람의 이름을 추가하는 것으로 이루어지는 것이 아니다. 가장 큰 일제잔재인 우리 속의 부정직하고 거짓된 삶과 결별하는 것으로만 청산은 완결될 것이다. 그리고 새로운 삶의 선택은 크리스천으로부터, 그 중심이 바른 믿음의 자리를 선택하는 것으로부터 시작되어야 한다. 이 시대의 빛이어야 할 크리스천이 거짓된 삶을 택하고서야 누구를 향해 바른 선택을 요구할 수 있겠는가?

4. 어떻게 돌아가는가?

가수 하덕규 씨의 노래 중에 '풍경'이란 제목의 노래가 있다. 그 노래의 가사는 다음과 같은 내용이 반복되고 있다.

> 세상 풍경 중에서 제일 아름다운 풍경
> 모든 것들이 제자리로 돌아가는 풍경
> 세상 풍경 중에서 제일 아름다운 풍경
> 모든 것들이 제자리로 돌아오는 풍경

정말 그렇다. 제자리로 돌아가고 제자리로 돌아오는 풍경은 참으로 아름답다. 하루 종일 자기 소임을 다한 태양이 서산으로 돌아가는 풍경은 황홀하기 그지없다. 1년 내내 자기 임무에 충실했던 나뭇잎이 가을 낙엽이 되어 대지로 돌아가는 풍경도 눈물겹도록 아름답다. 가족 부양을 위해 일터에서 하루 일과를 마친 가장이 해질 무렵

지친 어깨로 돌아오는 모습 역시 가슴이 찡하도록 감동적이다. 그러나 추악한 죄인이 죄와 욕망의 자리를 떠나 하나님 중심의 자리로 돌아가는 모습보다 더 아름다운 것은 없다.

　이 땅에 오신 주님께서 인간에게 행하신 첫 번째 설교 내용을 마태복음 4장 17절이 단 한 구절로 압축하여 전해 주고 있다.

　　　회개하라 천국이 가까웠느니라

　주님께서 인간을 향하여 제일 먼저 하신 설교의 첫 단어는 '회개하라'는 것이었다. 이것은 주님께서 이 땅에 오신 제일 큰 목적이 인간으로 하여금 회개케 하시는 것이었음을 일깨워 준다. 회개란 자리를 바꾸는 것, 다시 말해 돌아가는 것이다. 마치 누가복음 15장의 탕자처럼 말이다. 그는 짐승보다 더 못한 욕망과 타락의 자리를 과감히 버리고 아버지 곁으로 돌아갔다. 중요한 것은 그가 공간에서 공간으로 공간을 이동하기 전에 그의 마음, 그의 중심이 먼저 아버지께로 돌아갔다는 사실이다. 중심의 이동이 선행되었기에 몸이 따라간 것이지, 마음이 몸을 뒤좇았던 것이 아니다. 언제나 인간을 움직이는 것은 몸이 아니라 중심이다. 이처럼 욕망에 짓눌린 우리의 중심이 하나님을 향해 이동하지 않으면 안 된다. 그때에 우리가 어떤 공간에 있든, 우리의 삶이 비로소 신실하게 변하게 된다.

　그래서 자복은 회개가 아니다. 입으로 하는 자복, 즉 고백은 회개의 시작일 수는 있으나, 그 자체가 회개의 실체인 것은 아니다. 회개는 반드시 삶의 변화를 수반하는 중심의 이동을 초래한다. 중심의 변화와 무관한 자복이란 카타르시스에 지나지 않을 뿐이다. 그러므로 우리의 중심이 먼저 자리바꿈을 하지 않으면 안 된다. 자기 중심으로부터 하나님 중심으로의 자리바꿈이다. 구체적으로 설명하면 마태복음 16장 이전으로부터 그 이후로 우리의 중심이 옮겨 가야만 한다.

마태복음은 16장을 분기점으로 하여 그 앞과 뒤가 확연하게 구분된다. 16장 이전엔, 주님께서 당신을 찾아온 뭇사람들을 위로하시며 그들의 요구를 다 들어주셨다. 가난에 찌들어 눈물이 마를 겨를조차 없는 자들을, 심령이 가난한 자와 애통하는 자가 복이 있다는 위로의 말씀으로 품어 주셨다. 병든 자에겐 치유의 은총을, 먹을 것이 없는 무리에겐 오병이어의 표적을, 이미 시체가 되어 버린 회당장의 딸에게는 소생의 사랑을 베푸셨다. 그러나 16장을 넘어서면 주님께서는 인간의 요구를 들어주시는 것이 아니라 도리어 인간에게, 자기를 부인하고 자기 십자가를 지는 참 믿음의 사람이 될 것을 요구하신다. 그리고 주님의 위로는, 그릇된 선택의 길 위에 있는 자들에 대한 질책으로 바뀐다.

왜 마태복음은 16장을 분수령으로 하여 이렇듯 나누어지고 있을까? 마태복음 16장은 이미 우리가 상세히 살펴보았듯이, 가이사랴 빌립보에서의 베드로의 신앙고백을 통해 이 땅에 오신 예수님께서 구원자시요 임마누엘 하나님이심이 밝혀진 분수령이기 때문이다. 예수님께서 구원자이심을 모를 땐 모르되, 일단 알고 믿게 된 이상 그 중심이 주님께로 옮아가야 함을 일깨워 주시기 위함이다. 마태복음 16장 이전이 자기 중심의 삶을 의미한다면, 그 이후는 주님 중심의 삶을 뜻한다. 그래서 주님께서는 십자가에서 기꺼이 돌아가심으로, 주님 중심으로 살아가는 자들에게 십자가의 죽음을 통한 부활보다 더 큰 선물, 더 큰 기적이 있을 수 없음을 몸소 보여 주셨다.

그대가 경제적인 이유로 교회의 문턱을 넘었을 수 있다. 육체의 질병을 고치기 위한 목적으로 주님을 찾았을 수도 있다. 절망의 바닥에서 지푸라기를 잡는 심정으로 주님 앞에 나왔을 수도 있다. 그것은 모두 주님께 나아오는 아름다운 동기일 수 있다. 그러나 그 동기와 이유가 어떠하든 상관없이 그동안 정말 주님과의 인격적인 만남이 있었다면, 주는 그리스도시요 살아 계신 하나님의 아들이심을 믿게 되었다면, 그대의 중심은 이제 마태복음 16장 이후를 선택하지 않으면 안 된다. 크리스천이 된다는 것은 그대 홀로 위로받고, 그대 홀로 치유받으며, 그대 홀로 안일을 누리기 위함이 아니다. 그런 이기적인 삶은 물거품처럼 허망하게 소멸될 뿐이다. 도리어 그대가 누군가를 위한 위로와 치유의 통로, 사랑과 생명의 도구가 되기 위함이다. 이것이 영원한 삶이요, 이 영원한 삶은 그대의 중심이 마태복음 16장을 넘어서지 않고서는 얻을 수 없다.

여기에서 우리는 근본적인 질문을 제기하지 않을 수 없다. 과연 어떻게 마태복음 16장 이후로 넘어갈 수 있는가? 어떻게 또다시 실패를 되풀이하지 않고 우리의 중심이 확고하게 주님을 선택할 수 있는가? 우리는 그 해답을 베드로의 경우를 통해 얻을 수 있다.

주님께서 잡히시기 전, 사랑하는 제자들과 마지막 만찬을 마치신 후 최후의 기도를 드리기 위해 겟세마네 동산으로 향하실 때였다. 주님의 죽음이 코앞에 임박한 절체절명의 순간이었다. 앞서 걸으시던 주님께서 제자들에게, 이제 곧 당신의 고난이 시작됨과 동시에 제자들이 모두 주님을 배신하고 도망갈 것을 예고하셨다. 주님께서는, 제자들의 몸은 비록 주님 곁에 있을지언정 그들의 중심은 여전히 주님과 멀리 떨어져 자신들의 욕망을 움켜쥐고 있음을 아셨던 것이다. 주님의 말씀을 베드로가 곧 되받았다.

> 다 주를 버릴지라도 나는 언제든지 버리지 않겠나이다(마 26:33)

여기에서 '언제든지'로 번역된 그리스어 '우데포테(oudepote)'는 '결코 않는다'는 뜻이다. 주님을 향한 베드로의 결심은 확고부동하게 보였다. 그러나 주님께서 기뻐하시기는커녕 오히려 곧 있을 베드로의 배신을 더욱 구체적으로 밝혀 주셨다.

> 내가 진실로 네게 이르노니 오늘밤 닭 울기 전에 네가 세 번 나를 부인하리라(마 26:34)

그렇다면 주님의 이 말씀 앞에서 베드로는 겸손히 자신을 성찰해 보아야만 했다. 베드로 자신과는 달리 주님의 말씀엔 오류가 있을 리 만무한 까닭이다. 그러나 이번에도 베드로는 호언장담으로 일관하였다. 이것이야말로 베드로가 얼마나 자기 중심적인 인간인지를 밝혀 주는 증거였다.

> 내가 주와 함께 죽을지언정 주를 부인하지 않겠나이다(마 26:35)

정말 베드로는 그의 장담대로 차라리 죽을지언정 주님을 부인치 않았던가? 불행히도 성경은 그 반대의 사실을 전해 주고 있다.

> 베드로가 바깥 뜰에 앉았더니 한 비자가 나아와 가로되 너도 갈릴리 사람 예수와 함께 있었도다 하거늘 베드로가 모든 사람 앞에서 부인하여 가로되 나는 네 말하는 것이 무엇인지 알지 못하겠노라 하며 앞문까지 나아가니 다른 비자가 저를 보고 거기 있는 사람들에게 말하되 이 사람은 나사렛 예수와 함께 있었도다 하매 베드로가 맹세하고 또 부인하여 가로되 내가 그 사람을 알지 못하노라 하더라 조금 후에 곁에 섰던 사람들이 나아와 베드로에게 이르되 너도 진실로 그 당이라 네 말소리가 너를 표명한다 하거늘 저가 저주하며 맹세하여 가로되 내가 그 사람을 알지 못하노라 하니(마 26:69-74상)

군병들이 겟세마네 동산으로 주님을 체포하러 왔을 때, 처음에는 베드로가 칼을 뽑아 맨 앞에 있는 군병의 귀를 치는 호기를 부리기도 했다. 그 순간까지만 해도 베드로는 주님께서 인간의 손에 잡혀가실 것이라곤 상상치도 않았던 것이다. 하지만 베드로의 예상과는 달리, 주님께서 군병들에게 무기력하게 끌려가시는 장면을 베드로는 생생하게 목격해야만 했다. 그래도 베드로는 희망을 버리지 않고 대제사장의 집까지 주님의 뒤를 따라갔다. 주님께서 당신의 그 놀라운 능력으로 몹쓸 사람들을 일거에 쓸어버리실 것을 확신하면서 말이다. 그러나 대제사장 집에서 주님은 더욱 비참하기만 했다. 제대로 항변 한번 해 보지도 못한 채 사형언도를 받으시는가 하면, 침 뱉음과 조롱 그리고 주먹질을 속수무책으로 당하시기만 했다. 그것은 베드로가 꿈꾸고 기대하고 믿었던 메시아의 모습이 아니었다. 적어도 그 순간 베드로에게 그분은 결코 메시아일 수가 없었다.

바로 그때 한 비자(婢子, 여종)가 베드로를 알아보았다. 베드로가 방금 대제사장으로부터 사형을 선고받은 예수와 한 패임을 알아본 것이다. 갑작스런 자기 신분 노출에 지레 겁을 먹은 베드로는 주님을 간단히 부인해 버렸다. 그것도 은밀한 속삭임이 아니라, 모든 사람 앞에서 모두 들으라는 듯 공개적인 부인이었다. 그러나 그것으로 사태가 종결된 것은 아니었다. 그 자리를 피하고자 허겁지겁 대문 부근에 이르렀을 때에 베드로의 정체는 또 다른 여종에 의해 다시 노출되고 말았다. 그러자 이번에는 주님을 단순히 부인하는 것만으로는 모자란다고 느꼈던지 베드로는 맹세하며 부인하였다. 유대인들은 맹세할 때면 언제나 하나님의 이름을 걸었다. 베드로는 하나님의 이름으로 성자 하나님을 부인한 것이었다. 세 번째 똑같은 경우를 당하자 베드로는 맹세와 부인 위에 저주까지 더하였다. 유대인의 저주 역시 하나님의 이름으로 행하는 것임을 감안하면, 그는 하나님의 이름으로 하나님을 저주하는 어리석음까지 범하고 말았다.

대부분의 사람들은 이처럼 베드로의 세 번 부인이 연속적으로 일어난 해프닝인 것처럼 잘못 이해하고 있다. 그러나 누가복음은 그것이 연이어 일어난 일이 아니었음을, 세 번에 걸친 각 부인 간의 시차를 언급하는 것으로 밝혀 주고 있다.

> 베드로가 부인하여 가로되 이 여자여 내가 저를 알지 못하노라 하더라 조금 후에 다른 사람이 보고 가로되 너도 그 당이라 하

> 거늘 베드로가 가로되 이 사람아 나는 아니로라 하더라 한 시쯤 있다가 또 한 사람이 장담하여 가로되 이는 갈릴리 사람이니 참으로 그와 함께 있었느니라(눅 22:57-59)

  첫 번째 부인과 두 번째 부인 사이의 시차는 '조금 후'였다. 이를테면 처음 두 번의 부인은 생각할 겨를도 없이 얼떨결에 연이어 일어난 사건이었다. 그러나 두 번째 부인 이후, 베드로는 '한 시쯤 있다가' 마지막 부인을 하였다. 두 번째 부인과 세 번째 부인의 시차는 무려 1시간이나 되었다. 1시간이라면 한 인간이 엉겁결에 범한 잘못을 뉘우치기에는 충분하고도 남는 시간이다. 주님이 사형선고를 받는 대제사장의 뜰에서 베드로가 전혀 예기치 않게 자신의 정체가 탄로 나자, 순간적으로 생명의 위협을 느껴 주님을 연달아 두 번 부인한 것은 얼마든지 있을 수 있는 일이다. 그러나 그 이후 1시간이나 숙고했다면, 적어도 세 번째의 행동은 달라야만 했다. 만약 그가 계속 죽음의 위협에 대한 공포로부터 벗어날 수 없었다면, 두 번 주님을 부인한 뒤 그 장소를 떠나 버리면 그만이었다. 그러나 그는 허겁지겁 그 자리를 피하려던 처음 자세와는 달리, 오히려 1시간씩이나 깊이 생각한 뒤에 주님을 부인하며 저주하기까지 하였다. 마치 주님을 저주하기로 결심한 확신범과도 같은 모습이다. 저토록 무기력한 인간을 메시아로 믿고 3년이란 나의 청춘을 바쳤단 말인가? 너무나도 상상 밖인 주님의 모습에 실망한 베드로의 자기 배신감의 발로였는지도 모른다. 여하튼 앞선 두 번의 부인이 얼떨결에 행한 무의식적 행동이었다면, 1시간에 걸친 숙고 끝에 이루어진 마지막 부인과 저주는 베드로의 의지의 소산이었음을 성경은 분명하게 밝혀 주고 있다.

이와 관련하여 일본 작가 엔도 슈사쿠는 《예수의 생애》에서 결코 놓칠 수 없는 중요한 지적을 하고 있다. 그에겐 한 가지 질문이 있었다. 대제사장 무리들이 주님을 신성모독죄로 처형한 데 반해, 왜 주님의 제자들은 아예 고발치도 않고 모두 무사하게 내버려 두었느냐는 질문이었다. 주님께서 사형을 당하실 정도로 중죄인이었다면 그분의 제자들 또한 무사할 수 없어야 사리에 맞을 것이다. 그렇지만 제자들은 주님의 사형과 관련하여 어떤 고발도 당한 적이 없었다. 도대체 무슨 까닭이었을까? 엔도 슈사쿠는 마침내 그 해답을 요한복음에서 찾았다.

> 시몬 베드로와 또 다른 제자 하나가 예수를 따르니 이 제자는 대제사장과 아는 사람이라 예수와 함께 대제사장의 집 뜰에 들어가고 베드로는 문 밖에 섰는지라 대제사장과 아는 그 다른 제자가 나가서 문 지키는 여자에게 말하여 베드로를 데리고 들어왔더니 문 지키는 여종이 베드로에게 말하되 너도 이 사람의 제자 중 하나가 아니냐 하니 그가 말하되 나는 아니라 하고 그때가 추운 고로 종과 하속들이 숯불을 피우고 서서 쬐니 베드로도 함께 서서 쬐더라(요 18:15-18)

> 시몬 베드로가 서서 불을 쬐더니 사람들이 묻되 너도 그 제자 중 하나가 아니냐 베드로가 부인하여 가로되 나는 아니라 하니 대제사장의 종 하나는 베드로에게 귀를 베어 버리운 사람의 일가라 가로되 네가 그 사람과 함께 동산에 있던 것을 내가 보지

아니하였느냐 이에 베드로가 또 부인하니 곧 닭이 울더라(요 18:25-27)

사도 요한에 의하면 주님께서 잡혀 가시던 밤, 베드로가 홀로 멀찍이 주님을 좇아 대제사장 집에 이른 것이 아니었다. 그날 밤 베드로는 '다른 제자'의 안내를 받아 대제사장 집으로 갔다. 묘한 것은 그 '다른 제자'는 평소 대제사장과 잘 아는 사이였다는 사실이다. 대제사장 집 앞에 당도하자 대제사장과 친분이 있는 '다른 제자'만 먼저 집 안으로 들어가고, 베드로는 한동안 문 밖에서 기다리고 있었다. 이윽고 안에서 나온 '다른 제자'가 베드로를 데리고 집 안으로 들어갔다. 그러자 그 안에 있던 사람들이 베드로에게 세 번 번갈아가며 주님과의 관련성을 공개적으로 물었고, 베드로는 기다렸다는 듯 공개적으로 주님을 부인하였다.

이상과 같은 사도 요한의 증언에 대한 엔도 슈사쿠의 해설은 이렇다. 자신의 기대와는 달리 무기력하게 끌려가는 주님께 절망한 베드로는 주님으로 인해 제자 자신들에게 임할 위험을 직감하였다. 시급히 대제사장 그룹과 모종의 타협을 벌일 필요가 있었다. 그는 평소 대제사장과 친한 '다른 제자'를 중재자로 내세웠다. 베드로의 부탁을 받은 '다른 제자'는 베드로를 데리고 대제사장 집으로 갔다. 베드로를 밖에서 기다리게 한 뒤, 그는 안으로 들어가 베드로를 대신하여 대제사장에게 베드로의 의사를 전했다. 베드로가 제자를 대표하여 주님을 공개적으로 부인하면 제자들은 모두 화를 면할 것이라는 대제사장의 언질은 '다른 제자'에 의해 밖에서 기다리던 베드로에게 전해졌고, 이에 '다른 제자'의 안내로 집 안에 들어간 베드로는 제자들과 자신의 안위를 위해 주님을 공개적으로 부인하였으며, 그 덕분에 제자들은 무사할 수 있었다는 것이다.

이상과 같은 엔도 슈사쿠의 해석은 성경본문을 놓고 볼 때 상당한 설득력을 지닌다. 물론 이 해석에 전혀 동의하지 않는 사람도 있을 것이다. 그럴지라도 베드로의 부인이 우발적인 해프닝이 아니라 그의 의지적 행위였음을 밝히는 엔도 슈사쿠의 지적마저는 부인치 못할 것이다. 4복음서가 한결같이 베드로의 적극적인 부인을 뒷받침하고 있기 때문이다.

그런데 마태복음 26장은 다음과 같이 계속되고 있다.

> 저가 저주하며 맹세하여 가로되 내가 그 사람을 알지 못하노라 하니 닭이 곧 울더라 이에 베드로가 예수의 말씀에 닭 울기 전에 네가 세 번 나를 부인하리라 하심이 생각나서 밖에 나가서 심히 통곡하니라(마 26:74-75)

주님을 두 번 부인한 뒤 1시간에 걸친 장고 끝에 베드로가 세 번째로 주님을 저주하며 부인할 때 닭 우는 소리가 울려 퍼졌고, 그리고 닭 울기 전에 주님을 세 번 부인할 것을 예고하신 주님의 말씀을 기억한 베드로가 밖에 나가 심히 통곡했다는 것이다. 본문은 베드로의 세 번째 저주와 부인, 닭의 울음, 베드로의 주님 말씀 상기, 베드로의 통곡이 거의 동시에 일어난 것처럼 보이게 한다. 그렇다면 상당한 무리가 따르게 된다. 지금 베드로는 1시간 동안 충분히 생각한 뒤에 자신의 의지를 다해 주님을 저주하며 부인의 맹세를 하고 있다. 이처럼 확신범과 같은 베드로가 닭 울음소리에 느닷없이 주님의 말씀을 생각하고 뉘우치며 그 길로 뛰쳐나가 통곡했다는 것은, 논리 전개나 인간 감정의 흐름상 전혀 어울리지 않는다. 자기 배신감에 치를 떨며 의지를 다해 주님을 저주하던 베드로가 갑자기 회개의 통곡을 터트렸다면, 거기엔 반드시 그럴 수밖에 없는 필연적인 사유가 있었을 것임을 의미한다. 우리는 그 까닭을 다시 누가복음 22장에서 발견하게 된다.

> 한 시쯤 있다가 또 한 사람이 장담하여 가로되 이는 갈릴리 사람이니 참으로 그와 함께 있었느니라 베드로가 가로되 이 사람아 나는 너 하는 말을 알지 못하노라고 방금 말할 때에 닭이 곧 울더라 주께서 돌이켜 베드로를 보시니 베드로가 주의 말씀 곧 오늘 닭 울기 전에 네가 세 번 나를 부인하리라 하심이 생각나서 밖에 나가서 심히 통곡하니라(눅 22:59-62)

베드로가 세 번째로 주님을 부인할 때 닭이 곧 울었다. 그러나 그 울음소리가 베드로로 하여금 주님의 말씀을 떠올리게 한 것은 아니었다. 그 순간의 베드로는 주님의 말씀은 고사하고 닭 우는 소리에 조차도 귀를 기울이지 않았다. 3년 동안 섬기던 스승을 적극적으로 부인하는 긴장감이 그런 것에 신경 쓸 겨를을 허락지 않았을 것이다. 그런데 닭 울음소리와 동시에 주님께서 얼굴을 돌이켜 베드로를 쳐다보셨다. 그동안 주님과 베드로는 다른 공간에 있었던 것이 아니다. 주님이나 베드로나 다 함께 대제사장 집 마당에 있었다. 주님께서 대제사장의 심문을 받는 동안 베드로는 사람들 틈에서 재판의 추이를 살펴 가며 적극적으로 주님을 부인하고 있었다. 비록 주님께서는 정면을 향하고 계셨지만, 그러나 당신의 등 뒤에서 당신을 부인하고 맹세하며 그것도 모자라 저주까지 퍼붓는 목소리의 주인공이 누구인지 분명히 알고 계셨다. 당신께서 그토록 사랑하셨던 베드로—그가 근 1시간에 걸쳐 어떤 말로 어떻게 주님을 배신하고 있는지 주님께서는 다 듣고 아셨다. 그 주님께서 얼굴을 돌이켜 베드로를 보셨다. 배신당한 주님과 배신자 베드로의 눈과 눈이 마주친 것이다. 놀랍게도 그 시선의 부딪침과 동시에 베드로는, '닭 울기 전에 네가 세 번 나를 부인하리라' 시던 주님의 말씀을 떠올렸다. 그리고 그는 가슴 터지는 뉘우침으로 밖으로 뛰쳐나가 대성통곡하였다. 그렇다면 베드로를 향한 주님 시선의 의미는 무엇인가?

만약 베드로를 쳐다보는 주님의 시선이 배신자에 대한 경멸과 증오와 저주로 가득 차 있었던들, 베드로에게 그와 같은 코페르니쿠스적 대역전은 일어나지 않았을 것이다. 그런 경우라면 오히려 베드로의 반발이 더 심해졌을 것이다. 당신이 앗아간 내 청춘을 보상하라는 식으로 말이다. 그러나 교활한 배신자 베드로를 쳐다보시는 주님의 눈은 변함없는 사랑의 호수였다. 베드로를 탓하시기는커녕 도리어 무언의 사랑으로 베드로를 한없이 감싸 주고 계셨다. 주님의 눈을 통해 주님의 사랑을 자신의 온몸으로 절감하는 순간 베드로는 불현듯, '닭 울기 전에 네가 세 번 나를 부인하리라' 시던 주님의 말씀이 기억났다. 그와 동시에, 자기 한 목숨 지키려 주님을 면전에서 배신했던 자신의 초라한 실상을 직시하면서 밖으로 뛰쳐나가 포효했다. 곧 처절한 회개의 통곡이었다. 방금 전까지, 근 1시간 동안이나 베드로는 주님과 함께 대제사장 집 마당이란 동일한 공간에 있었지만, 그의 중심은 주님과는 전혀 무관하였다. 지금 베드로는 대제사장 집을 나왔다. 주님과 공간이 달라진 것이다. 그렇지만 통곡하는 베드로의 중심은 이미 주님께로 돌아가 있었다. 그 돌아감—회개의 원동력은 결코 베드로 자신이 아니었다. 베드로의 비열한 배신에도 불구하고 베드로를 품어 주신 주님의 사랑, 그분의 변함없는 사랑이었다.

주님의 참된 능력은 오병이어나, 혹은 물로 포도주를 만드신 것 같은 물질적 표적에 있지 않다. 그런 표적은 이 세상 어느 종교에서나 이야기하게 마련이다. 오히려 사이비로 분류되는 종교일수록 더 많은 표적을 내세운다. 우리 주님의 참된 능력은, 짐승보다 더 못한 인간으로 하여금 다시 시작케 하시는 사랑의 능력이다. 그 사랑의 능력을 힘입어 베드로는 다시 시작할 수 있었고, 그 사랑에 이끌려 우리 또한 제자리로 돌아갈 수 있는 것이다.

맥스 루케이도의 동화 《토비아스의 우물》은 참으로 감동적이다. 사막 한가운데 자리잡은 작은 마을 사람들은 여느 동네와는 달리 물 걱정을 할 필요가 없었다. 그 마을 우물주인 토비아스가 물이 필요한 사람이라면 누구든지 얼마든지 거저 주었기 때문이다. 어느 날 토비아스는 아들 쥘리안과 함께 먼 길을 떠나면서 우물 관리를 하인 엘제비르에게 맡겼다. 누구에게든지 계속 물을 거저 줄 것을 명령하였음은 물론이다. 처음 얼마 동안 엘제비르는 주인의 뜻을 받들어 모든 사람에게 즐거운 마음으로 물을 퍼 주었다. 그러나 얼마 지나지 않아 그의 마음이 바뀌었다. 자기에게 감사를 표하는 사람에게만 물을 주기로 한 것이다. 사람들은 엘제비르가 우물 주인이 아님을 알고 있었지만, 물을 얻기 위해 매번 그에게 감사의 인사를 하지 않을 수 없었다. 그러나 시간이 흐르자 그것만으로는 엘제비르의 양이 차지 않았다. 그는 자기에게 예쁘게 보이는 사람에게만 물을 주기로 마음을 바꾸었다. 주민들은 전혀 내키지 않았지만, 물을 얻기 위해서는 어쩔 수 없이 엘제비르의 눈 밖에 나지 않으려 안간힘을 써야만 했다. 어느 날 우물가에 한 사람이 나타났다. 엘제비르는 그도 물을 얻으러 온 사람이려니 하고 거드름을 피웠다. 그 사람이 얼굴을 가렸던 수건을 벗었다. 놀랍게도 우물 주인 토비아스의 아들 쥘리안이었다. 쥘리안은 주민들에게 예전처럼 누구든지 마음껏 물을 거저 가져가라고 했다. 오랜만에 주민들은 기쁨을 되찾았다. 그러나 이번에는 주민들이 가만있지 않았다. 주민들은 쥘리안에게 엘제비르가 얼마나 나쁜 짓을 했는지 고발하면서, 그에겐 물을 주지 말 것을 촉구하고 나섰다. 그러나 쥘리안은, 저 사람에게도 물을 거저 주는 것이 내 아버지의 뜻이라며 종을 용서해 준다. 주인의 그 사랑을 힘입어 엘제비르가 새로운 삶을 시작했을 것임은 두말할 나위가 없다.

 불의한 종 엘제비르야말로 곧 우리 자신이 아닌가? 우리가 이 세상에 태어날 때 무엇을 지니고 왔던가? 단지 빈손이었을 뿐이다. 지금 우리의 소유 중 본래부터 우리의 것이 어디 있는가? 모두 하나님의 것이요 하나님께서 맡기신 것이다. 우리는 그분의 청지기에 지나지 않는다. 그런데도 우리는 그 모든 것이 마치 나의 것인 양, 내게 감사를 표하는 사람 혹은 내 눈에 예뻐 보이는 사람에게만 인심 쓰듯 나누어 주며 그들을 지배하려 하였다. 그것은 주인을 사칭하며 주인의 것을 도적질한 엘제비르와 진배없다. 한마디로 하극상이다. 주인이신 하나님의 입장에서 본다면 가차 없는 징벌의 대상이다. 그럼에도 하나님께서는 당신의 아들을 보내시어 용서해 주시고, 당신의 사랑 속에서 다시 시작케 해 주셨다.

  그뿐만이 아니다. 하나님께서는 당신의 사랑으로 다시 시작케 하시되, 인간의 예상이나 상상보다 훨씬 더 아름답게 시작케 하신다. 누가복음 15장의 탕자가 그릇된 삶의 자리를 내던지고 아버지에게로 돌아갈 때 그가 속으로 무슨 생각을 하였던가? — '난 아버지의 아들 자격을 이미 상실했어. 아버지께 죽을죄를 지은 거야. 그래, 아버지 집의 종으로 받아 달라고 간청하자. 밥만 먹여 주셔도 족해.' 이것이 탕자의 마음이었다. 자기 같은 패륜아를 자식으로 받아 줄 리가 없다는 것이 그의 예상이었던 것이다. 그러나 그 예상이 틀렸음이 판명되는 데는 긴 시간을 요하지 않았다. 아들의 귀환을 기다리고 있던 아버지는 아들을 보자마자 이런 한심한 놈, 하고 호통을 친 것이 아니었다. 그래 너 같은 녀석은 평생 종으로 살아라, 부자지간의 인연을 끊어 버린 것도 아니었다. 아버지는 아들에게 비단옷을 입히고 가죽신을 신기며 금가락지를 끼워 주었다. 아들의 모든 허물을 덮어 주고 변함없는 아들로 영접해 주었다. 그것은 탕자의 예상을 뒤엎는 사랑이었다. 그리고 아버지의 그 놀라운 사랑을 힘입어 탕자가 전혀 새로운 삶을 다시 시작했을 것임은 불문가지다.

  나는 한때 참으로 한심한 삶을 살았었다. 욕망과 본능의 자리에 집착하여 허망한 황제의 논리로 내 생의 귀한 부분을 어이없이 탕진한 것이다. 그럼에도 나를 여전히 사랑하고 계시는 주님의 사랑을 깨닫고 나서, 나는 단지 주님을 향해 내 중심의 방향을 틀었을 뿐이다. 주님을 위해 한 일이라곤 아무것도 없었다. 하지만 주님의 사랑은 나로 하여금 다시 시작하게 하시되, 내가 상상치도 못한 삶을 새로이 시작케 해 주셨다. 주님의 사랑이 아니셨던들, 내가 지금 이런 글을 쓰고 있다는 것은 꿈에서조차도 생각할 수 없었던 일이다.

이처럼 주님의 사랑은 그 어떤 인간일지라도 다시 시작하게 하신다. 그것도 인간의 상상을 초월하는 신묘막측한 방법과 내용으로 말이다. 그래서 주님의 사랑은 기적이다. 죽음의 나락으로 추락하던 인간을, 영원한 생명을 향해 비상하는 구원의 열차로 그저 옮겨 주시는 사랑보다 더 큰 기적이 어디에 있겠는가?

그 기적적인 사랑은 결코 멀리 있지 않다. 그 사랑은 지금 여기, 그대 곁에 있다. 그분의 사랑이 그대와 함께하지 않다면, 그대가 보다 나은 크리스천이 되기 위해 지금 이 책을 읽고 있을 까닭이 없다. 그대는 이미 그분의 사랑 속에, 그분의 기적 속에 있는 것이다.

5. 왜 당장인가?

　주님의 사랑이 이미 그대를 품고 계신다는 이 기적을 믿는다면 이제 남은 것은 하나—그대 역시 주님을 향해 돌아서는 것이다. 다시 시작하는 것이다. 새로이 선택하는 것이다. 베드로처럼 어리석었던 지난 삶에 대해 통회하는 중심으로 하나님을 정조준하는, 바른 믿음의 자리로 돌아가는 것이다. 그대의 능력으로가 아니라 그분의 그 기적적인 사랑의 힘에 이끌려, 이 다음부터가 아니라 지금 당장 말이다.

　프랑스 빠리에는 국립 로댕 미술관이 있다. 1917년 11월 세상을 떠난 로댕은 생전에 자신의 주거 및 아틀리에로 사용하던 대저택과 작품들을 프랑스 정부에 기증하였고, 프랑스 정부는 로댕 사후 그 대저택을 미술관으로 개조하여 그의 작품들을 전시하고 있다. 우리가 사진으로 접할 수 있는 '지옥의 문' '발자크 상' 등 로댕 조각의 진수가 모두 이곳에 있다. 그 유명한 로댕의 '생각하는 사람'은 미술관

앞마당 오른편 석대 위에 앉아 있다.

　1997년 처음으로 '생각하는 사람'을 찾아간 날은 빠리 시내에 온통 안개가 짙게 깔려, '생각하는 사람' 너머의 배경이라곤 안개 외엔 아무것도 볼 수 없었다. 그 이듬해 다시 로댕 미술관을 찾았을 때는 하늘에 구름 한 점 없이 청명한 날이었고, '생각하는 사람' 너머에 무엇이 있는지를 선명하게 볼 수 있었다. 그것은 태양 아래 눈부시게 빛나는 앵발리드 성당의 황금색 돔이었다. 앵발리드 성당은 그 속에 나폴레옹의 관이 안치되어 있는 것으로 유명하다. 그러나 그 관 속에 나폴레옹의 시신이 누워 있는 것은 아니다.

　나폴레옹은 일평생 자기 야욕과 야망에 사로잡혀 살던 사람이다. 그는 자기 야망을 위해 무려 100만여 명에 달하는 사람들을 전장에서 죽음으로 몰아넣었다. 유배지인 세인트헬레나에서 죽은 뒤엔 그곳에 매장되었다가, 20여 년이 지나서야 한 줌의 재가 되어 앵발리드 성당에 안치되었다. '불구의' '쓸모없는' '무효의'란 의미를 지니고 있는 프랑스어 형용사 앵발리드(invalide)는 '부상자' 또는 '상이군인'을 뜻하기도 한다. 그 성당의 이름이 앵발리드인 것은, 지금은 군사박물관으로 사용되고 있는 주위 건물이 본래 전쟁에서 부상당한 군인들을 치료하기 위한 병원으로 건립되었기 때문이다. 어떻든 나폴레옹이 한 줌의 재가 되어 앵발리드 성당에 안치되었다는 것은 역설적으로, 자기 야망의 노예로 살던 그의 삶 자체가 세상에서는 황제로 군림했을지언정 하나님 앞에서는 불구의 삶이요, 아무 쓸모없는 무효, 즉 앵발리드의 삶이었음을 웅변해 주고 있다.

　턱을 고이고 생각에 몰두해 있는 로댕의 '생각하는 사람'과 그 너머 나폴레옹의 앵발리드 성당—그것은 참으로 묘한 대조였고, 심오한 영적 메시지를 던져 주었다. 주님의 말씀 안에서 스스로 자신을 되돌아보며 생각하는 크리스천이 되지 않으면, 아무리 그럴듯하게 자신을 꾸며도 결국 하나님 앞에서는 '앵발리드'(쓸모없는 무용지물)일 수밖에 없다. 말씀 안에서 생각지 않는 자는 자기 중심적일 수밖에 없고, 인간의 중심 그 자체로부터는 죽음 이외의 것—참된 것은 솟아나지 않는다.

회개를 가리키는 그리스어 동사 '메타노에오(metanoeo)'는 전치사 '메타(meta)'와 동사 '노에오(noeo)'가 합쳐진 합성어이다. 전치사 '메타'는 우리말로 '~뒤에'를 뜻한다. '노에오'는 '이성'을 의미하는 '누스(nous)'에서 파생된 동사로 '깨닫다' '생각한다'는 뜻이다. 따라서 '회개한다'는 것은 '생각한 뒤에 행하는 것'이다. 욕망에 사로잡힌 자기 인생열차의 종착역이 공동묘지일 수밖에 없음을 생각해 보면, 자기 속에서는 참된 생명이 결코 없음을 한 번이라도 생각해 보면, 영원한 생명은 오직 생명의 근원이신 하나님께로부터만 비롯됨을 단 한 번이라도 진지하게 생각해 본다면, 그가 누구이든지 그는 돌아갈 수밖에 없다. 바른 선택으로 나아갈 수밖에 없는 것이다. 자기 중심을 다해 하나님을 정조준하는 참 믿음의 자리로 말이다.

그렇다면 그대는 이제부터 생각하는 크리스천이 되어야 한다. 그대의 중심을 지금 어디에 두고 살아가고 있는지, 그대의 삶이 세상에서 화려해 보여도 하나님 앞에서 무효인 것은 아닌지, 그와 반대로 사람 앞에서는 초라한 것 같지만 하나님께서 인정하시는 유효의 삶인지, 날마다 진지하게 생각하며 살아야 한다. 여기에 동의한다면, 그대의 중심은 바른 믿음의 자리를 지금 당장 선택해야 한다. 지금 당장 주님께로 돌아가야 한다. 주님의 기적적인 사랑을 힘입어, 지금 당장 다시 시작해야 한다. 왜 하필 지금 당장인가?

   그 이유는 지극히 간단하다. 그대의 인생열차는 지금도 소리 없이, 종착역을 향해 질주하고 있기 때문이다.

3 믿음의 원천

그가 베드로와 요한이 성전에 들어가려 함을 보고 구걸하거늘 베드로가 요한
으로 더불어 주목하여 가로되 우리를 보라 하니 그가 저희에게 무엇을 얻을까
하여 바라보거늘 베드로가 가로되 은과 금은 내게 없거니와 내게 있는 것으로
네게 주노니 곧 나사렛 예수 그리스도의 이름으로 걸으라 하고 오른손을 잡아
일으키니 발과 발목이 곧 힘을 얻고 뛰어 서서 걸으며 그들과 함께 성전으로 들
어가면서 걷기도 하고 뛰기도 하며 하나님을 찬미하니　-행 3:3-8

1. 생명의 법칙은?

　하늘에서 내린 빗물은 오랜 세월을 거쳐 땅 속으로 스며들면서 수정처럼 맑게 정화된다. 깊이 스며들수록 더 맑고 깨끗한 생수가 된다. 빗물이 지하로 스며들지 않고 땅 위로만 흘러가면, 소독 과정을 반드시 거치고서야 마실 수 있는 음용수는 가능하겠지만 진정한 생수가 될 수는 없다. 그렇다고 해서 스며들기만 해서는 안 된다. 땅 속으로 스며들면서 정화된 물이 거꾸로 분출될 때에만 사람을 살리는 생수의 역할을 다할 수 있다. 여기에서 우리는 땅에 떨어진 빗물이 생수로 변화되는 공식을 발견할 수 있다. 땅 속으로 깊이 스며드는 '내면화'와 다시 밖으로 분출되는 '외향화'이다. 이 둘 중 어느 쪽이 결여되든 빗물이 생수로 되살아날 수는 없다.

　풀이나 나무도 그냥 생겨나는 것은 아니다. 뿌리 혹은 씨앗을 먼저 땅 속에 심지 않으면 안 된다. 이른바 내면화의 과정이다. 심겨진 뿌리나 씨앗이 시간이 지나도 원형 그대로 있으면 그건 죽은 것이다. 살아 있다면 반드시 땅 밖으로 움이나 줄기가 돋아나야 한다. 즉 외향화의 과정이다. 사람의 생명도 마찬가지다. 생명의 씨앗이 외부로부터 어머니의 자궁으로 들어가 수태되고 잉태되는 내면화와, 때가 찼을 때 태아가 자궁의 문을 열고 출생하는 외향화를 거칠 때에만 새로운 생명으로 존재할 수 있다.

  이처럼 내면화와 외향화를 통해 생명이 잉태되고 성장하며 또 유지된다는 것은 모든 생명에 공통적으로 적용되는 생명의 법칙이다. 이 법칙 속에는 세 가지의 뚜렷한 원칙이 있다. 첫 번째 원칙은 반드시 내면화가 선행된다는 것이다. 먼저 내면화의 과정이 있지 않으면 생수도, 꽃도, 사람도 존재 자체가 불가능하다. 두 번째 원칙은 내면화와 외향화는 중단 없이 되풀이되어야 한다는 것이다. 땅 속에 움이나 싹이 돋아났다고 모든 것이 끝난 것은 아니다. 그것은 겨우 시작일 뿐이다. 땅 속의 뿌리는 옆으로 밑으로 쉼 없는 내면화를 계속하고, 땅 밖의 줄기와 가지는 중단 없는 외향화를 지속함으로 나무다운 나무가 될 수 있다. 아이 역시 태어났다고 절로 성장하는 것은 아니다. 양분을 섭취하는 내면화와 육체적으로 성장하는 외향화를 거치면서 비로소 바르게 성장할 수 있다. 그러나 육체적 성장만으로 안 된다. 지혜와 지식을 습득하는 내면화, 그리고 그것이 삶으로 표출되는 외향화를 거듭하면서 전인적으로 성숙하게 된다.

  마지막 원칙은 외향화의 건강성은 내면화의 깊이와 정비례한다는 것이다. 세계적으로 명성을 떨치고 있는 생수 '에비앙'은 레만 호수 옆 프랑스 에비앙(Evian) 마을에서 퍼 올리는 생수다. 그 마을을 찾으면, 에비앙 생수는 15년 동안 땅 속에서 걸러진 물이라고 설명한다. 즉 알프스의 눈 녹은 물이 땅 속으로 스며들어 가 수십 킬로미터 떨어진 에비앙에 이르기까지 최소한 15년이 걸린다는 것이다. 그처럼 장기간에 걸친 내면화의 결과가 생수 에비앙이기에, 에비앙은 세계적인 명성의 생수로 대접받는다. 그 반대의 경우도 있다. 서부 유럽에서는 우리나라에서 보기 어려운 광경을 흔히 볼 수 있다. 조금만 강풍이 불면 거목들이 뿌리째 뽑히어 쓰러져 버리는 것이다. 우리나라에선 강풍에 나무가 꺾이기는 해도 뿌리째 뽑히는 경우는 거의 없다. 서부 유럽은 우리나라와는 달리 평지엔 겨울에도 혹한이 없다. 일년 내내 비가 많이 오는 관계로 초목이 자라기엔 안성맞춤이다. 그러므로 그곳 나무들의 뿌리는 구태여 깊이 뻗어내려 갈 필요가 없다. 쉽게 옆으로만 퍼져도 물기는 어디나 있기 때문이다. 그것이 강풍엔 속수무책인 이유다. 스위스에서 체류하던 3년 동안 나 역시 뿌리째 뽑혀 쓰러진 나무들을 많이 보았다. 높이가 15미터에서 20미터에 이르는 거목들이 나자빠져 있는데, 그런 나무들의 공통점은 뿌리의 깊이가 겨우 1미터 남짓하다는 것이었다. 내면화의 깊이와 외향화의 건강성은 언제나 정비례한다는 좋은 증거이다.

   내면화와 외향화로 이루어지는 생명의 법칙과 원칙은 신앙생활, 영적 생활에도 그대로 적용된다. 먼저 내가 노력하지 않았음에도 내게 임한 주님의 은총, 주님의 말씀, 성령님의 빛을 내 심령 속에 깊이 되새기는 내면화가 선행되지 않으면 안 된다. 이것 없이 하루아침에 주님을 좇아 살겠다는 것은, 여인이 자궁의 수태와 잉태 그리고 열 달에 걸친 임신기간 없이 아이를 낳겠다는 것과 같다. 그러나 내면화가 내면화로 그쳐서도 안 된다. 신앙의 내면화는 반드시 외향화, 곧 삶으로 표출되어야만 한다. 그 내면화와 외향화는 단발로 그치는 것이 아니라 지속적으로 반복되어야 한다. 크리스천의 기도,

말씀묵상 등은 신앙의 내면화를 위함이요, 그 내면화의 바탕 위에서 신앙의 외향화는 단순반복이 아닌, 마치 나사의 골처럼 시간이 갈수록 계속 상승하게 된다. 그러므로 신앙의 내면화가 깊을수록 그와 정비례하여, 더욱 건강하고 충실한 신앙의 외향화가 수반되는 것이다.

누가복음 18장에는 바리새인과 세리의 기도가 대조적으로 나타나 있다. 먼저 바리새인의 기도를 살펴보자.

> 바리새인은 서서 따로 기도하여 가로되 하나님이여 나는 다른 사람들 곧 토색, 불의, 간음을 하는 자들과 같지 아니하고 이 세리와도 같지 아니함을 감사하나이다 나는 이레에 두 번씩 금식하고 또 소득의 십일조를 드리나이다 하고(눅 18:11-12)

바리새인은 자신의 의로운 행위, 즉 자신의 공적을 하나님께 자랑스럽게 아뢰고 있다. 반면 세리의 기도는 그와 정반대였다.

> 세리는 멀리 서서 감히 눈을 들어 하늘을 우러러보지도 못하고 다만 가슴을 치며 가로되 하나님이여 불쌍히 여기옵소서 나는 죄인이로소이다 하였느니라(눅 18:13)

식민지의 정복자인 로마 제국을 위해 일해야 하는 직업 특성상, 내세울 것이라곤 불의한 삶밖에 없는 세리는 가슴을 치며 하나님의 은총을 간구하고 있다. 우리는 이 대조적인 기도의 두 주인공인 바리새인과 세리를 놓고 자기 의를 내세우는 교만한 바리새인은 '나쁜 교인'이요, 하나님의 은혜를 겸손하게 구하는 세리는 '좋은 교인'이라 배워 왔다. 그러나 이 두 사람에 대한 주님의 평가는, 우리가 그동안 배웠거나 알고 있는 흑백논리식 평가와는 전혀 다르다는 사실에 유의하지 않으면 안 된다.

> 내가 너희에게 이르노니 이 사람이 저보다 의롭다 하심을 받고 집에 내려갔느니라 무릇 자기를 높이는 자는 낮아지고 자기를 낮추는 자는 높아지리라 하시니라(눅 18:14)

주님께서는 교만한 바리새인은 '나쁜 교인'이요, 겸손한 세리는 '좋은 교인'이라는 식의 이분법으로 평하시지 않았다. 주님께서는 '이 사람이 저보다 의롭다'고, 다시 말해 바리새인보다 세리가 더 의롭다고 비교급으로 평가하셨다. 주님께서는 바리새인이 의롭지 않다고 부정하신 것이 아니라, 바리새인도 의롭긴 하지만 그러나 세리가 더 의롭다고 말씀하신 것이다. 이를테면 의롭고자 하는 바리새인의 중심 그 자체는 인정해 주신 것이다. 그럼에도 바리새인이 주님의 질책을 받았다면, 그것은 자신의 공적을 신앙의 출발점으로 삼은 바리새인의 자기 교만에 대한 질책이었다. 반대로 주님께서 세리를 바리새인보다 상대적으로 후하게 평하신 것은 불의했던 그의 과거에 대한 인정을 의미하지 않는다. 그것은 자신이 죄인임을 알아 하나님의 긍휼을 먼저 구하는 겸손한 그의 중심에 대한 평가였다. 바꾸어 설명하면, 바리새인이 세리보다 못했던 것은 신앙의 내면화가 결여되어 있었다는 점이다. 내면화 없는 신앙의 외향화는 반드시 자기 교만을 낳고, 자기 교만은 하나님으로부터 자신을 격리시키는 가장 무서운 장애물이다. 반면 주님의 세리에 대한 칭찬은 그의 선행된 내면화에 대한 칭찬이었다. 참된 내면화가 앞서야 바른 외향화가 뒤따라오기 때문이다.

여기에서 우리는 중요한 사실을 깨닫게 된다. 신앙의 내면화와 외향화는 칼로 무를 자르듯 분리되는 것이 아니라, 크리스천의 삶 속에 언제나 한데 어우러져 있지 않으면 안 된다는 것이다. 주님의 칭찬을 받은 세리가, 아 주님께서는 이렇게만 하면 좋아하시는구나, 지레 단정하고는 그 이후 외향화는 아랑곳없이 매일 내면화에만 재미를 붙였다면 어떻게 되었을까? 불의한 자신의 삶을 청산하기는커녕 날마다 선량한 사람들을 등쳐 사복을 채우다가, 안식일이면 어김없이 성전을 찾아 거룩하게 가슴을 치며 '하나님이여 불쌍히 여기옵소서, 나는 죄인이로소이다'를 반복한다면, 주님께서는 그 세리를 반드시 마태복음 5장 20절 말씀으로 질타하셨을 것이다.

> 내가 너희에게 이르노니 너희 의가 서기관과 바리새인보다 더
> 낫지 못하면 결단코 천국에 들어가지 못하리라

결국 주님께서 누가복음 18장을 통해 바리새인과 세리의 이야기를 우리에게 들려주신 것은 그 두 사람의 삶 중 하나를 선택케 하심이 아니라, 그 두 삶을 우리 안에 공유케 하심임을 알 수 있다.

사도 바울의 옛 이름은 사울이다. 청년 시절의 사울은 유대교의 신념에 사로잡혀, 유대교의 배신자로 간주된 크리스천들을 색출하

여 투옥시키는 것을 필생의 사업으로 여겼다. 그 일에 얼마나 열심이었는가 하면, 크리스천들을 연행키 위해 예루살렘에서 213킬로미터나 떨어진 다마스커스(다메섹)까지 불원천리 찾아갈 정도였다. 그런데 바로 그 길 위에서 그는 주님께 사로잡혔다. 그가 주님을 위해 한 것이라고는 아무것도 없음에도, 도리어 주님 믿는 자들을 핍박했을 뿐이건만 주님의 은총이 먼저 그에게 임한 것이었다. 그 직후 사울에게 어떤 일이 일어났던가?

> 사울이 땅에서 일어나 눈은 떴으나 아무것도 보지 못하고 사람의 손에 끌려 다메섹으로 들어가서 사흘 동안을 보지 못하고 식음을 전폐하니라(행 9:8-9)

주님의 은총을 입은 사울이 왜 사흘 동안 세상을 보지 못하고, 먹지도, 마시지도 못했을까? 그것은 무슨 의미였을까? 말할 것도 없이 그 사흘은 신앙의 내면화가 시작되는 기간이었다. 사울이 결코 믿으려 하지 않았던 예수—그분께서 살아 계신 임마누엘 하나님이셨다. 그 하나님께서 먼저 자신을 찾아오셨다. 그리고 친히 자신에게 구원의 은총을 베풀어 주셨다. 그렇다면 보지도 먹지도 마시지도 못하던 그 사흘 동안, 사울이 자신에게 임한 하나님의 은총을 자기 심령 속에 깊이 되새기는 신앙의 내면화 이외에 무엇을 할 수 있었으며, 또 하려 했겠는가?

사흘이 지나자 주님께서는 선지자 아나니아로 하여금 사울을 찾아가 안수기도를 해 주게 하셨다.

> 아나니아가 떠나 그 집에 들어가서 그에게 안수하여 가로되 형제 사울아 주 곧 네가 오는 길에서 나타나시던 예수께서 나를 보내어 너로 다시 보게 하시고 성령으로 충만하게 하신다 하니 즉시 사울의 눈에서 비늘 같은 것이 벗어져 다시 보게 된지라 일어나 세례를 받고(행 9:17-18)

아나니아의 안수기도와 동시에 사울은 다시 보게 되었다. 그리고 그는 그 즉시 세례를 받았다. 이것만으로도 사울의 삶이 다시 정상을 회복했음을 인식하는 데는 전혀 부족함이 없다. 그런데도 본문은 다음과 같이 이어지고 있다.

> 음식을 먹으매 강건하여지니라(행 9:19상)

요즈음에도 초등학교 학생들은 일기를 써서 담임선생님의 검사를 받아야 한다. 나 개인적으로는 그처럼 비교육적인 제도가 왜 아직도 남아 있는지 이해하기 어렵다. 일기란 자기 성찰을 위한 자기 거울이란 의미에서 중요할진대, 어릴 적부터 타인에게 보이기 위해 일기를 쓰게 한다면 득보다 실이 더 많을 것임은 너무나도 자명하지 않는가? 여하튼 우리 아이들 역시 초등학교 시절 일기 숙제를 무엇보다 어려워했다. 이유는 딱히 쓸 말이 많지 않게 여겨지는 탓이다. 나 역시도 마찬가지였다. 어린 시절 방학 내내 잘 놀기만 하다가, 개학 전날이 되어서야 한 달치의 일기를 한꺼번에 쓰는 것은 참으로 어려웠다. 그래서 으레 일기는 매일 이런 식으로 시작되게 마련이었다. ─"오늘 아침에도 일어나 이를 닦고 세수하고 아침밥을 먹었다." 큰 글씨로 이렇게 시작하면 힘들이지 않고 몇 줄을 채울 수 있기 때문이었다. 어린아이의 일기장이 대개 이런 식이기에, 아이들의 일기 속엔 의미 없는 단어나 말들이 수두룩하게 마련이다.

성경은 어린아이의 일기장이 아니다. 그 속엔 의미 없는 말이 없다. 어떤 단어, 어떤 구절이든 성경에 기록되어 있다면, 그 속에 절대적인 의미가 내포되어 있다. 성경이 하나님의 말씀인 까닭이다. 그렇다면 사울이 눈을 뜨고 세례를 받았다는 것만으로도 정상을 회복한 사울을 일러 주기에 족했을 텐데, 왜 어린아이 일기장처럼 굳이 '음식을 먹고 강건해졌'는 구절을 덧붙였을까? 단지 그의 육체적 건강을 돋보이게 하기 위함인가? 아니다. 사울의 신앙의 내면화가 외향화로 드러났음을 강조하기 위함이었다. 그리고 그의 내면화와 외향화는 그때 한 번, 단발로 그친 것이 아니었다.

> 내가 내 몸을 쳐 복종하게 함은 내가 남에게 전파한 후에 자기가 도리어 버림이 될까 두려워함이로라(고전 9:27)

> 형제들아 내가 그리스도 예수 우리 주 안에서 가진바 너희에게 대한 나의 자랑을 두고 단언하노니 나는 날마다 죽노라(고전 15:31)

이상과 같은 바울의 고백은 그의 내면화가 중단 없이 날마다, 날이 갈수록 더 깊이 진행되었음을 일깨워 준다. 그런가 하면 그는 이렇게 단언하기도 했다.

> 내가 그리스도를 본받는 자 된 것같이 너희는 나를 본받는 자 되라(고전 11:1)

바울은 스스로 주님을 본받는 삶을 살고 있음을, 즉 그의 신앙의 내면화가 외향화로 드러나고 있음을 주저 없이 밝히고 있다.

여기에서 한 가지 선뜻 이해하기 어려운 점이 있다. 바울은 자기 신앙의 외향화를 밝히면서 사람들로 하여금 자신을 본받을 것을 촉구하고 있다. 이것은 얼마나 교만한 말인가? 우리의 본은 오직 예수 그리스도뿐이시다. 이 사실을 누구보다도 더 잘 아는 바울이 왜 교만하게도 자기를 본받을 것을 요구하는 객기를 부리고 있는가? 이것은 자신의 어떤 행위를 본받으라는 말이 아니었다. 주님 안에서 신앙의 내면화와 외향화로 어우러지는 자신의 중심, 즉 신앙의 바른 본질을 배우라는 의미였다. 내면화가 결여된 외향화, 외향화로 연결되지 않는 내면화, 그 어느 쪽도 참된 신앙일 수는 없기 때문이다.

2. 내면화의 핵심은?

　신앙의 내면화와 외향화의 관점에서 본다면, 사도행전이란 매일 신앙의 내면화를 추구하던 자들의 외적으로 드러난(외향화) 삶의 기록이다. 즉 사도들이란 그 삶이 신앙의 내면화와 외향화의 교직(交織)으로 이루어진 사람들이다. 신앙의 내면화와 외향화 중에서 물론 내면화가 먼저 이루어졌음은 두말할 필요도 없다. 신앙의 내면화는 외향화의 텃밭이다. 그렇다면 이처럼 중요한 신앙의 내면화의 핵심은 구체적으로 무엇인가? 끊임없이 신앙의 내면화를 추구하던 자들의 외적으로 드러난 삶의 기록인 사도행전은 이렇게 시작되고 있다.

　　데오빌로여 내가 먼저 쓴 글에는 무릇 예수의 행하시며 가르치시기를 시작하심부터 그의 택하신 사도들에게 성령으로 명하시고 승천하신 날까지의 일을 기록하였노라 해 받으신 후에 또한 저희에게 확실한 많은 증거로 친히 사심을 나타내사 사십 일 동

안 저희에게 보이시며 하나님 나라의 일을 말씀하시니라(행 1:1-3)

사도행전은 의사 누가가 데오빌로에게 쓴 편지 형식의 글이다. 그는 편지의 제일 첫머리에 자신이 데오빌로를 위해 먼저 써 보내었던 글, 곧 누가복음을 언급하는 것으로 사도행전을 시작하고 있다. 이 짧은 언급을 통해 누가는, 자신의 첫 번째 편지인 누가복음의 초점이 예수 그리스도의 부활임을 상기시켜 주고 있다. 누가복음은 총 24장으로 구성되어 있다. 1장부터 23장까지는 주님께서 고난당하시기까지의 행적을 전해 주고 있고, 주님의 부활에 대한 증언은 마지막 장인 24장 한 장에 국한되어 있다. 따라서 누가복음의 초점이 주님의 부활이라는 누가의 설명을 따른다면, 누가복음 앞부분의 스물세 장이 마지막 장인 24장 한 장을 위해 존재하는 셈이 된다. 이것은 조금도 이상한 일이 아니다. 만약 주님의 부활이 없었더라면 그분은 훌륭한 도덕선생이나 역사적 위인에 지나지 않았을 것이다. 그분께서 우리의 구원자가 되심은 죽음을 깨트리시고 영원히 부활하셨기 때문이다. 따라서 누가가 누가복음의 초점을 주님의 부활에 맞춘 것은 지극히 당연한 일이었다.

왜 누가는 이처럼 주님의 부활을 강조하는 것으로 그의 두 번째 편지인 사도행전의 막을 올리고 있는가? 사도행전은 주님의 부활을 믿는 자들의 행적이기 때문이다. 더 정확히 말하면, 사도행전이란 부활하신 주님께서 당신을 믿는 자들의 삶을 통해 어떻게 역사하셨는지를 보여 주는 역사적 기록이다. 그러므로 사도행전을 기록하는 누가의 입장에서는, 주님의 부활에 대한 강조 이외의 것을 사도행전의 첫머리로 삼는다는 것은 고려의 대상조차 되지 않았을 것이다.

그렇다면 부활하신 주님께서는 대체 어디에 계시는가? 사도행전 1장 9절은 주님께서 제자들이 보는 앞에서 승천하셨음을 밝혀 준다.

> 이 말씀을 마치시고 저희 보는 데서 올리워 가시니 구름이 저를 가리워 보이지 않게 하더라

인간의 몸을 입고 이 땅에 오신 주님께서는 몸으로 죽음의 고난을 당하셨고, 몸이 부활하셨으며, 몸을 입으신 채로 승천하신 것이었다. 그것으로 모든 것은 종결되고 말았는가? 그렇다면 인간과 주님의 관계는 단절된 것인가? 지상의 인간과 승천하신 주님 사이에 대체 무슨 연관이 있을 수 있는가?

주님의 승천 다음 장인 사도행전 2장은 오순절 성령강림 사실을 전해 주고 있다. 오순절을 맞아 기도하던 제자들 무리에게 성령님께서 친히 강림하신 것이었다. 그런데 사도 바울은 성령님과 관련하여 대단히 중요한 증언을 하고 있다.

> 성령이 아시아에서 말씀을 전하지 못하게 하시거늘 브루기아와 갈라디아 땅으로 다녀가 무시아 앞에 이르러 비두니아로 가고자 애쓰되 예수의 영이 허락지 아니하시는지라(행 16:6-7)

두 번째 선교여행에 나선 바울이 성령님의 인도하심을 좇아가는 내용이다. 여기에서 사도 바울은 '성령'과 '예수의 영'을 동일시하고 있다. 성령님께서 곧 예수님의 영이시라는 것이다. 상기 본문에

서 뿐만 아니라 이 이후에도 성경은 수차례에 걸쳐 성령님과 예수님의 영을 구별치 않고 있다.

> 만일 너희 속에 하나님의 영이 거하시면 너희가 육신에 있지 아니하고 영에 있나니 누구든지 그리스도의 영이 없으면 그리스도의 사람이 아니라(롬 8:9)

> 너희가 아들인 고로 하나님이 그 아들의 영을 우리 마음 가운데 보내사 아바 아버지라 부르게 하셨느니라(갈 4:6)

> 이것이 너희 간구와 예수 그리스도의 성령의 도우심으로 내 구원에 이르게 할 줄 아는 고로(빌 1:19)

그럴 수밖에 없는 것은 우리가 믿는 하나님께서는 삼위일체 하나님이시기 때문이다. 하나님께서는 일신(一神)이나 삼신(三神)이 아닌 삼위일체시기에, 하나님의 영이신 성령님께서는 성부 하나님의 영이신 동시에 성자 하나님의 영이시다. 몸으로 승천하셨던 예수 그리스도—주님께서는 이 땅에 영으로 다시 임하신 것이다. 그렇다면 영으로 임하신 주님—그분께서는 또 어디에 계시는가? 오순절 성령강림 장 다음 장인 사도행전 3장은 이렇게 시작되고 있다.

> 제 구시 기도시간에 베드로와 요한이 성전에 올라갈새(행 3:1)

본문의 제 구시란 지금 우리 시간으로 오후 3시를 가리킨다. 경건한 유대인들은 하루에 세 번씩 시간을 정해 놓고 기도하였다. 이를테면 삼시(오전 9시), 육시(낮 12시), 9시(오후 3시)였다. 옛날 유대인들은 해가 서산으로 넘어가는 시각을 새날이 시작하는 기점으로 삼았다. 요즈음 우리는 아침이 되어야 새날이 되었다고 말하곤 하지만 이것은 사실이 아니다. 실은 밤 12시를 기점으로 새날은 이미 시작된다. 그러므로 오늘처럼 정확한 시계가 없던 옛날 유대인들이 해지는 시각을 새날의 기점으로 잡은 것은 이상한 일이 아니다. 이와 같은 유대인의 날짜 개념으로 볼 때 오후 3시란 하루를 마감하는 기도시간이었다. 더욱이 오후 3시라면 점심식사 후 중동의 뜨거운 햇볕 아래에서 육체적으로나 심적으로나 가장 피곤한 시간임을 알 수 있다. 바로 그 시간에 베드로는 요한과 함께 예루살렘 성전을 찾았다. 본인들이 기도함은 물론이요, 또 그곳에 기도하러 모인 유대인들에게 전도하기 위함이었을 것이다. 오후 3시엔 성전에서 공중기도가 드려지기에, 특히 그 시간이면 많은 유대인들이 성전으로 모여들었다.

> 나면서 앉은뱅이 된 자를 사람들이 메고 오니 이는 성전에 들어가는 사람들에게 구걸하기 위하여 날마다 미문이라는 성전 문에 두는 자라 그가 베드로와 요한이 성전에 들어가려 함을 보고 구걸하거늘(행 3:2-3)

예루살렘 성전엔 문이 여럿 있었다. 사람들은 그 중에서도 동편에 있는 니카노르문(Nicannor gate)을 미문(美門, Beautiful gate), 아름다운 문이라 불렀다. 그 문이 문자 그대로 가장 아름다웠기 때문이

믿음의 원천 155

다. 유대 역사가 요세푸스에 의하면, 미문은 세계 최고의 고린도 황동으로 건축되어 화려하고 장엄하기 그지없었다고 한다. 그 아름다운 미문 앞에 앉은뱅이 걸인이 구걸하고 있었다. 날 때부터 앉은뱅이였던 그 걸인은 사도행전 4장 22절에 의하면, 나이가 무려 40여 세나 되었다. 사람들이 성전 미문 앞에 메어다 주면 하루 종일 구걸로 연명해 온 자였다. 그 짓을 근 40년이나 하였으니 참으로 가련한 신세였다. 그가 성전으로 들어가기 위해 자기 앞을 지나는 베드로 일행을 보고, 평소에 하던 대로 적선을 요청하였다. 이에 앉은뱅이 걸인을 본 베드로가 그를 향해 말했다.

> 베드로가 가로되 은과 금은 내게 없거니와 내게 있는 것으로 네게 주노니 곧 나사렛 예수 그리스도의 이름으로 걸으라 하고(행 3:6)

이것을 좀더 쉽게 풀이하면 이런 말이다. '형제여, 내겐 당신이 요구한 은과 금은 없습니다. 그 대신 내게 있는 것이 있으니 곧 나사렛 예수 그리스도십니다. 그분의 이름으로 걸으십시오.' 베드로에게 세상의 재물은 없었지만 더 중요한 것이 그에게 있었으니, 나사렛 예수—부활하신 예수 그리스도셨다. 그의 주머니는 텅 비어 있었지만 그의 심령 속엔 부활의 주님께서 계셨다. 이 땅에 영으로 다시 임하신 예수 그리스도—그분은 바로 베드로 속에 임해 계셨다. 이것은 비단 베드로만의 고백이 아니다. 사도 바울 역시 똑같은 고백을 하고 있다.

> 내가 그리스도와 함께 십자가에 못 박혔나니 그런즉 이제는 내가 산 것이 아니요 오직 내 안에 그리스도께서 사신 것이라(갈 2:20상)

사도 바울도 부활하신 주님께서 자기 안에 임해 계심을 알고 있었던 것이다.

그렇다면 이제 우리는 해답을 얻었다. 이 땅에 영으로 임하신 주님께서는 대체 어디에 계시는가? 우리 각자의 심령 속에 이미 임해 계신다. 바로 이것이 신앙의 내면화의 핵심이다. 신앙의 내면화란 이미 내게 영으로 임해 계시는 주님에 대해 깨어 있는 것이다. 나와 함께하고 계시는 주님에 대해 깨어 있는 한 나의 외향적 삶은 그분의 지배를 받지 않을 수 없다. 방금 살펴본 사도 바울의 고백의 결론을 유의해 보자.

> 내가 그리스도와 함께 십자가에 못 박혔나니 그런즉 이제는 내가 산 것이 아니요 오직 내 안에 그리스도께서 사신 것이라 이제 내가 육체 가운데 사는 것은 나를 사랑하사 나를 위하여 자기 몸을 버리신 하나님의 아들을 믿는 믿음 안에서 사는 것이라 (갈 2:20)

자신에게 임해 계시는 주님에 대한 내면화가 이루어졌을 때 주님을 위한 삶, 즉 신앙의 외향화가 사필귀정으로 수반되었음을 바울은 증거하고 있다. 크리스천의 삶이 왜 예배당 안팎에서 서로 다른가? 예배당이란 특정 공간 속에서는 분위기 상 주님의 임재를 쉽게 느낄 수 있기에 인간의 응답 또한 경건해지게 마련이다. 그러나 예배당을 벗어남과 동시에 주님께서 자신과 함께하신다는 사실 자체를 망각해 버린다. 그러므로 그 삶이 주님과는 무관해질 수밖에 없다.

신앙의 내면화란 내가 어디에 있든 이미 내게 임해 계시는 주님에 대해 깨어 사는 것이다. 신앙 훈련 혹은 경건 훈련 역시 주님에 대해 깨어 있기 위함이다. 그분에 대해 깨어 있는 한 그분의 생명, 그분의 사랑, 그분의 진리가 나의 삶을 통해 표출되지 않을 수가 없다. 한마디로 나의 삶을 통해 말씀의 육화(incarnation)가 수반되지 않으려야 않을 수가 없는 것이다.

> 볼지어다 내가 문 밖에 서서 두드리노니 누구든지 내 음성을 듣고 문을 열면 내가 그에게로 들어가 그로 더불어 먹고 그는 나로 더불어 먹으리라(계 3:20)

주님께서 친히 하신 말이다. 주님께서는 그대의 문 밖에 서서 두드리고 계신단다. 대체 문 밖은 어디며, 또 무엇을 두드리신다는 말인가? 주님께서는 공간을 초월하는 분이시다. 주님께는 그대의 안과 밖이 따로 없다. 주님께서는 이미 그대에게 임해 계신다. 그리고 그대가 그 사실을 깨닫고 날마다 주님에 대해 깨어 있게끔, 다시 말해 신앙의 내면화를 이루어 가도록 당신의 말씀을 통해, 예배시간을 통해, 세상의 사건을 통해 그대의 양심을 찌르시고 영혼을 두드리신다. 그대가 주님에 대해 깨어 있기 시작하는 순간부터 주님께서는 그대와 더불어 먹고, 그대는 주님과 더불어 먹게 된다. 주님과의 교제가 날로 깊어지는 것이다. 그 결과 신앙의 외향화는 그대의 삶 속에 확고하게 그 자태를 드러내게 되는 것이다.

　신앙의 내면화와 외향화에 대한 이해를 보다 쉽게 하기 위해 한 성도님의 편지를 당사자의 허락 하에 소개한다.

　　저는 사실 워싱턴서 목사님을 직접 뵙기 몇 주 전에야 비로소 저 스스로 기도란 걸 시작했습니다. 주로, 주위 믿음의 선배들이 기도에 꼭 포함해야 한다고 일러 주는 내용들을 속으로 외우는 것이었지만, 제 마음 한편으로 늘 은밀하게 간구하는 것이 있었습니다. 즉, 성령님께서 과연 나와 함께하고 계시는 것인지, 주님께서 정말 저 같은 인간을 받아 주셨는지에 대한 확실한 믿음이 없었기 때문에, 이에 대한 확신을 주시기를 마음속으로 간구하고 있었던 것입니다.
마침 지난 11월 12일 새벽, 목사님의 설교문을 읽다가 확신이 왔습니다. 그것이 하나님의 '음성'이었는지 모르겠으나, "이 정도면 네 속에 이미 성령이 와 있다는 것을 알겠느냐?"며, 강하게 저를 치시는 하나님을 분명히 느꼈습니다. 저는 입 밖으로 소리내어 기도하지도 않았지만, 주님께서는 제가 깊은 심중으로 간구하는 것을 아시고 응답해 주신 것이었습니다. 흐르는 눈물을 닦을 겨를도 없이, 저의 간구에 응답해 주신 주님께 감사드리며, 용서를 비는 기도가 저도 모르게 쏟아져 나왔습니다. 주님께서는 30년 이상이나 주님 영접하기를 거부해 온 완악한 저를 그토록 오래 참아 주시고, 받아 주시고, 제 응석마저 받아 주시어, 제가 구하는 것을 주시기까지 하셨습니다.
이것이 이미 제 속에 와 계신 주님의 은혜라고 믿고 있지만, 목사님의 설교문을 읽다가 깨우침을 받았기에 꼭 알려 드리고 싶었습니다. 목사님 설교 중에 고린도전서 12장 3절과 관련하여, 자신의 인생에 어떤 분명한 획이 그어졌으면 이미 성령세례를 받은 것이라고 하신 부분이 있었습니다. 이전에 목사님 음성으로 그 설교를 들을 때 막연히 은혜로운 말씀이라는 생각만으로 무심코 지나쳤는데, 보름 전 동일한 그 설교 내용을 문자로 다시 읽는 도중 주님께서 확신을 주신 것이었습니다. 성령님께서 이미 제 속에 와 계신다고 말입니다. 한참을 울며 기도하다가 정신을 차리고 나니, 주님께 떼를 쓰는 저를 달래려고 주님께서 성령세례 증서를 주셨다는 느낌이 들었습니다.

그날 이후 모든 것이 달라졌습니다. 집사람이 그렇게 예쁠 수가 없고, 다른 사람들에게 화를 낼 일이 없어진 것 같습니다. 사무실 일이 아무리 바쁘고 복잡해도 마음이 든든하고 기쁩니다. 나의 앞날을 하나님께서 인도해 주시고 책임져 주실 것이라는 사실이 의심 없이 믿어지게 된 것입니다. 그래서 세상의 노예가 되지 않겠다는 결심을 하게 됐습니다. 가끔씩 갑자기 내 속에 계시는 주님과 대화하고 싶어, 사무실 문을 잠시 닫고 기도를 드리게도 되었습니다.

직업 외교관인 이분은 무려 30년 동안 교회의 문턱을 들락날락 하던 분이었지만, 그의 삶 자체는 주님과 무관하였다. 그러나 주님께서 이미 자신의 삶 속에 임해 계심을 깨닫는 순간부터 그의 삶은 달라졌다. 자기 속에 계신 주님의 지배를 받게 된 까닭이다. 그의 삶 속에 신앙의 내면화와 외향화의 교직이 시작된 것이다.

고린도전서 12장 3절은, 성령님의 역사가 아니고는 아무도 예수님을 주님으로 고백할 수 없음을 일깨워 주고 있다. 생각할수록 타당한 말이다. 예수님께서 태어나신 2,000년 전이 구체적으로 언제인지 한 번이라도 진지하게 생각해 본 적이 있는가? 2,000년 전이라면 신라의 박혁거세가 알을 깨고 나왔다는 시절이다. 정말 아득한 옛날이다. 그 옛날 박혁거세가 알을 깨트리고 세상에 나올 즈음, 이스라엘 베들레헴에서는 예수란 아이가 태어났단다. 당시 한반도에 살던 사람 치고 이스라엘이란 나라를 아는 자가 있을 리 만무했다. 희한한 것은 그 예수란 아이를 처녀가 낳았단다. 처녀가 불륜으로 사생아를 낳은 것이 아니라, 아예 숫처녀가 아이의 엄마란다. 그 아이가 성인이 되어 십자가란 형틀에 못 박혀 죽었는데 그 까닭은, 2,000년 후에 태어날 나의 죄 값을 미리 치러 주기 위함이란다. 그가 죽은 지 사흘째 되는 날 다시 살아나 하늘로 올라갔는데, 그가 바로 하나님이시란다. 얼마나 황당한 이야기인가? 참으로 '전설 따라 삼천리' 같은 이야기다.

그런데 어떤가? 그대는 이것을 입에 담을 가치도 없는 허무맹랑한 거짓말로 여기지 않는다. 오히려 그 거짓말 같은 이야기의 주인공인 주님을 믿고 있다. 그렇지 않다면 이미 언급했듯이, 그대가 좀 더 주님을 잘 믿기 위해 이 책을 읽고 있을 까닭이 없다. 어떻게 그대가 그 황당한 이야기를 믿게 되었는가? 그대 노력의 결과인가? 전혀 아니다. 오히려 그대는 믿지 않으려 했을 수도 있지만 지금은 믿고 있다. 그 이유는, 주님의 영이 이미 그대에게 임해 계시는 탓이다. 성령님께서 그대의 마음을 감동시키신 것이다. 그렇다면 이제 남은 것은 지금부터 이미 임해 계신 그분에 대해 깨어 사는 것이다.

예배당 안에서만이 아니라 밖에서도 그분에 대해 깨어 사는 것이다. 밤낮 신앙의 내면화를 이루어 가는 것이다. 그러면 상기 편지의 주인공처럼 그대의 삶은 그분에 의해 새로워지지 않을 수가 없다. 그분은 전설 속의 인물이 아니라, 지금 살아 계신 임마누엘 하나님이시기 때문이다.

  가이사랴 빌립보에서의 베드로는 인류 역사상 가장 위대한 신앙고백을 행한 직후, 어처구니없게도 사단의 짓을 범하고 말았다. 주님 잡히시던 날 밤 대제사장 집 마당에선 비열한 부인과 저주의 와중에 주님의 참사랑을 확인하고 대성통곡하기도 했지만, 날이 새고 주님께서 못 박혀 돌아가시는 순간엔 또다시 주님을 외면하고 말았다. 순간순간 주님의 은총과 사랑을 깨닫기만 했을 뿐, 그 깨달음이 내면화로 여물지 못했기 때문이다. 그러나 마태복음을 넘어 사도행전으로 들어가면 그 같은 베드로의 모습은 더 이상 등장하지 않는다. 오순절 성령강림을 체험하면서 신앙의 내면화가 그의 삶 속에 뿌리내린 것이다. 비록 주머니 속에 은과 금은 없지만, 그러나 '내게 있는 것', 즉 자신과 함께하고 계신 주님에 대해 날마다 깨어 있음으로 그 삶이 새로워지지 않을 수 없었던 것이다. 베드로 자신에 의해서가 아니라, 전능하신 주님에 의해서 말이다.

  그러므로 영원의 논리를 따르는 힘, 참된 믿음의 자리를 고수하는 힘, 믿음다운 믿음을 견지하는 힘—그 모든 힘의 원천은 그대 자신이 아니다. 믿음의 원천은 오직 예수 그리스도—지금 그대와 함께하고 계시는 그분이시다.

3. 외향화의 실체는?

이제껏 신앙의 내면화에 대해 숙고해 보았다. 그렇다면 신앙의 내면화가 반드시 수반하는 외향화는 구체적으로 어떤 삶의 형태로 나타나는 것일까? 다시 말해 '내게 있는 것' — 내게 임하신 주님에 대해 깨어 있을 때 나의 삶은 주님에 의해 어떤 모습으로 변화되어 갈 것인가? 성전 미문 앞 베드로의 예를 통해 그 해답을 찾아보기로 하자.

달라진 시선

> 그가 베드로와 요한이 성전에 들어가려 함을 보고 구걸하거늘
> (행 3:3)

성전으로 들어가기 위해 미문 앞을 통과하는 베드로를 앉은뱅이

거지가 먼저 보았다. 여기에 사용된 동사 '에이도(eido)'를 영어로 옮기면 'to see'가 된다. 이 단어를 연이어 등장하고 있는 다른 동사들과 구별해 보면, 이것은 특별한 의미를 부여하고 본다기보다는 단순히 시야에 들어왔기에 그냥 보는 행위를 의미한다. 자동차를 운전하는 자가 신호등이나 이정표 혹은 풍경을 별 의미 없이 그저 보이는 대로 보는 것과 같다. 본문의 앉은뱅이는 근 40년이나 구걸로 연명해 온 자다. 그에게 누가 자기 앞을 지나가느냐는 전혀 중요치 않다. 단지 사람의 모습이 어른거리기만 하면 기계적으로 그를 올려다보며 구걸할 뿐이다. 그날이라고 별다른 날이 아니었다. 베드로가 나타나자 앉은뱅이는 여느 때와 다름없이 아무 의미도 없는, 희멀건 눈으로 베드로를 올려다보며 적선을 청했을 따름이다. 그런데 이에 대한 베드로의 반응이, 베드로가 평소에 어떤 인간이었는지를 잘 알고 있는 우리를 놀라게 한다.

> 베드로가 요한으로 더불어 주목하여 가로되 우리를 보라 하니
> (행 3:4)

평소의 베드로는 어떤 인물이었던가? 절박한 심정으로 주님 앞에 몰려드는 인파를 쫓아내는 것으로 자신의 존재를 내세우던 인간이었다. 특히 어린아이들일 경우엔 호통을 치며 내쫓곤 하였다. 한마디로 호가호위(狐假虎威)의 위인에 지나지 않았다. 그런 베드로라면 이번에도 앉은뱅이를 그냥 지나쳐 버림이 자연스럽다. 아무 의미도 없이 희멀건 눈으로 자신을 쳐다보는 거지를 베드로가 특별히 우대해야 할 까닭이 없다. 더욱이 그때의 시각이 오후 3시—하루 일과

중 가장 심신이 피로한 시간이었다면 두말해 무엇하랴? 그러나 베드로는 예전의 베드로가 아니었다. 그는 발걸음을 멈추고 의미도 없이 자신을 쳐다보는 거지를 주목하였다. 동사 '아테니조(atenizo)'는 'gaze' 즉 '응시한다'는 의미다. 건성으로 자신을 쳐다보는 거지를 베드로는 도리어 멈추어 서서 응시한 것이다. 놀라운 변화가 아닐 수 없다. 더 놀라운 것은 베드로가 거지를 응시하는 것으로 그친 것이 아니라는 사실이다. 그는 거지에게 '우리를 보라'고 말했다. 동사 '블레포(blepo)'는 'look at' 즉 '주목한다'는 뜻이다. 건성으로 자신을 쳐다보는 앉은뱅이에게 베드로는 자기 시선에 초점을 맞추도록 요청한 것이었다. 예전 같으면 상상도 할 수 없는 변화였다.

'내게 있는 것' ─자기에게 임해 계신 주님에 대해 깨어 있는, 다시 말해 신앙의 내면화가 뿌리내린 베드로의 삶 속에 가장 먼저 나타난 외향화의 실체는 달라진 시선이었다. 그의 시선이 닿는 곳이 달라진 것이다.

달라진 시선이란 먼저 달라진 관심을 의미한다.

작년 초 왼쪽 무릎에 수술을 받았다. 반월형 연골판이 찢어져 제거 수술을 받은 것이다. 병원 입원 시엔 두 발로 걸어 들어갔지만, 며칠 후 퇴원할 때는 양 겨드랑이에 목발을 의지하고 나왔다. 약 2주가 지나자 담당의사는 외지팡이를 사용해도 좋다고 했다. 이튿날 어디 가서 외지팡이를 구할까, 생각하며 여전히 양 목발을 짚고 현관문을 열었다. 그와 동시에 놀랍게도 오른쪽 화단에 외지팡이가 꽂혀 있는 것이 한눈에 들어왔다. 그 지팡이는 그때로부터 약 석 달 전 장인어른이 오셨다가 두고 간 것이었다. 나는 석 달 동안 매일 아침저녁 그 지팡이 앞을 지나다니면서도 그곳에 지팡이가 있다는 사실을 전혀 몰랐다. 그동안은 화단을 매일 '에이도' 했을 뿐인 것이다. 그런데 지팡이가 없어서는 안 될 순간 그 지팡이는 마치 눈에 빨려들듯이 선명하게 보였다. '아테니조' 하게 된 것이다. 그래서 몇 달 동안 그 지팡이를 아주 유용하게 사용하였다. 지팡이를 짚고 다니다 보니 예전에 몰랐던 사실들을 알게 되었다. 이 세상에는 지팡이를 의지하고 사는 사람들이 아주 많다는 것이다. 나는 그때까지 그토록 많은 사람들이 지팡이를 짚는다는 사실을 전혀 몰랐다. 비행기를 탔을 때 심지어는 바로 옆자리의 승객 역시 지팡이를 짚고 있는 경우도 있었다. 지팡이를 의지하고 다니며 알게 된 또 한 가지는, 이 세상에는 너무나도 계단이 많다는 사실이다. 어디 가는 데마다 계단 없는 곳이 없었다. 이 또한 예전에는 미처 몰랐던 현실이었다. 내가 두 발로 건강하게 다닐 때에는 전혀 보이지 않던 것들이, 내가 지팡이를 짚는 환자의 마음을 지니게 되자 속속 보이기 시작했다. 나의 시선, 곧 나의 관심사가 바뀐 것이다.

  이처럼 사람은 그 마음속에 무엇을 담고 있느냐에 따라 관심이 달라지게 된다. 마음속에 장애인의 마음을 담고 있느냐 아니냐에 따라 시선과 관심 그리고 그에 따른 판단은 180도 달라지게 된다.

  지금 베드로 속엔 누가 계시는가? 주님이시고, 그 주님에 대해 베드로는 깨어 있다. 주님은 어떤 분이신가? 다마스커스로 가는 길 위에서 주님께 사로잡힌 사울이 주님을 향해 누구시냐고 묻자, 주님께서는 '나는 네가 핍박하는 예수'(행 9:5)라고 답하셨다. 그때까지 사울은 단 한 번도 예수님을 핍박한 적이 없었다. 단지 예수 믿는 크리스천들을 핍박했을 뿐이다. 그러나 주님께서는 사울에게 '나는 네가 핍박하는 예수' 라 말씀하심으로, 핍박받는 크리스천과 당신을 동일시하셨다. 그뿐만이 아니다.

> 이에 의인들이 대답하여 가로되 주여 우리가 어느 때에 주의 주리신 것을 보고 공궤하였으며 목마르신 것을 보고 마시게 하였나이까 어느 때에 나그네 되신 것을 보고 영접하였으며 벗으신 것을 보고 옷 입혔나이까 어느 때에 병드신 것이나 옥에 갇히신 것을 보고 가서 뵈었나이까 하리니 임금이 대답하여 가라사대 내가 진실로 너희에게 이르노니 너희가 여기 내 형제 중에 지극히 작은 자 하나에게 한 것이 곧 내게 한 것이니라(마 25:37-40)

이처럼 주님께서는 이 세상에서 가장 작은 자와 당신을 구별치 않으셨다. 그 주님께서 지금 베드로 속에 좌정해 계신다. 그러므로 비록 앉은뱅이가 희멀건 눈으로 베드로를 의미 없이 보았을망정, 그때의 시각이 심신이 가장 피곤한 오후 3시였을지언정, 베드로는 발걸음을 멈추고 그를 응시하면서 그에게 관심을 쏟지 않을 수 없었다. 사람을 내몰아 쫓던 예전의 모습과는 완전히 딴판이다. 자기에게 임해 계신 주님에 대해 깨어 있는 결과였다. 이처럼 신앙의 내면화를 추구하는 자는 먼저 시선이 달라지게 마련이고, 달라진 시선은 달라진 관심으로 나타난다.

작년에 비해, 지난달과 비교하여, 어제와 견주어, 그대의 관심은 어떻게 달라졌는가? 시간이 흘러가도 그대의 관심에는 미동의 변화도 없다면, 오직 야망에 뿌리를 둔 출세와 성공만이 관심사라면, 그대는 지금부터 신앙의 내면화를 시작하지 않으면 안 된다. 그리고 그대의 관심은 사람에게 모아져야 한다. 그대보다 강하고 높은 자가 아니라 연약하고 낮은 자, 그대의 욕구를 충족시켜 줄 수 있는 자가 아니라 그대가 필요를 채워 줄 수 있는 자, 그대에게 은과 금은 없지만 그대에게 있는 것—주님의 사랑으로 마주해야 할 자를 향해 그대의 관심이 흘러가야 한다. 그대 속에 계신 주님께서 그들과 당신 자신을 동일시하시는 까닭이다.

베드로의 달라진 시선엔 또 하나의 의미가 있다. 시선 그 자체가 백 마디의 말보다 더 나은, 무언의 사랑의 대화라는 것이다.

베드로가 앉은뱅이를 응시하면서 자신을 주목할 것을 요청했을 때, 앉은뱅이가 보인 반응은 다음과 같았다.

> 그가 저희에게 무엇을 얻을까 하여 바라보거늘(행 3:5)

베드로의 요청에 앉은뱅이는 베드로를 바라보았다. 우리말로 바라본다는 것은 꽤 거리가 있는 곳의 사물을 보는 동작이다. 그러나 원어에 사용된 '에페코(epeko)'는 'give attention', 즉 온 시선을 집중시킨다는 말이다. 그렇다면 우리는 베드로와 앉은뱅이의 조우를 처음부터 순서대로 머리 속에 그려볼 수 있다. 앉은뱅이 거지의 시야에 베드로가 들어오자 그는 평소대로 의미 없는 건성의 시선으로 베드로를 올려다보며 적선을 청했다. 이에 베드로는 그 자리에 멈추어 서서 거지를 응시하였다. 그러고는 자신을 주목할 것을 요청했다. 그와 동시에 거지는 자세를 가다듬고 눈을 반짝이며 베드로에게 온 시선을 집중시킨다. 베드로와 거지는 입으로 특별한 말을 하기 이전에 눈으로 이미 깊은 대화를 나누고 있다. 베드로가 거지의 손을 잡기 전에 주님의 사랑과 생명이 벌써 베드로의 눈을 통해 거지에게 폭포수처럼 흘러 들어가고 있다. 자기 속에 임해 계신 주님에 대해 깨어 있을 때 베드로의 눈은 주님을 비추는 거울이요, 주님을 전하는 통로가 되어 있었다.

  오래 전 외국기업에서 일할 때다. 나의 바로 옆방에는 독일인이 근무하고 있었다. 예순이 넘은 그분은 2차 대전 당시 독일 나치 군으로 참전한 경력의 소유자였다. 그래서 함께 식사를 하거나 할 때면 으레 2차 대전의 참상과 나치군의 잔혹상에 대해 이야기해 주곤 했다. 한번은 내가 이런 질문을 던졌다. 당신처럼 지성을 갖춘 사람이 어떻게 그토록 잔인한 나치 군이 될 수 있었느냐고 말이다. 그의 대답이 이랬다. 징병에 의해 어쩔 수 없이 나치 군복을 입었지만 누가 마음 내켜 했겠는가? 그러나 히틀러가 부대를 방문하여 연설을 하고 가자 상황이 확 바뀌었다. 히틀러의 눈동자는 초록색이었다. 희한하게도 히틀러는 떠났건만, 그의 초록색 눈동자는 마음속에서 사라지지 않는 것이었다. 이튿날도, 그 다음날도, 그 다음달도 마찬가지였다. 온통 보이는 것이 나치 깃발이요, 인사말이 '하일 히틀러'였으니 그럴 수밖에 없었다. 놀라운 것은 마음속에 새겨진 히틀러의 초록색 눈동자가 끊임없이 인간에 대한 증오심을 불러일으키는 것이었다. 이것은 자신만이 아니라 히틀러를 본 나치 군들에게 일어나는 공통 현상이었다. 결국 그 까닭 모를 인간에 대한 증오심이 전장에서 나치 군들을 그토록 잔혹하게 만들었다는 것이다. 물론 이것은 다분히 그의 주관적인 판단일 수 있다. 그러나 이 이야기가 주는 교훈이 있다. 증오에 찬 인간의 눈은 인간에게 증오를 심어 준다는 것이다.

  지금 베드로 속에 계시는 주님은 어떤 분이신가? 면전에서 당신을 세 번씩이나 부인하고 저주하던 베드로를 여전히 변함없는 사랑의 눈으로 보시던 주님이시다. 만약 내가 주님과 똑같은 배신의 경우를 당했다면, 배신자를 쳐다보는 나의 눈은 십중팔구 흰자위밖에 없을 것이다. 그런 눈으로는 상대의 회개는커녕 도리어 더 큰 반발만 자업자득으로 되돌려 받을 것이다. 그러나 주님께서는 예전과 똑같은 사랑의 눈으로 베드로를 따뜻하게 감싸 주셨다. 그 주님께서 지금 베드로 속에 계시고, 베드로는 그 주님에 대해 깨어 있는 것이다. 어찌 그의 눈이 주님의 사랑을 비추는 거울이 되지 않을 수 있으며, 그 눈과 마주친 앉은뱅이의 시선이 달라지지 않을 수 있겠는가?

그대의 눈은 지금 무엇을 비추는 거울인가? 인간의 증오나 탐욕 혹은 이기심인가, 아니면 주님의 생명과 사랑인가?

생명 바꾸기

> 베드로가 가로되 은과 금은 내게 없거니와 내게 있는 것으로 네게 주노니 곧 나사렛 예수 그리스도의 이름으로 걸라 하고 오른손을 잡아 일으키니 발과 발목이 곧 힘을 얻고 뛰어 서서 걸으며 그들과 함께 성전으로 들어가면서 걷기도 하고 뛰기도 하며 하나님을 찬미하니(행 3:6-8)

앉은뱅이가 베드로를 통해 주님의 치유를 받고 감격에 겨워 펄쩍펄쩍 뛰면서 하나님을 찬미하는 장면이다. 여기에서 우리가 놓치지 말아야 할 것은, 베드로가 앉은뱅이에게 주님의 이름으로 치유받기를 입으로 명하기만 한 것이 아니라는 사실이다. 베드로는 잘 알고 있었다. 자신의 능력으로는 어린아이 한 명도 제대로 세울 수 없음을, 오직 '내게 있는 것'—예수 그리스도의 능력으로만 40여 년 동안 앉은뱅이였던 거지를 치유할 수 있음을 누구보다 잘 알고 있었다. 그렇다면 주님의 이름으로 명하는 것만으로 그칠 수도 있었다. 어차피 주님의 능력으로 치유하는 것이라면 그것만으로도 족할 것이었다. 하지만 베드로는 자기에게 온 시선을 집중하고 있는 앉은뱅이에게 입으로만 치유를 선포한 것이 아니라, 앉은뱅이에게 다가가 그의 손을 잡고 일으켜 주었다.

앉은뱅이의 손을 잡기 위해서는 먼저 앉은뱅이에게 다가가야 한다. 그 다음에 앉은뱅이를 향해 자신의 몸을 굽혀야 한다. 앉은뱅이는 태어난 이래 단 한 번도 일어나 본 적이 없었다. 40여 년 동안 앉아만 있던 자다. 그 같은 선천적 불구자를 단지 손을 잡아 일으킨다는 것은 여간 힘든 일이 아니다. 그러나 베드로는 말로 그친 것이 아니라, 앉은뱅이를 위해 그 모든 과정을 기꺼이 감수하였다. 그것은 말보다 훨씬 긴 시간을 요했지만, 베드로는 그 시간의 할애를 조금도 아까워하거나 주저하지 않았다. 이것이 '내게 있는 것'—자신에게 임해 계신 주님에 대해 깨어 있는 신앙의 내면화가 이루어진 베드로의 삶 속에 나타난 두 번째 외향화의 실체였다.

사람의 생명이란 곧 시간이라 정의할 수도 있다. 살아 있다는 것은 아직까지 시간이 있음을, 같은 시각 죽어 있는 자가 있다면 그에겐 더 이상 시간이 없어졌음을 뜻한다. 이처럼 생명이 시간임을 깨달으면 하루하루 살아감의 의미를 보다 명료하게 인식할 수 있다. 하루를 산다는 것은 그 하루 동안의 시간을, 다시 말해 하루간의 생명을 무엇인가와 맞바꾸는 것을 뜻한다.

이런 의미에서 매일 자기 욕망만을 위해 살아가는 것은 자기 생명을 갉아먹는 어리석은 짓이다. 욕망은 마치 물거품과 같아서 아무리 자기 생명과 맞바꾸어도 소멸 이외에 남는 것이라곤 전무하다.

　스페인 하면 투우가 연상될 정도로 스페인의 투우는 전 세계적으로 잘 알려져 있다. 우리나라 사람들은, 한 명의 투우사가 한 마리의 소와 일대일 맞대결을 벌이는 것이 투우인 것으로 대개 잘못 알고 있다. 그러나 사실은 그게 아니다. 한 사람의 주역이 몇 사람의 조역과 팀을 이루어 한 마리의 소와 싸우는 것이 투우다. 물론 투우의 마지막 순간은 주역 홀로 장식하지만, 그 이전에 붉은 천을 흔들면서 소에게 작살을 박는다든가 말을 타고 창을 찌르는 것과 같은 역할은 대부분 보조들의 몫이다. 따라서 무게가 500-600킬로그램의 소가 아무리 난폭하고 강인하다 해도 무기를 지닌 인간 집단을 이긴다는 것은 애당초 불가능하다. 그렇다면 투우장에 들어선 소가 할 수 있는 일은, 아니 당연히 해야 할 일은 투우사의 그 어떤 어름에도 일체 대응치 않는 것이다. 그렇게만 하면 승리는 소의 몫이 된다. 투우사에게 가장 치욕적인 패배는 소로부터 철저하게 외면당하는 것이다. 그때 투우사는 수치스러움에 머리를 숙이고 퇴장해야 하며, 소는 목을 쳐들고 당당히 살아서 나갈 수 있다. 그런데도 소는 투우사들이 번갈아 가며 흔드는 붉은 천을 향해 끊임없이 뛰어든다. 그 속에 무엇이 있는가? 아무것도 없다. 아니, 작살과 창 그리고 칼로 대변되는 죽음이 숨어 있을 뿐이다. 그런데도 그 붉은 천이 단지 자기 감정을 건드리고 욕망을 자극한다고 해서, 어리석은 소들은 피투성이가 되면서까지 붉은 천으로 뛰어들다가 끝내 목숨을 잃어버리고 만다. 스스로 저 생명을 갉아먹은 것이다.

죽은 소의 시체는 밧줄에 묶인 채 두 필의 말에 의해 투우장 밖으로 끌려 나간다. 그러면 마치 싸리비로 쓴 마당에 싸리비의 자국이 남듯, 소의 시체는 끌려 나가며 투우장에 긴 자국을 선명하게 그려 놓는다. 투우장 내에서는 거기까지만 볼 수 있다. 한번은 스페인 TV에서 그 이후의 광경을 보여 준 적이 있다. 소의 시체가 뒷마당으로 끌려나오자 인부가 소의 시체를 감고 있는 밧줄을 풀었다. 잠시 후 쓰레기차와 지게차가 도착했다. 지게차가 소의 시체를 들어 올려 쓰레기 트럭의 뒤칸에 던져 버렸다. 그것으로 모든 것이 끝났다. 조금 전 그토록 기세등등하게 투우장으로 들어서던 소의 생애가 그렇게 끝나 버린 것이다. 나는 그날 스페인 TV를 통해 소를 본 것이 아니었다. 일평생 허망한 욕망을 향해 뛰어드느라 귀한 자기 생명 깎아 먹다가, 삽시간에 공동묘지 구덩이 속으로 던져지는 어리석은 인간을 본 것이다.

어떤 이는 자기 생명을 깎아먹는 것은 말할 것도 없고, 나아가 타인의 생명마저 깎아먹기도 한다.
폴란드의 오슈비엥침에는 그 악명 높은 아우슈비츠 수용소가 있다. 2차 세계 대전 당시 독일 최대의 강제수용소이자 집단학살 수용소였다. 1940년부터 45년까지 불과 5년 동안 그곳에서 사망한 자의 수를 250-400만으로 추산하고 있으니, 생지옥이 따로 없는 셈이었다. 현재 박물관으로 사용되고 있는 그 현장을 직접 찾아가 보면 뜻밖의 광경을 접하게 된다. 엄청나게 큰 방에 가죽 트렁크가 산더미처럼 쌓여 있는가 하면, 어떤 방엔 구두가 또 어떤 방엔 안경테나 일용품들이 역시 태산처럼 포개어져 있다. 말할 것도 없이 그곳에 수용되었던 사람들의 물품이었다. 독일 나치는 강제노동에 동원된 포로들의 노동력이 떨어지면 가차없이 가스실에서 죽여 버렸다. 죽은 자들의 머리카락은 모두 잘라 군용 외투 속에 방한용으로 넣었고, 몰수한 금, 은, 보석류는 독일 국립은행으로, 그리고 의류는 군수공장의 강제노동자들에게 보내었다. 당시는 전시인지라 모든 면에서 물자가 부족했다. 그래서 비상시에 사용하기 위해 나머지 몰수품들을 수용소 내에 태산같이 쌓아 두었다가, 그것을 다 쓰기도 전에 패망해 버리고 만 것이다.

아우슈비츠—그 충격의 현장을 다 둘러보고 나면 그것은 먼 나라의 이야기가 아니라, 바로 인간세상의 축소판임을 알게 된다. 얼마나 많은 인간들이 평생을 써도 다 쓰지 못할 것들을 산더미처럼 쌓아 두고서도 단지 욕망으로 더 가지기 위해 불법을 저지르면서까지 안달인가? 그들의 그 욕망으로 인해 얼마나 많은 자들이 불이익과 괴로움을 감수해야만 하는가?

만약 그대가 그대 주머니를 위해 누구에겐가 돌아가야 할 정당한 몫을 거짓으로 가로챈다면, 그것은 그대의 생명과 그로 인해 불이익을 당할 상대의 생명을 동시에 갉아먹는 짓이다. 그대가 더 많은 몫을 챙기기 위해 그대가 제조하는 상품이나 제품을 불량하게 만든다면, 그 역시 그대 생명과 그대 제품을 사용할 고객의 생명을 더불어 갉아먹는 짓이다. 크리스천이라면 어떤 경우에도 피해야 할 범죄행위다.

참된 크리스천이라면 베드로처럼 타인과 자신의 생명을 바꾸는 자가 되어야 한다. 베드로는 앉은뱅이에게 말만 한 것이 아니었다.

그는 앉은뱅이에게 다가가 몸을 숙이고 그의 손을 잡아 일으키면서 그를 위해 기꺼이 자신의 시간을 나누어 주었다. 바로 그 순간, 베드로는 자신의 생명을 앉은뱅이의 생명과 바꾸어 주고 있었던 것이다. 베드로의 그 생명 바꾸기를 통해 예수 그리스도의 생명이 앉은뱅이에게 폭포수처럼 쏟아져 들어갔음은 자명한 일이다. 지극히 이기적이며 자기 중심적이던 베드로가 어찌 이처럼 타인을 위해 생명 바꾸기를 주저치 않을 수 있었던가? '내게 있는 것' —자기 속에 임해 계신 주님에 대해 깨어 있었기 때문이다. 주님께서 어떤 분이셨던가? 베드로 자신을 살리시기 위해 십자가에 돌아가심으로 당신의 생명과 베드로의 생명을 바꾸어 주신 분이셨다. 그분에 대해 깨어 있는 내면화가 지속되는 한, 베드로 역시 앉은뱅이와 자신의 생명을 바꾸는 것은 당연한 이치였다. 신앙의 내면화 속에서 살던 사도 바울이 타인을 위해 해산의 수고, 즉 생명 바꿈의 수고를 아끼지 않았던 이유 역시 마찬가지였다(갈 4:19).

 한 인간이 장성하여 살아 있다는 것은 그 주위 사람들이 그와 생명을 바꾸어 준 결과다. 먼저 어머니를 생각해 보자. 어머니는 열 달 동안 태아를 품고 살아야 한다. 만약 몇 킬로그램에 달하는 돌덩이를 열 달 동안 복부에 매달고 다니라면 누가 감히 나서겠는가? 그러나 어머니는 열 달 동안 실제로 그와 같은 삶을 산다. 열 달 동안 자신의 생명과 태아의 생명을 바꾸는 것이다. 아이가 자궁의 문을 열고 나오는 순간 어머니는 죽음의 고통을 겪지 않으면 안 된다. 어머니와 아이의 생명 바꿈을 통하여 아이가 태어나는 것이다. 태어난 아이의 기저귀를 밤낮 어머니가 갈아 준다. 아이가 잠을 자다 울면, 어머니는 눈꺼풀이 천근처럼 무거우면서도 아이에게 젖 물리기를 마다치 않는다. 역시 생명 바꾸기다. 아버지라고 예외인 것은 아니다. 남자가 직장생활 하는 것은 생각처럼 쉬운 일이 아니다. 직장 상사 혹은 거래처로 인해 자존심이 상하는 일이 비일비재하다. 마음 같아서는 사표를 쓰고 싶은 생각이 하루에도 몇 번씩이나 일어나기도 한다. 그러나 상한 자존심을 꾹꾹 다져 가며 일터를 지키는 것은 부양해야 할 가족을 위해서다. 그 또한 생명 바꾸기인 것이다. 이처럼 아버지와 어머니의 생명 바꾸기 속에서 자식의 생명의 보존, 성장, 성숙이 가능한 것이다.

이것이 모든 인간이 생명 바꾸기의 사람이 되어야 하는 까닭이다. 생명 바꿈의 수혜자에서 생명 바꿈의 시혜자로 탈바꿈해 가면서 진정 인간다운 인간이 된다. 간과치 말아야 할 것은 자기 피붙이, 자기 가족만을 위한 생명 바꾸기는 동물의 세계에도 있다는 사실이다. 무릇 크리스천이라면 자기 혈육의 울타리를 넘어 베드로처럼, 타인의 생명과 자신의 생명을 바꾸는 자가 되어야 한다.

나 자신에 관해 이야기하는 것을 양해해 주기 바란다. 나는 주님의 소명에 따라 제네바 한인 교회를 섬기기 위해 3년 동안 홀로 스위스에서 지냈다. 나이 오십 줄에 들어선 남자가 혼자 밥해 먹고, 혼자 빨래하고 청소하며 3년을 지낸다는 것은 말만큼 쉬운 일이 아니었다. 정확히 표현하자면 그 3년 동안 나는 내 생명을 그곳 교우님들의 생명과 바꾼 것이다. 나만이 아니었다. 그 3년 동안 서울에 있는 네 아들들을 부양하기 위한 경제적 책임을 포함한 모든 가사의 의무를 전적으로 아내 홀로 져야만 했다. 그 역시 용이한 일은 아니었다. 아내 또한 3년 동안 자신의 생명을 제네바 교우님들의 생명과 바꾼 셈이다. 그뿐만이 아니다. 98년 내가 제네바로 떠날 때 큰아이가 중학교 2학년, 둘째가 초등학교 6학년, 셋째는 3학년, 막내는 1학년이었다. 이를테면 네 사내아이들에게 아빠란 존재가 가장 절실하게 필요한 시기였다. 그러나 네 아들들은, 아빠가 제네바의 교우님들을 위해 3년 동안 그들의 곁을 떠나 있는 것에 대해 기꺼이 동의해 주었다. 아이들 역시 3년 동안 아빠 없이, 그들의 생명을 부지중에 제네바의 교우님들과 바꾼 것이다.

얼마 지나지 않아 공동묘지에서 썩어 없어질 인간의 생명을 누구와 바꾼들 대체 무슨 대단한 가치가 있겠는가? 중요한 것은 그와 같은 생명 바꾸기를 통해 주님께서 20년간이나 미자립 상태에 있던 제네바 한인 교회를, 성전 미문 앞 앉은뱅이를 일으키시듯 바로 세우셨다는 사실이다. 제네바 한인 교회는 자립을 넘어 유럽과 아프리카의 타 교회를 돕는 단계로 들어섰고, 나의 후임자는 가족 4명이 모두 제네바에서 함께 지낼 수 있을 정도로 튼튼한 교회가 되었다. 나의 능력으로는 불가능한 일이었지만, 주님의 능력으로는 너무나도 당연한 일이었다. 미천한 나 자신과 나의 가족이 주님 안에서 그와 같은 생명 바꾸기의 도구로 쓰임 받았다는 것은, 앞으로도 두고두고 우리 가정의 감사의 제목이 될 것이다.

많은 사람들은 생명 바꾸기를 꺼려하거나 두려워한다. 거기엔 처절한 자기 헌신과 자기 희생 그리고 일방적인 자기 손해만 필연적으로 수반된다고 여기는 탓이다. 그러나 그것은 잘못된 생각이다. 생명 바꿈은 물론 자기 헌신, 자기 희생, 자기 손해를 요구한다. 그러나 그 과정을 통해 생명을 바꾸어 주는 자의 생명이 도리어 더욱 맑게 정화되고 깊어짐을 깨닫는 것이 중요하다. 이것은 마치 옹달샘의

물을 퍼낼수록 살아 있는 물이 되고, 피를 나누어 줄수록 헌혈자의 피가 더 맑아져 결과적으로 자신이 더욱 강건해지는 것과 같은 이치다. 생명 바꾸기를 두려워하지 않는 자의 속에서 참 생명이신 주님께서 생명의 역사를 멈추시지 않을 것인즉, 멀리 테레사 수녀나 슈바이처 박사의 예를 들 것도 없이 어찌 그 당사자의 생명이 더욱 가치로워지지 않겠는가? 그러므로 생명 바꾸기는 타인을 위하기 이전에 먼저 그대 생명의 가치를 극대화하는 지름길임을 명심해야 한다. 그 동기와 원천이 '내게 있는 것' —이미 그대 속에 임해 계시는 주님이심은 재론의 여지도 없다.

흔히 생명 바꾸기를 거창한 일로 간주하여 자신과는 아예 상관없는 일인 것처럼 생각하는 자도 적지 않다. 그러나 그것은 오해다. 생명 바꾸기는 가장 작은 데서부터, 일상생활에서부터 시작된다.

지방에서 있었던 일이다. 어떤 분의 차를 타고 꽤 먼 거리를 가게 되었다. 자동차가 출발한 직후부터 그분은 '사람 사랑'에 대해 이야기하기 시작했는데 그 내용이, 저런 사람 사랑도 있구나 감탄할 정도로 감동적이었다. 마침 자동차가 톨게이트를 지나게 되었다. 그분이 자동차 창문을 열자 톨게이트의 여직원이 상냥하게 '어서 오세요' 하고 인사했다. 그러나 그분은 아무 대꾸도 없이 통행료를 지불했다. 여직원이 잔돈을 건네주며 다시 '감사합니다. 안녕히 가십시오' 하고 인사했지만, 이번에도 그분은 그 인사를 묵살한 채 유리창을 닫고 출발해 버리는 것이었다. 그러고는 잠시 중단되었던 사람 사랑 이야기를 다시 계속하기 시작했다. 그러나 그때부턴 전혀 감동이 되지 않았다. 자신을 상냥하게 맞는 사람의 인사를 그것도 두 번씩이나 연거푸 묵살한 사람, 그 상냥한 인사에 답할 시간을 할애할 마음이 티끌만큼도 없는 사람, 친절한 여직원과 인사를 나누기 위한 그 짧은 시간의 생명 바꾸기마저 도외시하는 사람의 사람 사랑이 어찌 참된 사랑일 수 있겠는가? 그것은 내 편한 대로 상대를 대하려는 이기심일 뿐 사랑은 아니다.

  이런 경험도 있다. 내국인들이 외국 여행에서 입국할 때 대개 공항에서 기분이 언짢아진다고 입을 모은다. 공항 이민국이나 세관 직원들의 언행이 친절과는 거리가 멀기 때문이다. 나는 공항 이민국을 지날 때마다 반드시 이민국 직원에게 '수고하십니다' 하고 먼저 인사를 건넨다. 이민국 부스 속에 앉아 있는 관리는 대개 젊은 청년들이다. 그러나 나의 인사에 반응을 보이는 자는 거의 전무하다. 대부분의 경우 나의 인사는 묵살당해 버리고 만다. 그것은 분명 언짢은 일이지만 그러나 나는 언제나 인사하기를 멈추지 않는다. 그 이유는, 나는 크리스천이기 때문이다. 나의 속은 상하지만, 상대를 위해 그 시간 나의 생명을 그와 바꾸어 주는 데 인색치 않으려는 것이다. 작년 봄, 똑같은 상황이 벌어졌을 때다. 나의 인사가 또 보기 좋게 묵살당한 것이다. 그런데 나의 인사를 들은 척도 않는 이민국 관리의 얼굴을 보니 참으로 준수하게 잘생긴 청년이었다. 아무 데서나 만나 보기 어려울 정도로 이목구비가 반듯한 청년이었다. 그처럼 준수한 용모의 청년이 자신을 향한 상대의 인사를 아무 거리낌 없이 묵살하는 것이 왠지 안타깝게 여겨졌다. 그래서 나는 그 청년과 다음과 같은 대화를 나누게 되었다.

  ―선생님, 한가지 말씀 드려도 좋을까요?
  ―(퉁명스럽게) 그러시죠.

―제 여권을 보고 계시니까 제 나이가 얼만지 아시겠지요?

　―그런데요?

　―나이가 훨씬 많은 제가 먼저 인사를 드리는데도, 선생님은 왜 대꾸조차 않으시는가요?

　―…….

　―저는 외국을 자주 다닙니다. 선진국의 이민국 관리치고 인사하지 않는 경우는 드뭅니다. 그러나 후진국의 관리 중에서 인사하는 사람을 만나기란 하늘의 별 따기지요. 지금 우리나라는 선진국을 지향하고 있지 않습니까? 이렇게 인천공항처럼 건물만 크게 짓는다고 절로 선진국이 되는 것은 아니지 않겠습니까?

　내가 여기까지 말했을 때, 그 청년은 자세를 가다듬었다. 그리고 나의 얼굴을 똑바로 쳐다보며 정중하게 말했다.

　―무슨 말씀인지 잘 알겠습니다. 정말 죄송했습니다. 앞으로 유의하도록 하겠습니다.

　나는 지금도 믿고 있다. 그 젊은 이민국 관리가 그 이후, 자기 부스 앞에 서는 모든 여행객과 상냥하게 인사 나누는 생명 바꿈의 사람으로 일하고 있을 것을 말이다.

　그대 청년들이여!

　그대가 혹 지금 관리이거나 아니면 미래 관리가 되기를 꿈꾸고 있는가? 그렇다면 그대는 민간인에게 먼저 상냥하게 인사하는 관리가 되지 않으면 안 된다. 그것이 국민의 세금으로 살아가는 공복의 기

본자세이기도 하지만, 그 이전에 크리스천의 의무이다.

   그대가 학교에서 선배의 위치에 있거나 일터에서 상사의 자리에 있는가? 그렇다면 후배와 아랫사람에게 먼저 친절하게 인사하는 자가 되어야 한다. 아랫사람이 윗사람에게 먼저 인사하는 것은 세상의 도리다. 그러나 윗사람이 먼저 아랫사람에게 인사하고 섬기는 것은 크리스천의 도리이다.

   그대가 교회에서 어른의 위치에 있는가? 그렇다면 먼저 사람들에게 진심으로 머리 숙여 인사해야 한다. 그대 속에 그대와 생명을 바꾸어 주신 주님께서 거하고 계시고, 생명 바꾸기는 그와 같이 지극히 사소한 일에서부터 시작되며, 그대의 생명은 그때부터 참 가치를 발하게 된다.

넉넉한 등

> 뛰어 서서 걸으며 그들과 함께 성전으로 들어가면서 걷기도 하고 뛰기도 하며 하나님을 찬미하니 모든 백성이 그 걷는 것과 및 하나님을 찬미함을 보고 그 본래 성전 미문에 앉아 구걸하던 사람인 줄 알고 그의 당한 일을 인하여 심히 기이히 여기며 놀라니라 나은 사람이 베드로와 요한을 붙잡으니(행 3:8-11상)

   앉은뱅이였던 거지가 일어나 성전 안으로 들어가 껑충껑충 뛰며 하나님을 찬미하자, 성전 안에 있던 사람들은 그로 인하여 모두 심히 놀랐다. 그도 그럴 것이, 그 앉은뱅이는 근 40년 동안 성전 미문 앞에서 구걸하던 걸인이었기에 성전을 드나들던 사람들은 그를 익히 알고 있었다. 그는 날 때부터 앉은뱅이였는지라 걷는 것은 고사하고 일어설 수조차 없는 불구자였다. 그런데 그가 지금 걷는 것은 물론이요 펄쩍펄쩍 뛰어다니고 있다. 도저히 믿을 수 없는 광경이 눈앞에서 벌어졌으니, 그것을 목격한 사람들이 놀라지 않을 수 없다. 그때, 방금 앉은뱅이 상태로부터 치유함을 받은 걸인이 베드로에게 다가가 그를 붙잡았다. 자신의 나음을 기이히 여기는 사람들에게, 바로 이 사람으로 인해 자신이 나았다는 표시를 그런 식으로 한 것이었다.

여기에서 동사 '붙잡다'의 그리스 원어는 '크라테오(krateo)'이다. 이 동사는 사람을 붙잡되, 주로 등 뒤에서 붙잡거나 껴안는 동작을 의미한다. 그렇다면 우리는 본문의 내용을 머리 속에서 그려 볼 수 있다. 나사렛 예수의 이름으로 치유함을 받은 걸인이 기뻐 어쩔 줄 몰라 이리저리 뛰어다니며 하나님을 찬양한다. 그 모습을 본 사람들은 모두 어안이 벙벙해졌다. 자신들의 눈앞에서 뛰어다니는 자는 성전 미문 앞에서 구걸하던, 날 때부터 앉은뱅이였던 자가 분명했다. 그들은 너무나도 놀란 나머지 어떻게 네게 그런 일이 일어났느냐, 감히 물어 볼 엄두조차 내지 못했다. 그 기미를 눈치 챈 걸인이 베드로에게 다가가 그의 등을 꼭 껴안았다. 이 사람으로 인해 내가 나음을 입었다는 표현이었다. 걸인에게 껴안긴 베드로와 베드로의 등을 꼭 껴안고 있는 걸인―얼마나 감동적인 광경인가?

특별한 경우를 제외하곤 사람은 하루 한 번 이상 거울을 보게 마련이다. 꾸미고 치장하기 위함이다. 꾸민다는 것은 좋게 말하면 가다듬는 것이요, 나쁘게 표현하면 위장이다. 그러나 아무리 거울을 보고 치장해도 실은 그것은 사람의 앞면에 국한된 일이다. 거울을 보면서 등 뒤를 치장할 수는 없다. 따라서 한 사람의 참된 모습은 꾸밀 수 있는 얼굴이나 앞모습이 아닌, 꾸밈과는 거리가 먼 등을 통해 나타나게 된다. 값비싼 옷으로 치장하여 앞으로 보면 더없이 품위 있어 보이지만, 이상하게도 뒷모습이 초라해 보이는 사람이 있다. 어떤 사람은 앞으로는 웃고 있지만 등 뒤에서는 찬바람이 이는 사람도 있다. 한없이 겸손해 보이건만 걸어가는 뒷모습이 거만하기 짝이 없어 보이는 경우도 있다. 앞으로 보나 뒤로 보나 그야말로 '어깨'인 사람도 적지 않다. 이와는 반대로 앞으로는 초라하고 볼품없어 보이지만, 등 뒤는 한없이 따뜻해 보여 그냥 한번 기대어 보고 싶은 사람도 있다. 그 어느 쪽이든 꾸밀 수 없는 등을 통해 드러나는 뒷모습이 당사자의 자연적 모습, 다시 말해 그의 참모습이다.

베드로의 모습을 그려 보자. 그는 평생 어부였던 자다. 그의 피부가 고울 리 만무하다. 갈릴리 바다의 태양 아래 검게 탄 얼굴은 거칠기 짝이 없었을 것이다. 밤낮 그물을 끌어올리던 그의 굵디굵은 손가락 마디마디는 보기조차 민망스러웠을 것이다. 갈릴리의 빈민이었던 그의 옷차림이 세련되었을 리도 없다. 적어도 앞으로 보기에는, 초라하기만 한 베드로는 흠모할 만한 데가 한 군데도 없다. 그러나 그의 등은 달랐다. 평생 앉은뱅이―절망의 늪에 빠져 있던 한 인간이 온 마음을 다해 꼭 끌어안을 만큼 베드로의 등은 넉넉했다. 이때뿐만이 아니다. 베드로는 이 이후 그의 등으로 룻다의 애니아, 욥바의 다비다, 가이사랴의 고넬료의 인생도 져 주었다. 아니 그 이후 그를 만나는 모든 사람들의 인생을 져 줄 정도로 그의 등은 따뜻하고 넉넉하기만 했다.

이것이 신앙의 내면화가 이루어진 베드로의 삶 속에 나타난 세 번째 외향화의 실체였다. 어떻게 이것이 가능했던가? '내게 있는 것' ―베드로 속에 임해 계시는 주님으로 인함이었다. 베드로를 구원해 주시기 위해 당신의 등으로 죽음의 십자가를 지셨던 주님께서 베드로 속에 임재해 계셨다. 그 주님에 대해 깨어 있을 때 주님으로 인해 베드로 역시, 자신의 등으로 타인의 인생을 기꺼이 져 줄 수 있었다.

　스위스에서 체류하는 동안 유럽의 유명 박물관이나 미술관에서 주님을 소재로 한 성화들을 관람할 기회가 많았다. 그 중에서도 나를 특별히 감동시키는 그림은 따로 있었다. 무명작가의 작품일지라도 주님의 등을 그린 그림만 보면 나는 눈시울이 뜨거워지곤 했다. 주님께서 그 등으로 십자가를 지시고 나를 죽음에서 살려 주신 까닭이다. 그러나 그 한 번만으로 그치신 것이 아니다.

> 날마다 우리 짐을 지시는 주 곧 우리의 구원이신 하나님을 찬송할지로다(시 68:19)

　주님께서는 오늘 이 순간에도 내 인생을, 내 인생의 짐을 져 주고 계신다. 그분이 그대와 내 속에, 우리 속에 임재해 계신다. 그 사실을 믿을진대, 우리 역시 베드로처럼 타인의 생을 져 주는 '넉넉한 등'의 소유자가 됨이 마땅치 않겠는가?
　작년 연말 영어방송 아리랑 TV에 미국 거주 작가 김송혜 씨가 출연했었다. 한국전쟁 때 부산으로 피란 간 그녀의 가족은 교회 옆에서 살았다. 그때 일곱 살에 불과한 그녀에겐 갓 태어난 동생이 있었다. 낮에 부모님이 생계를 위해 일하러 나가면, 송혜 어린이는 동생을 업고 교회 앞에서 놀곤 했다. 어느 날 미군들이 초콜릿과 캔디를 들고 교회를 찾아왔다. 그리고 어린이가 아이를 업고 있는 것을 보고 놀랐다. 한 미군이 이 갸륵한 송혜 어린이를 업어 주었다. 그녀는 그때까지 그토록 넓고 믿음직스런 등을 본 적이 없었다. 그 등을 통해 그녀는 인간에 대한 사랑에 눈뜨게 되었고, 일평생 사람을 사랑하며 사는 그녀의 일생이 그날 그 미군의 등 위에서 결정되었다. 그렇다. 내가 한순간 타인의 생을 져 주는 것으로, 우리는 얼마든지 그의 인생을 새롭게 해 줄 수 있다.

하나님께선 평등의 하나님이 아니시다. 어떤 사람은 날 때부터 평생 먹을 재산을 지니고 출생하는가 하면, 어떤 사람은 일평생 가난 속에서 허덕인다. 어떤 사람은 별로 애쓰지 않고서도 좋은 학력을 지닐 정도로 머리가 좋은가 하면, 어떤 사람은 선천적으로 낮은 지능의 소유자로 태어난다. 어떤 사람은 인격적인 부모 슬하에서 자라는가 하면, 이웃보다 못한 부모의 학대 속에서 성장하는 사람도 있다. 모든 인간의 생명 그 자체는 평등할지언정, 각 인간의 능력이나 환경 그리고 상황 등은 절대로 평등치 않다.

중요한 것은 하나님께서 왜 타인과 비교하여 상대적으로 더 많은 특정의 것을 내게 주셨는지 그 이유를 바르게 인식하는 것이다. 그것은 타인에 비해 상대적으로 많은 것을 나 홀로 누리라 하심이 결코 아니다. 상대적으로 자신에게 더 많은 것—지적 능력, 재능, 물질, 인격 등 그것이 무엇이든—으로 타인의 인생을 지게 하심이다. 그래서 하나님께서는 공평하신 하나님이시다. 그러나 많은 크리스천들이 이 사실을 깨닫지 못하고 홀로 누리려다가, 자신에게 상대적으로 많은 바로 그것으로 인해 자신과 세상을 동시에 부패시켜 버리고 만다. 그것은 어떤 경우에도 타인을 위해 넉넉한 등을 지녀야 할 크리스천의 길이 아니다. 머리가 좋은 자는 그 머리로, 재산의 여유가 있는 자는 그 재산으로, 좋은 품성을 지닌 자는 그 품성으로 누군가의 인생을 져 주어야 한다. 그 목적을 위해 주님께서 우리에게 그런 것들을 맡기셨고, 우리는 그 모든 것에 대해 단지 주님의 청지기에 지나지 않는다.

일평생 모은 귀한 재산을 죽기 전 사회에 쾌척하는 미담의 주인공들이 있다. 그럴 때마다 미담의 주인공들은 언론의 조명을 받고, 그들의 이야기는 주일 설교시간에 좋은 예화로 등장하기도 한다. 물론 그들의 행동은, 죽을 때까지 재산을 움켜쥐고만 있다가 공동묘지에서 덧없이 썩어 가는 어리석은 인간보다는 몇백 배 더 아름답다. 그러나 냉정하게 생각해 보면, 적어도 크리스천은 그와 같은 미담과는 일반적으로 거리가 멀다는 사실을 자각케 된다. 내게 있는 것으로 늘 누군가의 인생을 져 주는 넉넉한 등의 소유자로 살다 보면, 일평생 큰 재산을 모을 수 없는 까닭이다. 베드로가 큰 재산을 모았을까, 아니면 말년의 바울이 쾌척할 재산이 있을 만큼 부자였을까? 아니다. 그들은 부자가 될 틈이 없었다. 그들은 만나는 자들을 위해 자신의 삶을 송두리째 나누어 주는, 주님의 등을 지닌 자들이었기 때문이다.

오늘날 신앙이 마치 일회성 이벤트인 것처럼 오인되고 있다. 신앙은 단발성 행사가 아니라 삶 그 자체이며, 점이 아니라 선이다. 한평생 재산을 모으기 위해 불의와 타협하고 수많은 사람의 마음에 못을 박다가, 마지막 순간 세상의 화려한 조명 속에서 공개적으로 재산을 기증하는 것이 참된 크리스천의 추구할 바는 아니다. 매일매일 누군가의 인생을 져 주느라 큰 재산을 모을 틈도 없고, 세상의 조명이나 박수갈채를 받을 수도 없지만, 그러나 자기에게 임하신 주님을 좇아 그 영원한 가치의 삶을 포기치 않는 것—바로 이것이 크리스천의 길이다. 수단과 방법을 가리지 않고 성공과 출세를 움켜잡는 자에 대한 찬사는 세상의 몫이지 교회의 것이 아니다. 교회의 갈채는, 비록 낮은 지위에 있을지언정 자신의 직책을 타인에게 봉사하기 위한 넉넉한 등으로 삼은 자를 향해야 한다.

이런 관점에서 크리스천은 절대로 부동산 투기에 손을 대어서는 안 된다. 오늘 우리가 살고 있는 대한민국은 전 국토가 부동산 투기장이 되어 있다. 살다 보니 살던 집값이 상승했다는 것과, 오직 가격 상승의 목적으로 부동산을 사고 되파는 것은 결코 같은 말이 아니다. 부동산 투기꾼들에 의해 가격이 부채질되는 만큼 피해는 정작 내 집을 마련하려는 선량한 서민들에게 돌아간다. 그것은 하나님 앞에서 흉측한 범죄행위일 뿐이다.

그러므로 사랑하는 청년들이여!

그대들이 장차 이 사회의 주역이 되었을 때 그대들은 그대들의 손으로, 선량한 서민들의 가슴을 멍들게 하는 부동산 투기의 사슬을 반드시 끊어야 한다. 설령 그대가 부동산 투기로 떼돈을 벌고 억만금을 십일조나 감사헌금으로 바친다 해도, 하나님께서는 그 돈을 기뻐하시지 않을 것이다. 하나님께서는 그대가 부동산 투기로 득을 본 만큼 피해를 보고, 상대적으로 평수가 더 작은 변두리 혹은 달동네 셋집으로 밀려나 눈물 흘리는 서민들의 탄식소리에 귀를 기울이고 계실 것이기 때문이다.

그대의 예배당 출입이 아무리 빈번해도 넉넉한 등의 소유자가 되기 전까지는, 그대가 참된 크리스천일 수는 없다. 그대가 넉넉한 등을 지닌 사람이 되지 못했다는 것은, 그대가 여전히 세상과 그대 자신을 섬기고 있음의 반증이다.

작은 예수

> 나은 사람이 베드로와 요한을 붙잡으니 모든 백성이 크게 놀라며 달려 나아가 솔로몬의 행각이라 칭하는 행각에 모이거늘 베드로가 이것을 보고 백성에게 말하되 이스라엘 사람들아 이 일을 왜 기이히 여기느냐 우리 개인의 권능과 경건으로 이 사람을 걷게 한 것처럼 왜 우리를 주목하느냐 아브라함과 이삭과 야곱의 하나님 곧 우리 조상의 하나님이 그 종 예수를 영화롭게 하셨느니라(행 3:11-13상)

나은 사람이 베드로의 등을 꼭 껴안는 것으로 자신의 나음을 기이히 여기는 사람들에게 스스로 답했다. 바로 이 사람이 나를 낫게 해주었다는 무언의, 그러나 가장 확실한 답변이었다. 만약 베드로가 가만히 있으면 앉은뱅이의 치유자는 자기 자신이 되는 셈이고, 뭇 사람의 찬사를 받게 될 순간이었다. 그러나 그것은 진실이 아니었고, 베드로 자신이 누구보다도 그 사실을 더 잘 알고 있었다. 베드로는 곧 사람들에게 앉은뱅이를 고친 자는 자신이 아니라, 예수 그리스도이심을 증거하기 시작하였다. 유념할 것은, 베드로가 주님을 전한 장소가 솔로몬 행각이었다는 사실이다.

솔로몬 행각이란 예루살렘 성전 바깥뜰 동쪽에 위치한 행랑으로, 지붕과 기둥만 있고 벽이 없는 탓에 교사들이 종종 야외 강단으로 이용하던 곳이었다. 주님 역시 바로 그곳에서 설교하신 적이 있었다.

> 예루살렘에 수전절이 이르니 때는 겨울이라 예수께서 성전 안 솔로몬 행각에서 다니시니 유대인들이 에워싸고 가로되 당신이 언제까지나 우리 마음을 의혹케 하려나이까 그리스도여든 밝히 말하시오 하니(요 10:22-24)

주전 2세기경 예루살렘은 시리아 왕 안티오쿠스 에피파네스의 지배 하에 있었다. 그는 유대인을 탄압하면서 예루살렘 성전을 심각하게 훼파한 인물로 유명하다. 마침내 주전 165년 전설적인 인물 마카비우스가 시리아의 세력을 축출하고 예루살렘 성전을 대대적으로 보수하여 봉헌하였다. 그 이후 유대인들은 그날을 기념하여 수전절(修殿節)로 지켰다. 이날은 계절적으로 겨울이었다. 예루살렘의 겨울은 유대 광야와 요단 강으로부터 불어오는 한파로 인해 한기가 뼈 속까지 스며든다. 그 추운 겨울 수전절, 주님께서 예루살렘 성전 솔로몬 행각에 모습을 나타내시자 유대인들이 삽시간에 그 앞으로 모여들었다. 그러고는 주님을 향해, 주님께서 정말 구원자이신지를 단도직입적으로 물었다. 그때 주님께서는 솔로몬 행각에서 이렇게 설교하셨다.

> 내가 너희에게 말하였으되 믿지 아니하는도다 내가 내 아버지

의 이름으로 행하는 일들이 나를 증거하는 것이어늘 너희가 내 양이 아니므로 믿지 아니하는도다 내 양은 내 음성을 들으며 나는 저희를 알며 저희는 나를 따르느니라 내가 저희에게 영생을 주노니 영원히 멸망치 아니할 터이요 또 저희를 내 손에서 빼앗을 자가 없느니라 저희를 주신 내 아버지는 만유보다 크시매 아무도 아버지 손에서 빼앗을 수 없느니라(요 10:25-29)

솔로몬 행각에서 만유보다 더 크신 하나님을 설교하시는 주님 곁에는 베드로도 서 있었다. 우리가 익히 알고 있는 바와 같이 이때의 베드로는 그 중심이 아직 주님께로 옮겨 가기 전이었다. 더욱이 계절적으로는 한기가 뼈 속으로 파고드는 추운 겨울이었다. 아마도 베드로는 추위에 떨면서 웬 설교가 저리도 길단 말인가, 속으로 투덜대고 있었는지도 모른다. 그런데 세월이 지난 지금 베드로가, 주님께서 만유보다 더 크신 하나님을 설교하시던 바로 그 솔로몬 행각에서 앉은뱅이를 낫게 하신 분은 예수 그리스도이심을 외치고 있다.

우리 주님께서는 살아 계시기에, 당신을 좇는 자를 어떤 모양으로든 반드시 존귀케 해 주신다. 그때 많은 사람들이 실족하고 만다. 주님께 돌아갈 영광을 자신의 것으로 착각하는 것이다. 그러나 베드로는 달랐다. 나음을 입은 자가 자신을 등 뒤에서 껴안고 자기에게 영광을 돌렸을 때, 그와 동시에 뭇 사람의 외경의 시선이 자신에게 집중되었을 때, 그것을 당연시하거나 티끌만큼도 즐기려하지 않았다. 그는 즉시 솔로몬 행각으로 올라가 무슨 소리냐며, 그 일을 행하신 주님을 증거하면서 오직 주님께만 영광을 돌렸다. 바로 이것이 신앙의 내면화가 이루어진 베드로의 삶에서 외향적으로 드러난 네 번째 실체였다. 즉 자신의 본질을 망각치 않고, 모든 영광을 주님께만 돌리는 겸손함이었다.

주님께서 서셨던 자리에서 자신을 부인하며 오직 주님만을 증거하는 베드로—그 모습 속에서 우리는 오히려 예수를 닮은 작은 예수를 만나게 된다. 만약 그가 거기에서 자신의 영광만을 드높였다면 그는 주님과 전혀 무관한 자가 되었을 것이고, 우리 신앙의 길잡이가 되지는 못했을 것이다. 그렇다. 우리가 우리 자신을 부인하고 주님의 뜻과 영광을 더 높일 때에만 사람들은 우리를 통해 예수님을 만나게 된다. 적지 않은 크리스천들이 전도에 열심이다. 전도지는 물론이요 경우에 따라서는 성경을 전해 주기도 한다. 그러나 성경을 받았다고 해서 모든 사람들이 성경을 읽는 것은 아니다. 그들에겐 눈에 보이는 주님이 따로 있기 때문이다. 크리스천은 보지 못하는 주님을, 믿지 않는 자들은 도리어 눈으로 보면서 살고 있다. 그것은 바로 그들에게 주님을 전하는 크리스천의 삶이다. 만약 그들 보기에 크리스천의 삶이 정말 자신들과 다르다면, 크리스천이 진정 자신의 입으로 전하는 성경말씀을 따라 사는 것으로 보여진다면, 그들은 성경말씀에 관심을 갖게 될 것이다. 그러나 그 반대의 경우라면, 그들은 성경을 단순한 인쇄물 이상으로 여기지는 않을 것이다.

우리는 마하트마 간디의 말에 귀를 기울일 필요가 있다.

> 나는 예수를 사랑한다. 그러나 예수 믿는 사람들은 싫어한다.
> 그들은 예수를 사랑하지 않기 때문이다.

이것이 간디의 눈에 비친 크리스천의 실상이었다. 간디의 눈에는 예수 믿는 자들이 예수님의 말씀을 좇아 사는 작은 예수로 보이지 않았던 것이다. 인도의 정복자였던 영국의 크리스천들이 인도 땅에서 무엇을 했던가? 총칼로 무자비하게 땅과 재산을 약탈했다. 수많은 양민을 학살하고, 무고한 인도인들을 단지 노예로 부렸을 뿐이다. 그러고는 그 인도인들에게 예수 믿으라고 전도했다. 간디가 보기에 그들은 결코 예수를 사랑하는 자도, 예수를 닮으려는 자도 아니었다.

우리나라 천연기념물 제53호인 진돗개는 그 탁월성이 세계적으로도 입증되고 있다. 이상한 것은 그처럼 뛰어난 진돗개가 군견이나 경찰견으로는 사용되지 않는다는 사실이다. 상식적으로 생각하면 진돗개의 우수성이 타의 추종을 불허하는 만큼 군견이나 경찰견으로 안성맞춤일 것 같다. 그러나 현실은 정반대다. 그 이유는, 진돗개는 주인을 바꾸지 못하기 때문이라고 한다. 군대나 경찰에서는 한 사람이 평생토록 수색 및 경비용 개를 다루는 것이 아니다. 일정한 기간마다 담당자가 바뀌게 마련이다. 개의 입장에서 보면 자기 주인이 계속 바뀌는 셈이다. 그때마다 셰퍼드와 같은 다른 개들은 사흘이면 새 주인과 친해져 그의 명령을 따른다. 그러나 진돗개는 옛 주인을 잊지 못해 새 주인을 따르지 않기에 군견이나 경찰견으로는 부적격일 수밖에 없다.

인간에 대한 진돗개의 충성심이 이 정도인데 반해 하나님을 향한 우리의 자세는 어떠한가? 천지를 창조하신 하나님을 믿는다면서도 예배당 안과 밖에서 우리의 주인을 우리 스스로 바꾸며 살아가고 있다면, 우리는 실은 진돗개보다 더 못한 존재가 아니겠는가? 진정 주님께서 내 속에 좌정해 계심을 믿는다면 그렇게 살 수는 없는 일이다. 신앙의 내면화를 참되게 추구한다면 외향화가 그런 이중성으로 드러날 리가 없다는 말이다.

그러므로 그대와 나—우리는 솔로몬 행각의 베드로처럼 언제 어디서나 우리 자신을 가리고 주님을 더 높이며, 주님만을 주인으로 모시고 살아가야 한다. 그때 세상 사람들은 우리가 전하는 주님의 말씀을 믿을 것이다. 그들의 눈에 비친 그대와 나는, 어김없이 작은 예수의 모습일 것이기 때문이다.

위를 향한 호흡

> 그러므로 너희가 회개하고 돌이켜 너희 죄 없이함을 받으라 이같이 하면 유쾌하게 되는 날이 주 앞으로부터 이를 것이요(행 3:19)

솔로몬 행각에서 예수 그리스도를 증거하던 베드로는 결론적으로 유대인들에게 회개할 것을 촉구하였다. 2장 '믿음의 자리'에서 살펴본 것처럼, 자기 욕망의 자리로부터 하나님을 정조준하는 믿음의 자리로 각자의 중심을 옮길 것을 재촉한 것이다. 여기에서 유의할 것은, 베드로가 '이같이 하면 유쾌하게 되는 날이 주 앞으로부터 이를 것'이라 말한 점이다. 이것은 베드로 자신의 체험적 고백이었다. 이를테면 자기 욕망에 사로잡혀 살 땐 늘 불만과 불안 초조에 짓눌려 있었지만, 자기 중심이 주님을 정조준하면서부터 비로소 삶의 유쾌함을 누릴 수 있었다는 자기 간증이었다.

'유쾌하게 한다'는 그리스어 동사 '아나프쉬코(anapsuko)'는, '위를 향해'란 의미의 전치사 '아나(ana)'와 '숨쉰다'는 뜻의 동사 '프쉬코(psuko)'의 합성어이다. 그러므로 베드로가 말한 유쾌함이란 곧 위를 향해 호흡하는 것임을 알 수 있다. 이것이 신앙의 내면화가 이루어진 베드로의 삶에 외향적으로 드러난 또 다른 실체였다.

사람의 죽음을 나타내는 우리말에 '숨을 거두었다'는 표현이 있다. 죽음과 삶이 숨, 즉 호흡의 문제임을 인식한 말이다. 죽음은 멀리 있지 않다. 모든 인간은 죽음을 자신의 코끝에 달고 다닌다. 방금 내쉰 숨을 다시 들이마시지 못하는 것—그것이 바로 죽음이다. 그런데 죽은 자를 가리켜 숨을 거두었다고 말할 때, 대체 죽은 자의 숨을 거두어 간 주체가 누구란 말인가? 죽은 자 스스로 자신의 숨을 거두어 자기 수의에 넣고 갔다는 뜻인가? 그런 의미가 아니다. 수의엔 아예 주머니가 없다. 죽은 자의 숨을 거둔 자는 죽은 당사자가 아닌 다른 존재라는 말이다. 그 다른 존재는 과연 누구인가?

> 그러나 주께서 얼굴을 숨기시면 그들은 떨면서 두려워하고, 주께서 호흡을 거두어들이시면 그들은 죽어서 본래의 흙으로 돌아갑니다. 주께서 주의 영을 불어넣으시면, 그들이 다시 창조됩니다.(시 104:29-30상/표준새번역)

성경은 사람의 호흡을 불어넣으시거나 거두시는 분이 하나님이심을 밝혀 주고 있다. 이런 의미에서 숨을 거두었다는 우리말의 표현은 참으로 적확하다. 그렇다면 사람과 호흡의 관계를 좀더 깊이 생각해 보자.

어머니의 자궁 속에 생명이 잉태되었다고 치자. 그 생명을 가리켜 사람이라고 부르는 것은 아니다. 그것은 태아다. 태아가 때가 되어 어머니의 자궁 문을 열고 세상에 태어나다가 그만 불행하게 죽고 말았다. 사람이 죽은 것인가? 아니다. 태아가 죽은 것이다. 태어난 태아가 언제 사람이 되는가? 태아와 어머니의 자궁을 연결하고 있는 탯줄을 끊는 순간, 다시 말해 태아가 자기 코로 숨을 쉬는 순간부터 비로소 사람으로 불리게 된다. 사람이 사람으로 살다가 숨을 거두면, 그 순간부터 그는 사람이 아니다. 1초 전까지는 분명 사람이었지만 더 이상은 아니다. 호흡을 멈춤과 동시에 시체가 된 것이다. 이처럼 자기 코로 숨쉬는 순간부터 그 숨이 멈추는 순간까지 인간은 사람으로 살아간다. 그 이전은 태아요, 그 이후는 시체다.

  태어난 태아를 엎어 놓고 탯줄을 끊을 수는 없다. 태아를 바로 눕혀 놓고서야, 바꾸어 말해 태아의 얼굴을 하늘로 향하게 하고서야 탯줄을 끊는다. 이것은, 하나님께서 위로부터 주시는 호흡을 받아 숨을 쉬므로 태아가 사람이 된다는 말이다. 사고 혹은 극히 이례적인 경우를 제외하고 엎드러져 죽는 사람은 거의 없다. 죽는 자는 대개 얼굴을 하늘로 향하고 죽게 마련이다. 이를테면 하나님께서 위에서 숨을 거두어 가시매 사람의 일생이 끝나는 것이다. 이처럼 위로부터 호흡을 받으므로 생애가 시작되고 위에서 호흡을 거두시매 일생이 끝나 버리는 인간은, 유독 이 세상에서 살아 있는 동안은 아래 즉 땅만을 향해 호흡하고 있다. 그래서 실은 매일 질식해 가고 있을 뿐이다.

  참됨, 새롬, 영원함은 어떤 경우에도 아래로부터 솟아오르지 않는다. 그것은 오직 위로부터, 영원하신 하나님께로부터만 흘러내린다. 위를 향해, 하나님을 향해 호흡하는 자만 진정 유쾌한 삶을 살 수 있는 까닭이 여기에 있다.

    만약 그대가 '내게 있는 것'—그대 속에 계신 주님에 대해 깨어 있는 신앙의 내면화를 이루어 간다면, 그대는 언제나 위를 향해 호흡하는 삶의 유쾌함을 만끽할 것이다. 그대 속에 임재해 계시는 주님—그분은 하나님의 영원하신 호흡과, 공동묘지에서 끝날 수밖에 없는 그대의 유한한 호흡을 이어 주시는 '영적 호흡기' 시기 때문이다.

4. 외향화의 결과는?

> 베드로가 가로되 은과 금은 내게 없거니와 내게 있는 것으로 네게 주노니 곧 나사렛 예수 그리스도의 이름으로 걸으라 하고 오른손을 잡아 일으키니 발과 발목이 힘을 얻고 뛰어 서서 걸으며 그들과 함께 성전으로 들어가면서 걷기도 하고 뛰기도 하며 하나님을 찬미하니(행 3:6-8)

베드로와의 만남을 통해 주님의 치유를 받고 일어선 걸인이 제일 먼저 한 일은, 직접 자기 발로 성전 안을 향해 뛰어 들어간 것이다. 평생 성전을 오가는 사람들을 보며 구걸만 하던 그가, 평소에 얼마나 성전 안으로 들어가고 싶어했을 것인지는 넉넉히 짐작할 수 있다. 그런데 성전으로 들어가기 위해서는 먼저 통과하지 않으면 안 될 문이 있었다. 바로 미문이었다. 그는 날마다 성전 미문 앞에서 구걸하던 앉은뱅이였다. 자기 등 뒤에 있는 미문이 예루살렘 성전에서 가장 아름다운 문이었지만, 그 문을 출입할 수 없는 그에겐 결코 미문일 수 없었다. 그런데 주님의 이름으로 나음을 입은 그가, 그동안 눈으로만 보던 미문을 드디어 자기 발로 통과한 것이다. 그것은 단순히 미문이란 건축물을 통과했다는 말이 아니다. 그의 목전에 감히 상상도 할 수 없었던 아름다운 인생의 문이 활짝 열린 것을 의미했다. 40여 년 동안이나 앉은뱅이로 살던 거지가 주님의 은혜로 우뚝 일어섰으니, 그 이후로 그의 인생이 주님 안에서 얼마나 아름답게 전개되겠는가! 그는 그렇게 감격의 미문을 통과하였다.

그날 베드로 역시도 그를 따라 미문을 통과하여 성전 안으로 들어갔다. 베드로가 미문을 통과한 것은 그날이 처음이 아니었다. 그러나 미문 통과의 의미는 전혀 달랐다. 예전에 베드로가 미문을 통과할 때, 그는 자기 욕망에 사로잡힌 미천한 갈릴리 어부에 지나지 않았다. 그러나 지금의 베드로는 '내게 있는 것'—자기에게 임해 계신 주님에 대해 깨어 있는, 신앙의 내면화와 외향화가 한데 어우러진 참 생명의 삶을 영위하고 있다. 그러므로 그날 베드로의 미문 통과 역시 미문이란 건축물 출입만을 뜻하는 것이 아니었다. 신앙의 내면화와 외향화의 교직으로 이루어진 베드로의 삶 앞에 사도로서의 인생이 전혀 새롭게 펼쳐졌음을 의미했다. 그 이후로 베드로는 '내게 있는 것'으로 만나는 모든 사람들을 영육 간에 일으키는 새로운 인생을 살았을진대, 그날 그가 통과했던 미문은 얼마나 아름답고도 감동적인 미문이었던가?

유럽은 역사와 전통의 대륙으로 알려져 있지만 오늘날 일상생활 속에선 반드시 그렇지만은 않은 것 같다. 일례로 대학강단에서 예전처럼 정장이나 유니폼을 입고 강의하는 교수는 보기 어렵다. 노타이에 청바지 등, 마치 미국을 방불케 한다. 30년 전만 하더라도 유명 식당에서 와인이 아닌 콜라를 시키면 천박한 사람으로 간주되었다. 대부분의 식당은 아예 콜라를 취급조차 하지 않았다. 그러나 지금은 콜라 없는 식당이 없다. 식당에서 굳이 와인을 찾지 않아도 격식을 따지지 않는 세상이 된 것이다. 스위스에 있는 동안 오페라, 음악회 등을 여러 번이나 관람했지만 정장을 한 관객은 거의 만나 보지 못했다. 모두 편한 복장이었다. 70년대 초 단지 넥타이를 매지 않았다는 이유로 빠리의 한 식당에서 출입을 거절당했던 것을 생각하면 격세지감을 느끼지 않을 수 없는 변화다.

  2001년 8월 말, 그러니까 3년에 걸친 임기를 마치고 스위스에서 귀국하기 3주 전이었다. 나는 열차를 타고 루체른으로 갔다. 베를린 필하모니 오케스트라의 연주를 관람키 위해서였다. 베를린 필이 명실공히 세계 최고의 오케스트라인 만큼 언젠가 한번은 꼭 보고 싶었는데, 마침 스위스 루체른 음악 페스티벌에 베를린 필이 참가한 것이었다. 더욱이 콘트라베이스의 수석연주자 레이너(Leiner) 씨가 재독 바이올리니스트 이미경 씨의 부군이기에, 그 부부의 초청으로 베를린 필의 연주를 직접 보고 듣고 즐길 기회를 누리게 된 것이었다. 열차에서 내려 역 바로 곁에 있는 루체른 문화회관 안으로 들어간 나는 깜짝 놀라고 말았다. 거대한 문화회관을 가득 메운 관객들이 예외 없이 남자는 검은색 정장을, 여자는 드레스를 입고 있는 것이었다. 나도 혹시나 싶어 넥타이를 매곤 갔지만, 그러나 정장이 아닌 콤비였다. 실내를 아무리 둘러보아도 검정 예복을 입지 않은 남자는 나 혼자뿐이었다. 스위스에서 3년 살면서 처음 접하는 광경이었다.

나는 그날 참으로 귀중한 교훈을 얻었다. 사람은 상대가 누구냐에 따라 그를 대하는 몸과 마음가짐이 달라진다는 것이다. 평상시엔 편한 복장으로 오페라나 음악회를 찾는 스위스인들이 왜 베를린 필하모니 오케스트라의 연주엔 예외 없이 예복을 입고 갔을까? 베를린 필이 다른 오케스트라와는 달리 신비스런 음악의 생명력을 지니고 있기 때문이다. 그 생명력은 세계 최고의 명성을 구가하는, 타의 추종을 불허하는 살아 있는 생명력이다. 바로 그 생명력이 베를린 필 자체의 명성을 드높일 뿐만 아니라, 그 생명을 대하는 사람의 자세마저 바꾸어 놓았다.

스위스는 잘 알려진 바와 같이 알프스의 나라이다. 그렇다고 알프스가 스위스만의 것은 아니다. 알프스는 프랑스에서 시작하여 스위스와 이탈리아를 거쳐 오스트리아 너머까지 무려 1,200킬로미터에 걸쳐 활 모양으로 펼쳐져 있다. 알프스의 봉우리들 중에 가장 높은 곳은 해발 4,807미터의 몽블랑(Mont Blanc)으로 프랑스에 있다. 스위스 내의 알프스 봉우리들 중에는 4,158미터의 융프라우(Jungfrau)가 국제적으로 널리 알려져 있다. 융프라우가 스위스인이 자랑하는 명봉인 것은 틀림없지만, 그렇다고 스위스 알프스 중에 가장 아름다운 봉우리인 것은 아니다. 많은 외국인들이 스위스 여행길에 융프라우를 찾는 것은 그곳이 고속도로에서 가장 가깝기에 가기가 용이하고, 그러므로 상대적으로 경비가 덜 들기 때문이다. 그래서 한국 관광객들도 대개 융프라우를 들른다.

스위스 알프스 중에 가장 신비스러우면서도 아름다운 봉우리는 해발 4,478미터의 마터호른(Matterhorn)으로 알려져 있다. 고속도로와는 거리가 먼 그곳을 가기 위해서는 최소한 하루 이상의 일정이 더 필요하기에, 빠듯한 경비와 일정에 쫓기는 관광객들에겐 생소한 곳이다. 체르마트(Zermatt)란 곳을 찾아 그곳에서 산악열차를 타면, 약 1시간 만에 해발 3,130미터의 고르너그라트(Gornergrat)에 당도한다. 우리나라에서 제일 높은 백두산보다 무려 400미터나 더 높은 곳까지 열차가 올라간다는 것은 경이롭기까지 하다. 바로 그곳으로부터 동서남북으로 3,000미터 이상의 알프스 봉우리가 53개, 4,000미터 이상의 봉우리가 24개, 총 77개의 고봉들이 마치 병풍처럼 둘러져 있는 장관을 볼 수 있다. 한마디로 사람을 압도하는 자연의 대파노라마다. 스위스 알프스 중에 가장 높은 해발 4,638미터의 몬테로사(Monte Rosa)도 그곳에 있다. 그러나 적지 않은 경비를 들여 그곳을 찾는 사람들의 궁극적인 관심은 마터호른이다. 허공에 우뚝 솟아오른 마터호른은, 그 어떤 봉우리도 감히 흉내내지 못할 신비스런 자연의 생명을 유감없이 발하고 있다. 그 생명력에 끌려 사람들은 그곳을 찾아 오르고, 그 앞에서 자신의 몸과 마음을 닦고, 새로운 다짐과 더불어 내려오는 것이다.

　이처럼 베를린 필과 마터호른이 지닌 남다른 생명력은 자신을 존귀하게 함은 물론이요, 자신을 대하는 자들의 생각과 자세를 바꾸어 놓는다. 사람이 연주하는 음악과 피조물에 불과한 자연의 생명이 이토록 고귀하게 역사한다면, 하물며 내 속에 임재해 계신 천지를 창조하신 주님—그 주님의 생명에 대해 깨어 있을 때 그 생명으로 인해 어찌 나의 삶과 나를 만나는 타인의 삶이 더불어 새로워지지 않겠는가? 그 주님에 대한 신앙의 내면화와 외향화가 교직되어 갈 때, 어찌 앉은뱅이와 같았던 나 자신은 물론이요 타인까지 진리의 미문 안으로 일으켜 들이는 이 시대의 사도가 되지 않겠는가? 그 원천은

나 자신이 아니요, 내 속에 계신 주님이심은 더 이상 재론할 나위도 없다

  기독교가 로마 제국에 전해졌을 때 제국 내엔 이미 깊이 뿌리내린 기성 종교들이 있었다. 그런데도 가장 후발 종교요, 더욱이 빈민이나 노예와 같은 기층민의 종교에 지나지 않았던 기독교가 어떻게 로마 제국 최후의 승자가 되었던가? 이 질문에 대하여 기독교역사학자인 케네스 라투레트(Kenneth Latourette)는 그의 저서 《기독교사》에서, 그 원인과 원천은 오직 살아 계신 예수 그리스도라고 답하고 있다.

> 로마 제국의 충성을 빼앗기 위해(즉 개종시키기 위해) 서로 경쟁을 벌이고 있던 모든 신앙들 가운데서—이것들 가운데 다수는 훨씬 더 유망한 전망을 보였건만—어째서 기독교가 승자로 나타났던가? 유대교의 모든 종파들 가운데서, 왜 기독교만이 유대교의 테두리를 벗어나서 지중해 세계를 구성하고 있던 수백만이나 되는 많은 민족들과 문화들을 매혹시켰던가? (중략) 교회의 원천(source)은 무엇이었으며 교회들에다 힘을 제공한 것은 무엇이었던가? (중략)
> 기독교에게 이처럼 놀라운 승리를 가져다 준 이 특질들은 어디서 왔던가? 세심하고 정직하게 연구해 볼 때, 오직 한 가지 대답, 곧 '예수님'이라는 답만을 얻을 수 있다.

  사랑하는 청년들이여!

그대는 알고 있는가? 바로 그분께서 지금 그대와 함께하고 계신다. 그분에 대해 깨어 있으라.

'내게 있는 것―나사렛 예수 그리스도'! 이것을 그대 평생 그대의 신앙고백으로 삼으라.

그대의 삶이 그분 안에서 신앙의 내면화와 외향화의 교직이 되게 하라.

그대가 비록 보잘것없어 보인다 할지라도, 그대의 삶으로 인해 이 시대는 반드시 일어나 진리의 미문을 통과하게 될 것이다. 그분에 대해 깨어 있는 그대가 곧 이 시대의 사도요, 그대의 삶이 신 사도행전일 것이기 때문이다.

그 원천은 오직 길이요 진리요 생명이신 주님, 그분이시다. 그분이 지금 그대 속에 계시고, 영성이란 이 사실에 대해 깨어 있는 통찰력이다.

4 믿음의 틀

헤롯이 잡아내려고 하는 그 전날 밤에 베드로가 두 군사 틈에서 두 쇠사슬에 매여 누워 자는데 파수꾼들이 문 밖에서 옥을 지키더니 홀연히 주의 사자가 곁에 서매 옥중에 광채가 조요하며 또 베드로의 옆구리를 쳐 깨워 가로되 급히 일어나라 하니 쇠사슬이 그 손에서 벗어지더라 천사가 가로되 띠를 띠고 신을 들메라 하거늘 베드로가 그대로 하니 천사가 또 가로되 겉옷을 입고 따라오라 한대 베드로가 나와서 따라갈새 천사의 하는 것이 참인 줄 알지 못하고 환상을 보는가 하니라 -행 12:6-9

1. 성숙이란?

　액자란 그림이나 사진과 같은 작품을 보호, 전시 또는 돋보이게 하기 위한 틀을 의미한다. 바로 이 용어를 붙여 문학의 형태 중에 액자소설이 있다. 소설의 이야기 속에 또 다른 이야기가 마치 액자처럼 끼워져 있는 소설이다. 가령 그림 액자를 생각해 보자. 일반적으로 하나의 액자 속에는 하나의 그림이 들어 있게 마련이다. 그런데 그림 액자 속에 또 다른 그림의 액자가 끼워져 있다고 치자. 그리고 그것이 소설이라면 액자소설이 되는 것이다. 액자소설의 액자는 두드러지게 드러나 보일 수도 있고, 반대로 전혀 보이지 않을 수도 있다. 중요한 것은 액자소설일 경우 그 액자, 즉 틀의 의미를 바르게 인식하지 못하면 소설 전체의 메시지를 제대로 포착할 수 없다는 것이다.
　소설가 이청준 씨의 대표적 장편소설인 《당신들의 천국》은 소록도에 얽힌 이야기다. 5·16이 지난 두 달여 후, 나환자(한센병자)들의 집단 거주지인 소록도에 현역 대령 조백헌이 신임 원장으로 부임했다. 먼저 소록도를 둘러본 그는 나환자들을 위해 천국을 건설할 것을 결심한다. 바다를 매립하기로 하는 등 의욕에 찬 계획을 입안하고 그 공사를 위해 나환자들을 동원한다. 그러나 조 대령의 예상과는 달리 나환자들을 위한 천국 공사를, 막상 그 천국의 수혜자가 될 나환자들은 달가워하지 않았다. 도리어 조 대령과 나환자들 사이에 심각한 대립과 갈등이 빚어지고 만다. 나환자들이 바라는 것은 좀더 넓은 땅 혹은 편안한 시설이 아니었다. 그들의 진정한 바람은 육지의 사람들처럼 사람답게 자유로이 사는 것이었다. 그러나 그 자유의 유보를 전제로 건설되는 천국은 나환자 자신들의 천국일 수 없었다. 나환자들 보기에 그것은, 조백헌 대령 '당신의 야망을 위한 당신의 천국' 일 뿐이었다.

이것이 '당신들의 천국' 의 주요 내용이다. 그런데 이 소설은 액자소설로 알려져 있다. 그러므로 드러난 조백헌 대령의 이야기 속에 보이지 않는 또 다른 이야기가 흐르고 있다.

현역 장성인 박정희 소장이 대한민국이란 섬의 신임원장으로 스스로 부임하였다. 그는 국민들에게 '경제적 천국' 을 약속하면서 군대를 동원하여 민주정부를 전복하고 권력을 장악하였다. 소위 개발독재를 시작한 것이다. 언론은 탄압에 시달렸고 인권은 유린되었다. '잘 살아 보세' 란 구호 하에 생의 최고 가치를 물질에 두다 보니, 도덕과 윤리는 실종되고 사회 각계각층에 부정부패가 만연하게 되었다. 그 모든 현상은, 권력의 반대편에 있는 사람의 입장에서는 결코 자신들을 위한 천국일 수 없었다. 그것은 권력을 장악하고 있는 세력—당신들의 천국일 따름이었다.

이처럼 《당신들의 천국》 속엔 또 하나의 액자가 끼워져 있다. 따라서 이 소설을 읽을 때 어떤 액자, 즉 어떤 인식의 틀을 지니고 있느냐가 중요하다. 아무 틀도 갖지 못한 자에게 이 소설은 단순히 소록도의 에피소드에 불과할 것이다. 그러나 정치 사회적인 틀을 지니고 보면 그것은 박정희 대통령의 이야기가 된다. 그러나 거기에서 그치지 않는다. 그 틀을 조금 확대시켜 보면, 인민들에게 끊임없이 지상천국을 세뇌시키면서도 실은 자기 개인 왕국을 구축한 김일성 김정일 부자의 이야기가 된다. 그뿐만이 아니다. 종교적인 틀로 이 소설을 대하면, 하나님 나라의 건설을 외치면서도 실제로는 자기 욕망의 천국을 일구어 가고 있는 이 시대의 교회, 즉 목회자와 교인의 이야기이기도 하다.

따지고 보면 비단 액자소설이 아니더라도, 이 세상의 모든 사람은 사물을 판단하고 이해하기 위한 자기 나름의 인식의 틀을 지니고 있다. 박정희 대통령 한 사람을 놓고 칭송과 비난이 엇갈리는 것은 그를 바라보는 사람들의 인식의 틀이 동일하지 않기 때문이다. 한국인에게 이토 히로부미는 우리의 독립을 앗아간 원흉이요, 그를 저격한 안중근은 의사(義士)다. 그러나 일본인에겐 똑같은 이토 히로부미가 근대 일본의 초석을 놓은 위인이요, 그를 살해한 안중근은 폭도에 지나지 않는다. 동일한 인물을 놓고 왜 이처럼 한일 간의 인식이 전혀 다른가? 양 국민의 인식의 틀이 같지 않음이다. 그러므로 인간의 사고가 깊어지고 성숙해진다는 것은 인식의 틀이 커져 가는 것을 의미한다. 이 틀의 확장 없이는 인간의 성숙이란 먼 나라의 이야기일 뿐이다. 붕어빵의 틀이 커지지 않으면 붕어빵의 크기가 달라질 수 없는 것과 같은 이치다.

　우물 안의 개구리는 하늘이 얼마나 넓은지를 전혀 알지 못한다. 우물 속에서 아무리 하늘을 올려보아도 하늘의 크기는 우물 둘레 이상일 수가 없다. 그 개구리를 우물 밖으로 꺼내었다고 치자. 개구리는 그제야 비로소 하늘의 크기를 제대로 인식할 수 있다. 광활한 하늘을 보고 나면 자신이 여태껏 정말 우물 안의 개구리에 불과했음을 통감할 것이다. 그 후 개구리를 다시 우물 속에 집어넣었다고 가정하자. 우물 속에서 바라보는 하늘의 크기는 여전히 우물 둘레 크기에 지나지 않는다. 그러나 개구리는 이제는 알고 있다. 우물 속에서 보이는 손바닥만한 하늘이 하늘의 다가 아니라는 사실을 말이다. 실제 하늘은 그와는 비교가 되지 않을 정도로 크고 넓다는 사실을, 개구리는 우물 속에 앉아서도 훤히 알고 있다. 이유는 간단하다. 하늘에 대한 개구리의 인식의 틀이 바뀌었기 때문이다.

　우리나라에서 보는 하늘도 크고 아름답다. 그러나 산이 없는 미국 서부 광야에서 올려다보는 하늘은 더더욱 광활하다. 중동의 사막에서 접하는 하늘은 신비스럽다 못해 경외감마저 들게 한다. 남유럽 지중해에서 보는 하늘의 색깔이 다르고, 북유럽 핀란드의 하늘 색깔이 같지 않고, 남태평양 하늘의 색깔도 다르다. 적도 이북에서 보는 밤하늘의 별자리와 적도 이남의 별자리 또한 상이하다. 어디 그뿐이랴. 하늘은 우주를 향해 끝도 없이 뻗어져 있다. 그렇기에 하늘에 대한 우리의 인식의 틀이 확장되지 않고서는, 다시 말해 한국 내에서의 경험을 토대로 한 인식의 틀에 묶여 있고서는, 저 무한한 하늘을 바르게 인식하는 방법이란 있을 수 없다.

우리 인식의 틀이 커지지 않으면 이처럼 피조물인 이 세상도 바르게 알 수 없거늘, 하물며 하나님에 대한 믿음의 틀의 확장 없이 어찌 창조주이신 하나님을 바르게 믿을 수 있겠는가? 믿음이 커지고 성숙해진다는 것은 결국 믿음의 틀이 확장된다는 말이다.

사도 바울의 고백에 귀를 기울여 보자.

> 내가 어렸을 때에는 말하는 것이 어린아이와 같고 깨닫는 것이 어린아이와 같고 생각하는 것이 어린아이와 같다가 장성한 사람이 되어서는 어린아이의 일을 버렸노라(고전 13:11)

바울은 장성한 사람이 되어서는 어린아이의 '일'을 버렸다고 밝혔다. 그리스어 원문을 보면 '일'이 아니라 '것'이다. 어린아이의 것을 버렸다는 것이다. 어린아이의 것은 무엇이며 또 장성한 사람의 것이란 무엇인가? 두말할 것도 없이 인식의 틀이요 믿음의 틀이다. 어릴 때에는 말하는 것, 깨닫는 것, 생각하는 것이 모두 어린아이와 같다. 인식의 틀과 믿음의 틀이 어린아이의 것이기 때문이다. 장성하고 성숙해진다는 것은 이와 같은 어릴 적의 틀을 버리는 것이다. 장성한 뒤에도 여전히 예전의 틀을 지니고 있는 자를 가리켜 사람들은 유치하다고 말한다. 그는 나이만 들었을 뿐 그의 생각이나 행위가 성숙할 도리가 없음이다. 사도 바울 역시 신앙의 성숙을 틀의 바뀜, 틀의 확장으로 이해하고 있는 것이다.

베드로는 베드로후서 1장에서 경건의 훈련을 강조하며 다음과 같이 증언하고 있다.

> 이런 것이 없는 자는 소경이라 원시치 못하고 그의 옛 죄를 깨끗케 하심을 잊었느니라(벧후 1:9)

경건의 훈련이 결여된 자는 마치 소경과 같아서 원시(遠視), 즉 멀리 보지 못한다는 것이다. 누가 멀리 볼 수 있는가? 인식의 틀, 믿음의 틀이 큰 자다. 작은 틀의 소유자는 천지를 창조하신 하나님을 믿는다면서도 눈앞에 보이는 것만으로 인해 일희일비하게 마련이다. 그의 시선이 목전에만 쏠려 있는 까닭이다. 그러나 큰 틀을 지닌 자의 시선 속엔 먼 곳까지 포함되어 있다. 지금 눈앞에 보이는 것이 쓰디써 보이지만 믿음의 큰 틀 속에서 원시, 즉 멀리 보니 그 결과가 달디단 열매이기에 눈물을 흘리면서도 그것을 삼킬 수 있다. 반대로 목전의 것이 보기에는 한없이 달콤한 것 같지만, 멀리 보이는 그 끝이 자신을 망치는 독약임이 분명하기에 제아무리 유혹이 강하고 집요해도 칼로 무를 자르듯 떨쳐 버릴 수 있다.

사도 베드로는 이처럼 경건훈련의 목적이 믿음의 큰 틀을 갖기 위함임을 일깨워 주고 있다. 크리스천이 왜 기도하고, 말씀을 묵상하며, 신앙훈련을 게을리 말아야 하는가? 바르고 큰 믿음의 틀을 지니기 위함이다. 다시 말해 자기 틀의 건강한 확장을 위해서다. 바른 믿음의 틀을 갖지 않고서는 바른 크리스천으로 성숙해 갈 길이 없다.

2. 베드로의 틀은?

신앙의 내면화와 외향화의 교직 속에서 살던 베드로는 어떤 믿음의 틀을 지니고 있었던가? 바꾸어 말해, 우리가 크리스천으로서 궁극적으로 지향해야 할 바른 믿음의 틀이란 어떤 형태이어야 하는가? 우리는 이 질문에 대한 해답을 사도행전 12장에 나타난 베드로의 행적 속에서 찾을 수 있다.

> 그때에 헤롯 왕이 손을 들어 교회 중 몇 사람을 해하려 하여 요한의 형제 야고보를 칼로 죽이니(행 12:1-2)

본문의 헤롯 왕이란 헤롯 왕조를 세운 헤롯 대왕의 손자 헤롯 아그립바1세를 가리킨다. 그가 예수님의 제자 중 한 명이었던 사도 야고보를 참수형에 처해 버렸다. 그러나 애당초 야고보 한 명이 표적이었던 것은 아니다. 아그립바1세는 처음부터 '교회 중 몇 사람'을 죽일 결심이었다. 그 계획의 일환으로 야고보가 제일 먼저 희생당한 것이었다. 왜 헤롯 아그립바1세는 교회의 지도자들, 즉 사도들을 죽이려 했을까? 본문에는 그 직접적인 이유가 밝혀져 있지 않다. 그러나 우리는 그 연유를 충분히 짐작할 수 있다.

헤롯 왕가의 창시자인 헤롯 대왕은 본래 유대인이 아닌 이두매인이었다. 아브라함의 아들 이삭에겐 쌍둥이 아들이 있었다. 에서와 야곱이었다. 이들 중에 에서의 후손이 이두매인이 되었고 야곱의 후예는 유대인이 되었다. 그로부터 2,000년이 지나 헤롯 대왕이 이스라엘 역사에 등장하였다. 헤롯 대왕을 비롯한 이두매인은 자신들의 족보를 거슬러 올라가면 이삭과 아브라함을 만나게 되는 고로 심정적으로 자신들은 유대인들과 다를 바 없다고 여겼다. 그러나 오직 야곱의 자손만을 유대인으로 인정하는 유대인의 관점에서 보면, 2,000년이나 따로 살던 이두매인은 자신들과는 전혀 다른 이방인이었을 뿐이다. 그런데 이방인인 헤롯 대왕이 유대인의 왕이 되었다. 누구보다도 혈통을 중요시하는 유대인에겐 절대로 용납될 수 없는 일이었다. 그럼에도 그것이 가능했던 것은, 교활한 헤롯 대왕이 권모술수와 뇌물로 로마 황제로부터 유대인의 분봉왕 자리를 샀기 때문이다.

이처럼 이방 이두매인이 유대인의 왕좌를 차지하였으므로, 헤롯 왕가의 사람들은 처음부터 유대인들에게 채찍과 당근정책을 병행해야만 했다. 이를테면 채찍이란, 이방인인 자신들이 장악한 권력에 도전하는 세력은 이유를 불문하고 가차없이 처단해 버리는 것이었다. 동방박사들에 의해 유대인의 왕—예수님이 태어났다는 소식을 접한 헤롯 대왕은 가만히 있을 수가 없었다. 유대인의 왕이라면 자기 권력에 대한 도전자일 것임이 뻔했다. 헤롯 대왕은 갓 태어난 예수를 죽여 버리기 위해 동방박사에게 아이의 출생 장소를 찾으면 자기에게도 알려 줄 것을 부탁했다. 그러나 그 계획이 무위로 끝나 버리자, 헤롯 대왕은 베들레헴과 그 인근 지역에 있는 두 살 이하의 사내아이들을 모조리 학살해 버리고 말았다. 대표적인 채찍정책이었다. 그러나 잔혹한 채찍만으로는 이민족(異民族)을 효율적으로 다스릴 수 없었다. 채찍과 함께 적절하게 당근을 공급해야만 했다. 헤롯 대왕을 포함한 헤롯가의 사람들이 여호와 하나님을 믿지도 않으면서, 오직 유대인의 환심을 사기 위해 수십 년에 걸쳐 대를 이어 가며 예루살렘 성전을 보수한 것은 당근정책의 백미였다.

　이와 같은 역사적 배경을 놓고 보면, 헤롯 아그립바1세가 왜 교회 지도자들을 죽이려 했는지 그 이유를 확연하게 알 수 있다. 당근정책, 즉 유대인들의 환심을 사기 위함이었다. 정통 유대인들이 예수님을 죽였던 까닭은 예수님께서 당신을 가리켜 하나님의 아들, 즉 임마누엘 하나님이라 하신 데 있었다. 유대인들은, 이 땅에 오실 메시아는 로마 황제보다 더 큰 왕의 모습으로 오실 것이라 믿어 의심치 않았다. 그러므로 그들은 나사렛 빈민 출신 예수가 자칭 하나님이라는 것을 용납할 수 없었다. 그것은 신성하신 하나님에 대한 모독, 즉 일벌백계로 다스려야 할 가공스런 신성모독이었다. 그러나 예수님을 죽여 버리는 것으로 사태가 종결된 것은 아니었다. 제자들이 그분께서 죽음을 깨트리고 부활하셨노라고, 그분께서 정말 임마누엘 하나님이시라고 백성들을 선동하고 다니는 것이었다. 따라서 정통 유대인들 보기에 제자들이란 반드시 제거하지 않으면 안 될 눈엣가시들이었다. 바로 이 사실을 헤롯 아그립바1세가 놓칠 리가 없었다. 유대인의 마음을 사로잡을 절호의 기회였던 것이다. 그는 먼저 사도 야고보를 붙잡아 불문곡직 참수형을 시켜 버렸다.

> 유대인들이 이 일을 기뻐하는 것을 보고(행 12:3상)

헤롯 아그립바1세는 노련한 정치가였다. 그는 야고보를 죽인 뒤 일단 여론의 추이를 살폈다. 그리고 예상대로, 자신의 계획이 유대인들의 환심을 사고 있음을 확인하였다.

> 베드로도 잡으려 할새 때는 무교절일이라 잡으매 옥에 가두어 군사 넷씩인 네 패에게 맡겨 지키고 유월절 후에 백성 앞에 끌어내고자 하더라(행 12:3하-4)

자신에게 유리한 여론을 확인한 헤롯 아그립바1세는 내친김에 교회 지도자격인 베드로마저 죽이기로 했다. 이번 기회에 확실하게 백성의 마음을 잡아 두기 위함이었다. 그러나 베드로를 체포한 날이 하필이면 유대인 최대의 명절인 유월절과 무교절이 시작되는 날이었다(유월절이란 이스라엘 백성이 이집트에서 해방된 날이고, 그 출애굽을 기념하기 위해 유월절을 포함하여 일주일 동안 누룩 없는 빵을 먹는 기간이 무교절이다). 절기 때는 죄수를 처형하지 않는다는 관습에 따라 아그립바1세는 베드로를 감옥에 투옥시켰다. 절기가 끝남과 동시에 죽여 버릴 심산이었다. 베드로가 갇힌 감옥엔 엄연히 정규 경비병들이 있었지만, 아그립바1세는 특별히 4명을 한 조로 한 네 조로 하여금 1일 4교대로 베드로만을 따로 지키게 하였다. 말하자면 베드로 1명의 경비를 위해 16명의 군인을 별도로 차출한 것이었다. 반드시 베드로를 죽이고야 말겠다는 아그립바1세의 굳은 결의가 엿보이는 대목이다.

  헤롯이 잡아내려고 하는 그 전날 밤에(행 12:6상)

 드디어 무교절 절기가 끝나는 마지막 날 깊은 밤이다. 이제 해가 뜨기만 하면 베드로의 목이 날아가게 되어 있다. 베드로의 죽음이 초읽기에 들어간, 그야말로 절체절명의 순간이다.

  베드로가 두 군사 틈에서 두 쇠사슬에 매여 누워 자는데 파수꾼
  들이 문 밖에서 옥을 지키더니(행 12:6하)

 그 마지막 순간, 그 시각의 경비조인 네 명의 군사 중 두 명은 아예 베드로의 감방 안으로 들어갔다. 그들은 베드로의 좌우에서 베드로의 오른팔은 한 군사의 왼팔에, 그리고 베드로의 왼팔은 또 다른 군사의 오른팔에 쇠사슬로 함께 묶었다. 요즈음도 간혹 강력범을 연행하는 형사가 자신의 손목과 범인의 손목에 수갑을 같이 채우는 경우가 있다. 도주를 막기 위함이다. 그러나 베드로는 지금 연행당하고 있는 중이 아니다. 그는 이미 감방 안에 갇혀 있다. 그런데도 한 명도 아닌 두 명의 군사가 쇠사슬로 자신들과 베드로를 함께 묶고 있다. 그것도 모자라 나머지 두 명의 군사는 감방 밖에서 오직 베드로의 감방만을 들여다보며 지키고 있다. 이미 감방에 갇힌, 그것도 무장도 하지 않은 단 한 명을 이토록 철통같이 경비한 경우는 아마 전무후무할 것이다.

일반적으로 사람이 자신의 죽음을 알지 못할 때 편안할 수 있는 것이지, 자기 죽음의 시각을 정확하게 알고 있다면 1초 1초의 흐름 그 자체가 죽음보다 더 깊은 고통일 것이다. 그 고통스런 최후의 순간, 베드로는 지금 무엇을 하고 있는가? 그 절체절명의 상황에서 베드로는 잠을 자고 있다. 두 군사 틈에 쇠사슬에 묶인 채 초조하게 쪼그리고 앉았다가 자신도 몰래 잠시 졸았다는 말이 아니다. 아예 드러누워서 잠을 자고 있다. 아무 일도 없다는 듯, 옆에 아무도 없다는 듯, 마치 자기 안방에서처럼 두 다리를 뻗고 천하태평으로 잠을 자고 있는 것이다.

이것은 마태복음 26장의 베드로라면 상상치도 못할 모습이다. 대제사장 집 마당에서 베드로는 직접적인 생명의 위협이 없었음에도 주님을 면전에서 세 번씩이나 부인하고 맹세하고 저주했었다. 지금은 목숨이 경각에 달려 있다. 해만 뜨면 죽어야 한다. 죽음의 위협이 너무나도 구체적이다. 예전의 베드로 같았다면 이 마지막 순간 또다시 주님을 큰 소리로 부인하고 저주하든가, 아니면 살기 위해 무슨 수라도 써야 한다. 그런데도 그는 평상심을 잃지 않고 태연하게 잠들어 있다. 어떻게 이런 일이 가능할 수 있었을까? 흔히 생각하듯, 베드로는 그날 밤 주님께서 자신을 그 옥으로부터 구출해 주실 것을 확신하고 있었기 때문일까? 아니다. 성경은 오히려 정반대의 사실을 전해 주고 있다.

> 홀연히 주의 사자가 곁에 서매 옥중에 광채가 조요하며 또 베드로의 옆구리를 쳐 깨워 가로되 급히 일어나라 하니 쇠사슬이 그 손에서 벗어지더라 천사가 가로되 띠를 띠고 신을 들메라 하거

> 늘 베드로가 그대로 하니 천사가 또 가로되 겉옷을 입고 따라오라 한대 베드로가 나와서 따라갈새 천사의 하는 것이 참인 줄 알지 못하고 환상을 보는가 하니라(행 12:7-9)

　베드로가 잠에 곯아 떨어져 있는 감방 속에 주님께서 보내신 천사가 나타났다. 천사가 옆구리를 치매 베드로가 깨어났다. 그 순간 베드로의 양손에 묶여 있던 쇠사슬이 소리도 없이 풀려 내렸다. 베드로는 천사의 지시에 따라 신을 들고 겉옷을 입고 천사를 따라 나섰다.
　그리고 아, 드디어 주님께서 나를 구원해 주시는구나, 하고 생각한 것이 아니었다. 도리어 천사의 뒤를 따르면서도 그 상황이 '참인 줄 알지 못하고 환상을 보는가' 하였다. 그것이 자기 현실 속에서 벌어지고 있는 실제 상황이 아니라 꿈으로 여기고 있었던 것이다.

> 이에 첫째와 둘째 파수를 지나 성으로 통한 쇠문에 이르니 문이 절로 열리는지라 나와 한 거리를 지나매 천사가 곧 떠나더라 이에 베드로가 정신이 나서 가로되 내가 이제야 참으로 주께서 그의 천사를 보내어 나를 헤롯의 손과 유대 백성의 모든 기대에서 벗어나게 하신 줄 알겠노라 하여(행 12:10-11)

　감방을 나선 베드로는 천사의 뒤를 좇아 첫째 초소와 둘째 초소를 지났다. 감방 안팎은 물론이요 초소와 곳곳에 경비병들이 눈을 부라리고 있었지만, 아무도 자기 앞을 지나가는 베드로를 알아보지 못했다. 감옥 정문인 철문에 다다르자 철문이 저절로 스르르 열렸다. 그

믿음의 틀　219

철문마저 통과하였다. 이제 베드로의 몸은 감옥 밖에 있다. 감옥으로부터 완전무결하게 구출된 것이었다. 그러나 그때까지도 베드로는 그것이 생시임을 전혀 깨닫지 못했다. 거기에서 한 거리를 지나 천사가 떠나간 후에야 베드로의 정신이 번쩍 들었다. 주님께서 나를 구원해 주신 것이로구나, 베드로는 그제야 자기에게 일어난 일이 꿈이 아니라 실제 상황임을 비로소 깨달았다. 이를테면 그때까지 베드로는, 그날 밤 그런 식으로 구출되리라고는 상상치도 못하고 있었다.

그런데도 베드로는 자신의 참수형이 초읽기에 들어간 절체절명의 순간에 아무 일도 없다는 듯 잠을 자고 있었다. 자신의 구출을 기대하지도 않고서도 태연하게 잠들었다는 것은 바꾸어 말해, 죽어도 좋다는 의미였다. 예전에 비해 베드로가 어떻게 이처럼 전혀 다른 사람이 되어 있을까? 한마디로 베드로의 사생관이 바뀐 것이다. 즉 베드로의 믿음의 틀이 바뀐 것이다. 그렇다면 베드로가 본문에서 지녔을 믿음의 틀, 궁극적으로 모든 크리스천이 지녀야 할 바른 믿음의 틀이란 어떤 형태인가?

우리는 베드로가 가이사랴 빌립보에서 주님을 임마누엘 하나님이시라고 고백했던 사실을 알고 있다. 베드로는 임마누엘 하나님을 어디에 계시는 분으로 인식하고 있었던가? 우리는 베드로가 성전 미문 앞에서 행하였던 그 유명한 고백의 내용 역시 기억하고 있다.

> 은과 금은 내게 없거니와 내게 있는 것으로 네게 주노니 곧 나사렛 예수 그리스도의 이름으로 걸으라(행 3:6)

'내게 있는 것' —임마누엘 하나님께서는 바로 베드로와 함께하고 계셨다.

베드로의 이 두 고백을 토대로 바른 믿음의 틀을 그려 볼 수 있다. 먼저 하나님의 큰 틀을 그려 보자. 무한하신 하나님의 틀을 그려 본다는 것 자체가 사실은 불가능한 일이다. 그러나 구체적인 틀을 그려 봄이 없이 그저 무한하다는 것은 막연하다는 것과 구별되지 않는다. 하나님에 대해 막연한 생각보다 더 무익한 것은 없다. 영원하시고 전능하시며 무한하신 하나님의 큰 틀을 그릴 수 있는 만큼 크게 그려 보자. 그 하나님께서는 하늘 너머 혹은 바다 건너 계시지 않는다. 바로 나와 함께하고 계신다. 하나님의 큰 틀 속에 나의 작은 틀이 마치 액자소설처럼 끼워져 있다. 바로 이것이 우리가 베드로를 통해 깨닫게 되는 바른 믿음의 틀, 모든 크리스천이 궁극적으로 지니지 않으면 안 될 믿음의 틀이다.

여태까지 우리는 어떤 형태의 믿음의 틀을 지니고 있었던가? 나의 큰 틀 속에 하나님의 작은 틀이 끼워져 있는 형태였다. 이것은 인간의 잘못된 의식의 소산물이기도 하지만, 인간 언어가 지닌 한계에서 비롯된 오해이기도 하다. 사도 바울이 '내 안에 그리스도께서 계신다'고 고백한 것처럼, 일반적으로 우리 역시 주님께서 우리 각자 안에 계시는 것으로 믿고 고백한다. 이처럼 주님께서 내 안에 계시기에 주님을 품고 있는 내가 항상 더 크고, 내 안에 계신 주님께서 더 작은 것처럼 착각하는 오류에 빠지고 만다. 그 결과 하나님보다 언제나 나의 틀이 더 크기에, 그 큰 나의 틀 속에서 내가 느끼는 하나님의 틀은 너무나도 왜소해 찾아보기조차 어려운 실정이다. 많은 크리스천들이 전능하신 하나님을 믿는다면서도 전혀 하나님과 무관한 삶을 살거나, 조그만 일만 생겨도 베드로의 지적처럼 원시치 못하고 쉬 절망에 빠지는 이유가 바로 여기에 있다.

영이신 하나님께서는 시간과 공간의 지배를 받지 않으신다. 내 속에 갇혀 계시는 분이 아니시다. 내 속에 계신 하나님께서는 동시에 나와 온 우주를 품고 계신다. 그러므로 하나님의 틀이 나의 틀보다 더 작다는 것은 천부당만부당한 소리다. 언제나 하나님의 큰 액자 속에 나의 작은 액자가 자리잡고 있다. 하나님의 큰 액자가 나의 작은 액자를 품어 주고 계시는 것이다. 베드로 역시 이 같은 형태의 바른 틀을 지닌 자였기에, 죽음이 코앞에 닥친 그 마지막 순간에도 그처럼 평안히 잠잘 수 있었다.

믿음이 성숙해진다는 것, 믿음의 틀이 커져 간다는 것은 그러므로 그동안 턱없이 과장되어 있던 나의 틀을 축소함과 아울러, 내 속에 가두고 있던 하나님의 틀을 본래의 크기로 확장시키는 것을 의미한다. 이 틀의 교정 없이는 바른 크리스천의 삶이 불가능한 것은, 왜곡된 틀로부터 바른 삶이 나올 턱이 없기 때문이다. 이지러진 붕어빵 틀로부터 정상적인 형태의 붕어빵이 나온다는 것은 누가 말해도, 그것은 새빨간 거짓말일 뿐이다.

3. 바른 틀 속에선?

하나님의 틀과 나의 틀의 크기와 위치가 바로 교정될 때에만 우리의 신앙이 참되고 성숙될 수 있는 것은, 그 바른 틀 속에서만 우리 신앙과 연관된 모든 명제의 의미를 바르게 파악할 수 있기 때문이다. 이제 그 틀 속에서 한 가지 명제씩 차례대로 살펴보기로 하자.

죽음

불교의 창시자는 고타마 싯다르타이다. 싯다르타를 그의 종족의 언어로는 석가모니라 부른다. 싯다르타는 인도 샤캬족 출신이고 샤캬어로 성자를 무니(muni)라 한다. 따라서 샤캬무니, 우리말로 음역하여 석가모니란 샤캬족 출신의 성자란 뜻이다. 그러나 뭐니 뭐니 해도 싯다르타에 대한 가장 친숙한 호칭은 부처님이다. 부처(佛陀)란 '깨달은 자'를 의미하는 산스크리트어 '붓다'를 음역한 것으로, 싯다르타가 보리수나무 아래에서 깨달음을 얻은 사실로부터 유래하였다.

  부처님의 깨달음을 토대로 불교란 집이 세워졌는데, 불교의 근간을 이루는 두 개의 큰 기둥이 있다. 무아사상과 윤회사상이란 두 개의 기둥이다. 무아사상이란 '없을 무(無)'에 '나 아(我)', 즉 불변의 실체로서의 '나'는 존재하지 않는다는 사상이다. 나는 존재하지 않는데 실재한다고 착각하는 것으로부터 인간의 고통이 뒤따른다. 따라서 무아임을 깨닫는 것으로부터 생의 모든 고통으로부터 해방될 수 있다는 것이다. 불교를 가장 불교답게 하는 사상이다. 윤회사상이란, 인간의 생은 끝남이 없이 마치 수레바퀴처럼 계속 돌아간다는 것이다. 예를 들어 사람이 죽어서 흙이 된다. 그 흙을 먹고 풀이 자란다. 그 풀은 소의 먹이가 된다. 이번에는 소의 고기를 사람이 먹는다. 그 사람이 죽으면 다시 흙, 풀, 소의 순환이 되풀이된다. 이처럼 무엇이라 딱 부러지게 이야기하긴 어렵지만 여하튼 인간의 생은 계속 윤회한다는 것이다. 이 윤회사상 또한 불교의 핵심사상이다. 불교의 근본 목적이 이 고통스런 윤회의 사슬에서 벗어나게 하는 데 있기 때문이다. 그러므로 무아사상과 윤회사상의 두 기둥 중에서 어떤 기둥을 제해도 불교는 허물어질 수밖에 없을 정도로 이 두 기둥은 절대적이다.

  그러나 조금 깊이 생각해 보면 이 두 기둥은 서로 병립할 수 없다는 사실을 깨닫게 된다. 인간존재가 정말 무아라면 윤회사상의 성립 자체가 불가능해진다. 내가 무아인데 어찌 윤회의 주체로서 내가 존재할 수 있단 말인가? 내가 없으면 윤회도 있을 수 없다. 반대로 윤회가 참이라면, 어떻게 내가 무아일 수 있는가? 수레바퀴처럼 끊임없이 돌고 도는 것이 나의 생이라면 나는 무아가 아니라 구체적인 유아(有我)임이 타당치 않겠는가? 이처럼 무아를 택하면 윤회가 불가능해지고, 윤회를 받아들이면 무아는 설자리를 잃고 만다. 심각한 모순이 아닐 수 없다. 불교를 지탱하고 있는 절대적 두 기둥—무아와 윤회 사이의 이 같은 모순을 극복하기 위한 노력은 불교계 내부에서 오래 전부터 있어 왔다. 몇 해 전에는 우리나라 불교계의 학승으로 알려진, 프랑스 소르본느 대학에서 불교와 관련하여 박사학위를 받은 윤호진 스님이 이에 대한 논문을 한국어와 프랑스어로 동시에 발표하기도 하였다. 그러나 그 어떤 시도에 대해서도 불교계가 스스로 만족해하지 못한다고 한다. 그래서 대부분의 불교도들은 그들이 금과옥조로 믿고 있는 무아사상과 윤회사상 사이에 모순이 존재한다는 사실을 알지 못한 채 신앙생활을 하고 있으며, 그 모순을 알고 있는 상층 지도부에서는 공개적으로 그 모순에 대해 언급하지 않는 것을 불문율로 삼고 있다고 한다.

불교의 절대기둥인 무아와 윤회 사이에는 왜 이 같은 모순이 존재하고 있으며, 그 모순된 두 기둥의 접합점을 찾기 위한 내부 노력에 대해 왜 불교계 자체가 만족스러워하지 못하는 것인가? 불교의 창시자인 부처님이 이에 대한 답변을 주지 않았기 때문이다. 다시 말해 부처님이, 서로 공존할 수 없는 무아와 윤회 사이를 연결해 주는 교량이 되지 못했던 까닭이다.

간과할 수 없는 것은 우리의 성경 속에도 불교의 무아와 윤회처럼, 서로 모순되어 보이는 두 기둥이 엄연히 공존하고 있다는 사실이다.

> 내일 일을 너희가 알지 못하는도다 너희 생명이 무엇이뇨 너희는 잠깐 보이다가 없어지는 안개니라(약 4:14)

안개로 번역된 그리스어 '아트미스(atmis)'는 증기 혹은 연기를 가리키는 단어이기도 하다. 안개, 증기, 연기―이 세 가지의 발생 원인은 각각 다르지만 한 가지 공통점이 있다. 실체가 없다는 것이다. 있는 것 같지만 없는 것이다. 하나님께서는 우리 인생을 가리켜 그처럼 실체 없는 안개 혹은 증기라 단정하고 계신다. 불교의 용어로 '무아'라는 것이다. 그와 동시에 전혀 상반된 말씀을 하고 계신다.

> 내가 하나님의 아들의 이름을 믿는 너희에게 이것을 쓴 것은 너희로 하여금 너희에게 영생이 있음을 알게 하려 함이라(요일 5:13)

> 하나님이 세상을 이처럼 사랑하사 독생자를 주셨으니 이는 저를 믿는 자마다 멸망치 않고 영생을 얻게 하려 하심이니라(요 3:16)

하나님께서 인간에게 성경을 주신 궁극적인 목적이, 공동묘지에서 흙으로 소멸될 수밖에 없는 인간으로 하여금 영생을 알게 하시기 위함이라는 것이다. 즉 영생을 주시기 위함이다. 여기에서 우리는 모순과 직면하게 된다. 내가 참으로 안개처럼 실체 없는 무아에 지나지 않는다면 어떻게 영생할 내가 존재할 수 있는가? 무아라면 영생도 불가능하다. 반대로 내가 정말 영생할 수 있는 존재라면 나의 존재가 어찌 실체 없는 안개와 같이 무아일 수 있는가? 구체적인 유아이어야만 한다. 이와 같이 성경 속에도 서로 병립할 수 없는 '안개'와 '영생'의 두 기둥이 분명히 공존하고 있다. 그러나 크리스천은 모순처럼 보이는 이 두 기둥 사이에서 그 어떤 갈등이나 방황을 겪지 않는다. 예수 그리스도께서 안개와 영생을 접목시키는 교량 역할을 완벽하게 수행해 주셨기 때문이다.

장수한다 한들 고작 80여 년 살다 끝나 버릴 인생은, 영원의 관점에서 본다면 그야말로 안개와 같은 무아에 불과할 따름이다. 그러나 예수님께서 그 '안개'를 영원한 존재로 만들어 주시기 위해 친히 십자가의 제물이 되셨다. 안개와 같은 인간으로 하여금 하나님께서 주시는 영원한 생명을 누리는 자가 되게끔, 예수님께서 인간이 치러야 할 죄 값을 대신 치러 주신 것이다. 죄의 삯은 하나님 앞에서 사형이기에, 예수님께서 인간이 받아야 할 사형의 형벌을 대신 당하신 것이다. 그것으로 끝난 것이 아니라, 예수님께서는 죽음을 깨트리시고 영원히 부활하셨다. 그 결과 인간 그 자체는 여전히 실체 없는 안개에 지나지 않지만, 그러나 예수 그리스도 안에서 영원한 생명을 누리는 하나님의 자녀가 된 것이다. 그러므로 성경이 언급하고 있는 '안개'와 '영생'은 그 어떤 모순도 없이, 오직 예수 그리스도 안에서 완벽한 일체를 이루고 있다.

그렇다면 이제 하나님의 큰 틀과 그 속에 끼워져 있는 나의 작은 틀을 다시 연상해 보자. 크리스천에게 죽음이란 과연 무엇인가? 그것은 결코 공동묘지를 종착역으로 삼은 인간의 종말을 의미하지 않는다. 죽음이란 내 작은 틀의 문을 열고 하나님의 큰 틀 속으로 입성하는 것이다. 전능하시며 영원하신 하나님의 생명 속으로 말이다.

따라서 그 어떤 형태의 죽음도 크리스천에겐 비극이나 실패, 혹은 절망이 될 수 없다. 죽음은 유한한 나의 장막을 뛰어넘어 하나님의 틀 속으로 진입하는 영광과 승리의 관문인 까닭이다.

아프리카에서 맡겨진 선교사역을 신실하게 감당하고 있는 조남설 선교사님 내외분이 작년 한국에서 몇 달간의 안식기간을 가진 뒤, 다시 사역지로 귀임할 때의 일이다. 공항에서 탑승구로 들어가기 직전, 조 선교사님이 팔순 노부에게 작별의 인사를 드렸다.

"아버님, 이제 제가 아버지 곁을 떠나면 언제 또다시 한국을 방문하게 될지 확실하게 알 수가 없습니다. 이 다음에 귀국했을 때 아버님께서 살아 계시면 이곳에서 인사를 올리겠습니다. 그러나 그때 혹 아버님께서 이 땅에 계시지 않으면, 후에 천국에서 인사드리도록 하겠습니다."

아프리카 사역지에서 한국으로 오기 위해서는 최소한 비행기를 세 번을 갈아타야 하는데, 원하는 대로 좌석 예약이 된다는 보장이 없다. 아버님이 위급하다는 소식을 듣고 곧 한국을 향해 출발하더라도 임종을 보기에는 힘든 실정이기에 드린 인사말씀이었다. 이에 팔순 노부가 오십이 다 된 아들의 손을 꼭 잡으며 대답했다.

"그래, 그러자꾸나!"

어찌 팔순 노부에게, 노부 당신의 죽음을 언급하는 이런 내용의 인사가 가능한가? 바른 믿음의 큰 틀 속에 거하기에 가능하다. 그 틀 속에서는 죽음이 죽음이 아니다. 안개가 안개가 아니며, 무아가 무아가 아닌 것이다. 그 속에서 죽음이란 끝남이 아니라 시작이 되며, 안개가 실체로 바뀌고, 무아가 영원한 유아로 탈바꿈하는, 기적 중의 기적이다.

삶

믿음의 큰 틀 속에서 죽음이란, 내 작은 틀의 문을 열고 하나님의 큰 틀로 입성하는 것이라 했다. 따라서 나 개인적으로 본다면 죽음은 나의 작은 틀과의 결별을 의미하지만, 그러나 나의 작은 틀 속에서 나와 관련을 맺었던 자들은 여전히 그곳에 남아 있다. 이것이 나의 죽음이 나의 개인 문제로 끝나지 않는 이유다. 나의 죽음은, 이 세상이라는 나의 작은 틀―이것은 실은 이 세상 모든 사람들을 가리키는 총칭이기도 하다―속에 남아 있는 자들에게 어떤 형태로든 영향을 미치게 마련이다. 단지 그 영향이 부정적이냐 혹은 긍정적이냐의 차이만 있을 뿐이다. 그러므로 사람과의 관계성 속에서 죽음이 갖는 의미를 정리해 보면, 바른 삶의 의미 역시 절로 정리되게 마련이다.

죽음이란 지금 내가 하고 있는 일을 누군가가 떠맡는 것이다.

사람들은 남자든 여자든, 일터의 업무든 가사든, 자신이 현재 하고 있는 일을 천년만년 자기가 계속할 것 같은 막연한 생각 혹은 기대 속에서 살아간다. 그래서 자기 욕망이 자신을 격동시키는 대로 마구 일을 벌인다. 그러나 그것은 크나큰 착각이다. 오늘이라도 하나님께서 내 코끝의 호흡을 거두시면 누군가가―내가 아는 자일 수도 있고 생면부지의 사람일 수도 있다―내 자리에 앉거나 서서 내가 하던 일을 떠맡게 된다. 이것이 죽음이다. 우리는 살아생전 욕심으로 마구 일을 벌이다가 어느 날 갑자기 세상을 떠난 자가 남겨 놓은, 마치 난마처럼 얽힌 업무나 거래관계 혹은 부채로 인해 남은 자들이 고통당하는 경우를 주위에서 허다하게 보고 있다. 그 모든 것은, 자신이 지금 하고 있는 일을 언제까지든 자신이 계속하리라는 착각이 빚어낸 비극이다.

당장이라도 주님께서 나를 부르시면, 누군가가 내 자리에 앉아 나의 일을 계승하게 될 것임을 인식하며 살아가는 자만 소명으로 일하게 된다. 소명의 사람은 욕망이 아니라 성령님의 인도하심을 따라 일하는 법이다.

> 오직 성령의 열매는 사랑과 희락과 화평과 오래 참음과 자비와 양선과 충성과 온유와 절제니 이 같은 것을 금지할 법이 없느니라(갈 5:22-23)

성령님의 인도하심 속에서 살아가는 자에겐 성령의 열매가 거두어지게 마련인데, 그 마지막 열매 곧 최고봉의 열매가 절제다. 따라서 소명으로 일하는 자는 언제나 자기 절제를 잃지 않기에, 그가 무슨 일을 하든 그 일은 그의 죽음 이후 누구에게도 짐이나 고통의 원인이 되지 않는다. 오히려 그 일을 떠맡은 자에게 유익을 안겨 줌은 물론이요, 보다 나은 단계를 위한 든든한 발판이 된다.

죽음이란 누군가가 나의 서랍을 여는 것이다.

사람마다 자기만의 서랍을 가지고 있다. 살아 있는 동안 누구도 그 서랍을 함부로 열 수는 없다. 그러나 죽음은 나 아닌 타인으로 하여금 그 서랍을 열게 한다. 자물쇠로 잠겨 있어도 소용없다. 망치로 부서뜨려서라도 누군가가 반드시 그 속을 들여다보는 것이 죽음이다. 서랍만이 아니다. 죽음은 나의 방문도, 옷장도, 심지어는 금고마저도 모조리 열어젖힌다. 그리고 누군가가—그 역시 내가 아는 자일 수도 있고 전혀 모르는 사람일 수도 있다—그 속에 있는 것들을 하나도 빠짐없이 세심하게 살펴볼 것이다.

그대는 아는가? 한 인간의 인격은 타인의 시선이 닿는 그의 면전에 있는 것이 아니다. 인간의 인격은 그가 떠난 뒤 그가 앉았던 자리에 남아 있는 법이다. 그러므로 그대의 진정한 인격 역시 그대의 외적 형상에 있지 않다. 바로 그대의 방 안에, 그대의 옷장 그리고 그대의 서랍 속에 있다. 그대의 서랍 속엔 현재 무엇이 어떤 상태로 있는가? 모든 것이 반듯하게 정리되어 있는가, 아니면 아무렇게나 헝클어져 있는가? 그 어느 쪽이든, 바로 그것이 그대 자신의 가감 없는 인격임을 깨닫는 것이 중요하다. 그리고 그대가 세상을 떠난 뒤, 사람들은 그대 서랍 속을 들여다보며 그대 인격의 실상과 깊이를 가늠하게 될 것이다. 이것을 아는 자만 살아생전, 날마다 자신의 주위를 정돈하며 살아갈 수 있다.

유럽에는 이사 갈 때 부동산회사 측에서 나온 검사관이 집의 상태(L'état des lieux)를 조사하는 제도가 있다. 만약 세입자가 집을 험하게 사용하였거나 망가트린 부분이 있을 경우 복구에 필요한 벌금을 부과하게 되는데, 이 제도를 가장 엄격하게 실시하는 나라가 스위스다. 이를테면 이 검사에 통과하기 위해 세입자가 창문과 변기까지

닦는 완벽한 청소는 물론이요, 자신이 세 들 당시의 집 상태대로 모든 것을 원상 회복시켜 두어야 한다. 벽에 못이 박혀 있거나 못 구멍이 나 있을 경우 일반적으로 개당 30프랑(한화 24,000원)의 벌금이 부과된다. 그 벌금을 물지 않으려면 반드시 못을 뽑고 구멍을 메워 원상 복구를 해야만 한다. 오래 전 스위스에서 체류하다 귀국한 한 한국인 가정이 얼마나 집을 험하게 사용하였던지 수천 프랑에 달하는 벌금을 물었다는 이야기를 처음부터 접한 나는, 3년 동안 제네바의 한 아파트에서 살면서 조심스럽게 집을 관리했다. 벽엔 거울 이외에는 그 어떤 액자나 물건도 부착하지 않았다. 아예 못 구멍을 내지 않기 위함이었다. 임기를 마치고 귀국하기 직전 예비검사를 받을 때였다. 집의 청결 상태와 집기의 상태를 면밀하게 살피던 검사관은, 주방 오븐 위에 달려 있는 팬 속의 필터를 새것으로 교체토록 요구했다. 눈에 보이지 않는 그것만은 내가 미처 생각지 못한 부분이었다. 그러나 검사관의 요구가 전혀 부당하게 여겨지지 않았다. 내가 들어올 때 새 필터가 꽂혀 있었으니 나갈 때에 응당 새것으로 교체해 놓는 것은 얼마나 타당한 일인가? 나는 지금도 그 제도를 정말 좋은 제도로 여기고 있다.

우리의 실정은 어떠한가? 벽에 마구 못질하는 것은 말할 것도 없고, 온 집을 얼마나 험하게 사용하는지는 바로 우리 자신들이 산 증인이다. 그러다가 이사 갈 때에는 온통 쓰레기장을 만들어 놓고 그냥 가 버린다. 심하게 표현하면, 마치 폭격 뒤의 폐허를 방불케 한다. 그러고도 예수 믿으란다. 그 광경을 목격한 집주인 혹은 주위 사람들이 과연 그가 전한 예수를 믿을 마음이 들겠는가?

독실한 불교신자들이나 가톨릭신자들이 가정집 혹은 신을 벗는 식당에서 모임을 가질 경우 공통점이 있다. 거의 대부분 신을 가지런히 벗는다. 그러나 개신교 교인들은 정반대다. 나는 이제껏 어떤 개신교 모임이든, 참석자가 모두 신을 반듯하게 벗는 경우를 본 적이 없다. 대개 아무렇게나 벗어 놓은 신들을 누군가 다른 사람이 꼭 정돈해 주어야만 한다. 신앙을 갖는다는 것은 신앙의 대상을 향해 먼저 자신의 마음을 정돈하는 것이다. 마음이 정돈된 자의 손에 닿는 것은 무엇이든 정돈되게 마련이다. 바꾸어 말해 내 주위의 것들이 어지럽혀져 있다는 것은 곧 나의 마음이 전혀 정돈되지 않았다는 말이다. 그러므로 개신교 교인들이 불교신자나 가톨릭신자에 비해 정돈된 삶이 다소 부족하다면, 신앙이란 곧 마음의 정돈이요 거기에서부터 참된 믿음의 삶이 시작됨을 아직 자각치 못한 까닭이다.

다음은 나와 함께 신앙생활을 하다가, 현재 호주에서 사역하고 있는 이동규 목사님이 보내 온 자작시다.

잔디를 깎았습니다.
집 옆에 있는 문 안쪽으로
무성하게 낮게 잔뜩 자란
온갖 풀과 나뭇가지들도
모두 정리했습니다.

이제 2주 후면
1년 5개월 동안 살았던 이 집을
비워 주어야 합니다.
어떤 집으로 가게 될지

아직은 모르지만
지금처럼 잔디도 깎고
나뭇가지도 쳐 주고
정원을 가꾸어야 하는 집은
아닐 것입니다.

2주 후면
이사 가야 한다고 생각하니
잔디를 깎고 정원을 손질하는
몸과 마음이
배(倍)나 힘든 것 같습니다.

1년 반 동안
비와 바람과 햇빛과
더위와 추위와 피곤함을
가려 주고 식혀 주던 집인데
드러나는
성의 없는 손과 마음을
감출 수 없습니다.
그래도 할 수 있는 한
풀과 가지 무성한 정원을
힘들 때까지 정돈했습니다.

사람이

갈 때도 올 때처럼
그 감사
그 열심
그 겸손으로
정돈하며 산다면
세상은 참으로
말끔하고 깨끗하고
기분 좋고 아름다운
처음 세상
처음 동산이 될 것입니다.

이 시의 제목은 '갈 때도 올 때처럼'이다. 참된 크리스천은 올 때만 정리하는 것이 아니다. 도리어 떠날 때 더욱 바르게 정돈한다. 믿음이란 먼저 마음을 정리 정돈하는 것이요, 자신이 떠난 자리에 남는 것이 곧 자신의 인격임을 아는 까닭이다.

죽음이란 다른 사람이 나의 옷을 벗기는 것이다.
세상에 누가 감히 나의 옷을 벗길 수 있는가? 그러나 죽음은, 일면식도 없는 장의사 직원이 나의 옷을 벗기는 것이다. 겉옷은 말할 것도 없고 속옷까지 모조리 벗긴다. 아무도 그 옷 벗김을 가로막거나 제지할 수 없다. 세상의 학력도, 직책도, 재산도, 그 무엇도 소용없다. 속수무책으로 벌거숭이가 될 뿐이다. 나는 목회를 하면서 많은 장례식을 집례했었다. 바꾸어 말하면 시신을 많이 보았다는 말이다. 입관이란 무엇인가? 시신의 옷을 벗기고 수의를 입힌 다음 관 속에 안치하는 것이다. 따라서 입관예배를 주관하기 위해서는 시신의 옷을 벗기는 과정부터 참관하게 되므로 자연히 시신을 보게 된다. 그런데 참 희한한 것은, 시상(屍床) 위에 벌거벗은 채 누워 있는 시신이 시신으로만 보이지 않는다는 것이다. 그 대신 시신의 주인공이 생전에 살아온 전 일생이 한 컷의 영상으로 시신을 덮고 있음을 목격하게 된다.

　인간의 지난 세월은 사라지지 않는다. 살아 있는 사람의 경우엔 현재 그의 얼굴 속에 쌓여 있다. 아주 오랜만에 친구를 만났을 때, 사람들은 그의 얼굴만 보고서도 그의 지난 삶이 평탄했는지, 아니면 심한 굴곡의 연속이었는지를 금세 알게 된다. 얼굴이 과거의 축적판이기 때문이다. 반면에 멀리 떨어져 있는 자, 혹은 이미 죽은 자는 사람들의 마음속에 한 컷의 영상으로 남는다. 사람은 다른 사람을 한 권의 책이나 몇십 장 분량의 원고로 기억하지 않는다. 한 줄, 혹은 한 컷의 영상으로 평가하고 기억할 뿐이다. 그대 역시 마찬가지다. 예를 들어 누군가가 그대에게 아무개 사람에 대해 물었다 치자. 그때 그대는 길게 대답하지 않을 것이다. '그 사람 사기꾼이야' 또는 '정말 좋은 사람이야' —이런 식으로 대답할 것이다. 그대의 뇌리 속에 아무개라는 사람은 '사기꾼' 혹은 '좋은 사람'이란 한 컷의 영상으로 입력되어 있기 때문이다. 잊지 말아야 할 것은 그대가 타인을 한 컷의 영상으로 판단하고 기억하는 것처럼, 다른 사람들 또한 지금은 물론이요 그대 사후에도 그대를 단 한 컷의 영상으로 기억할 것이라는 사실이다.

　이제 다시 입관예배 식장으로 돌아가 보자. 지금 시상에 벌거벗고 누워 있는 시신 곁에 대한민국에서 가장 값비싼 수의와 최고가의 관이 놓여 있다 한들, 그 시신의 주인공이 한평생 불의하게 살아온 자라면 시상 위엔 불의한 한 인간의 영상이 드리워져 있을 뿐이다. 반면에 끔찍한 사고로 인해 시신이 흉측하게 이지러져 있다 할지라도 그가 일생토록 진리를 좇아 산 사람이라면, 시상 위에 누워 있는 것은 수정처럼 맑고 빛나는 한 인간의 아름다운 영상이다. 이것이 바로 죽음이다. 이것을 아는 자가 코끝에 호흡이 있는 동안 자신의 사지백체를 의의 병기로 쓰게 된다.

> 그러므로 너희는 죄로 너희 죽을 몸에 왕 노릇 하지 못하게 하여 몸의 사욕을 순종치 말고 또한 너희 지체를 불의의 병기로 죄에게 드리지 말고 오직 너희 자신을 죽은 자 가운데서 다시 산 자같이 하나님께 드리며 너희 지체를 의의 병기로 하나님께 드리라(롬 6:12-13)

> 그러므로 형제들아 내가 하나님의 모든 자비하심으로 너희를 권하노니 너희 몸을 하나님이 기뻐하시는 거룩한 산 제사로 드리라(롬 12:1)

인간의 삶은 결코 외형적인 업적으로 남는 것이 아니다. 그것은 순식간에 사라지고 만다. 한 인간의 삶은 살아남은 자들의 심령 속에 지워도, 지워도, 지워지지 않는 한 컷의 영상으로 새겨져 남는다. 이것이 죽음인 동시에 삶이다.

죽음이란 아침에 내가 나섰던 집으로 다시는 돌아가지 못하는 것이다.

   사람들은 아침에, 저녁이면 으레 자기 집으로 귀가하리라 믿으며 집을 나선다. 그러나 그것은 엄청난 착각이다. 오늘 아침 출근 혹은 외출한 세계 수십억 인구 중에 수십만 명은 밤이 깊어도 귀가하지 못할 것이다. 그들은 모두 오늘 낮 동안에 객사한 자들이다. 똑같은 논리로, 죽음이란 오늘 밤 들어선 집에서 내일 아침 나오지 못하는 것이다. 밤사이에 자다가 죽는 자들도 부지기수다. 이것이 죽음이다. 이 사실을 아는 자는, 자신이 만나는 모든 사람을 선한 마음으로 대한다. 지금 자기 앞에 있는 자가 자신이 이 세상에서 만나는 마지막 사람일 수 있기 때문이다.

> 형제 사랑하기를 계속하고 손님 대접하기를 잊지 말라 이로써
> 부지중에 천사들을 대접한 이들이 있었느니라(히 13:1-2)

   부지중에 천사를 대접하는 것은 고사하고, 이 세상에서 마지막 만난 사람을 전혀 크리스천답지 않게 마구 대한 직후에, 이 세상을 떠나 거룩하신 하나님 앞에 선다는 것은 생각만 해도 모골이 송연해진다.

   죽음이란 작별인사를 하지 못하고 떠나는 것이다.
   많은 크리스천들이, 특히 믿음이 좋다는 사람들일수록 자신의 죽음에 대한 그릇된 환상을 지니고 있다. 자신의 호흡이 끝나는 순간 사랑하는 가족을 다 불러 모아 자신이 좋아하던 성경을 읽고, 자신이 좋아하던 찬송가를 다 함께 부른 뒤, 하나님께 감사기도를 드리

고 '안녕' 하며 작별할 것이란 환상이다. 그러나 이것은 문자 그대로 현실과는 거리가 먼 환상일 뿐이다. 이처럼 세상을 떠나는 사람은 거의 없다. 백 명 가운데 한두 명이 있을까 말까 할 정도이다.

  일반적으로 인간은 어떤 모양으로 죽고 있는가? 많은 사람들이, '자고 일어나 보니 돌아가셨더라' 라는 식으로 떠난다. 사고로 인해 비명횡사하는 사람도 적지 않다. 어떤 사람들은 의식도 없이 병원 중환자실에서 산소호흡기로 연명하다 임종을 맞는다. 또 다른 사람들은 사지는 멀쩡하지만, 치매로 인해 바른 정신과는 거리가 먼 상태에서 자신의 일생을 마감한다. 이것이 죽음의 실상이다. 의식이 있을 때 유언장을 미리 준비해 두는 사람은 있을지언정, 막상 호흡이 코끝에서 사라지는 그 순간 작별인사를 하는 자는 전무하다시피 하다. 제2장 '믿음의 자리'에서 사랑하는 남동생의 죽음을 아쉬워하는, 미국에 살고 있는 한 성도님의 글을 소개했었다. 그 글의 제목이 '작별인사도 없이' 였다. 푸른 잎 청청한 나무와 같이 젊디젊은 동생이 단 한 마디의 작별인사도 없이 다시는 못 올 길을 떠나 버린 것이다. 이것이 죽음임을 아는 자는 누구에게든 함부로 말하지 않는다. 지금 내 입에서 나오는 말들이, 실은 내가 이 세상에 남기는 마지막 작별인사일 수 있기 때문이다.

  독일 철학자 하이데거는 말은 존재의 집이라고 했다. 한 인간의 말은 그 존재와 불가분의 관계에 있다. 경박한 말을 하는 자가 신중한 사람일 수 없고, 사려 깊은 자가 천박한 말을 할 수는 없다. 하물며 성령님의 인도하심을 받는 자야 두말해 무엇 하랴.

    그러하나 진리의 성령이 오시면 그가 너희를 모든 진리 가운데로 인도하시리니 그가 자의로 말하지 않고 오직 듣는 것을 말하시며 장래 일을 너희에게 알리시리라 (요 16:13)

성령님께서는 자의로 말씀하시는 분이 아니시다. 여기에서 '자의로'는 '자기 마음 내키는 대로'란 의미다. 성령님께서도 아무렇게나, 함부로 말씀치 않으셨다. 진리의 영이신 성령님께서는 오직 하나님의 진리로만 말씀하셨다. 그 성령님의 인도하심 속에 있는 자라면, 누구에게든 진리 안에서 말할 것임은 너무나도 당연치 않겠는가? 그래서 그의 호흡이 언제 멈추어도 그의 마지막 말은, 이 땅에 영원토록 남겨질 감동적인 작별인사가 될 것이다.

자연엔 봄(春) 여름(夏) 가을(秋) 겨울(冬)—이렇게 사계절이 있다. 봄은 만물이 소생하는 '생(生)'의 계절이요, 여름은 성장을 재촉하는 '성(成)'의 계절이며, 가을은 거두어들이는 '수(收)'의 계절, 그리고 겨울은 저장하는 '장(藏)'의 계절이다. 그런데 우리나라 한의학에서는 일년을 사계절이 아닌 오계절로 나눈다고 한다. 즉 여름과 가을 사이에 '장하(長夏)'의 계절을 따로 구별하는데, 이것은 만물의 속이 익어 가는 '화(化)'의 계절이다. 즉 봄에 생명이 움튼 열매가 여름 내내 마음껏 자라다가 장하의 계절이 되면 속으로 익어 가게 된다. 열매의 크기는 그대로지만 질적으로 변화되는 것이다. 이 기간이 이르기 전에 딴 열매를 가리켜 풋열매라 부른다. '장하'의 계절 없이는 열매가 열매일 수 없는 것이다.

믿음의 생활도 이와 같다. 죽음을 알고 죽음을 바르게 정리하는 자는 영적 장하의 계절을 누리는 자다. 죽음을 제대로 이해하고 있는 그의 삶이 믿음의 큰 틀 안에서 반듯하게 정리되고, 그 결과 진리로 농익게 될 것이기 때문이다. 죽음과 삶은 결코 별개의 것이 아니다. 믿음의 큰 틀 안에서 그 둘은 동전의 양면과 같다. 죽음을 아는 자가 삶을 바르게 이해하고, 믿음의 큰 틀 안에서 영원에 접속된 자신의 삶을 보는 자만 자기 죽음을 영원을 향한 영광의 관문으로 승화시킬 수 있다. 그와 같은 자의 삶이, 진리의 향기 그윽하게 농익지 않을 리가 없다.

시간

제3장에서 생명은 곧 시간이라고 했다. 시간이란 그만큼 중요하다. 간과치 말아야 할 것은, 이 중요한 시간의 참된 의미는 믿음의 큰 틀 속에서만 바르게 이해될 수 있다는 사실이다.

요한복음 11장은 주님께서 죽은 베다니의 나사로를 살리신 기사를 전해 주고 있다. 나사로의 죽음 소식을 접한 주님께서 그를 살리시기 위해 베다니가 있는 유대 땅을 향해 길을 떠나려 하실 때였다. 제자들이 주님 앞을 가로막고 나섰다.

> 제자들이 말하되 랍비여 방금도 유대인들이 돌로 치려 하였는데 또 그리로 가시려 하나이까(요 11:8)

제자들은 얼마 전 유대인들이 주님을 돌로 쳐 죽이려던 사건을 생생하게 기억하고 있었다. 유대인들은 예수님을, 자칭 하나님을 사칭하는 신성모독죄인으로 간주하고 있었다. 그런 터에 다시 유대 땅으로 간다는 것은 사지로 들어가는 것과 마찬가지였다. 제자들로서는 주님을 만류할 수밖에 없는 상황이었다. 그때 주님께서 하신 말씀이 다음과 같다.

> 낮이 열두 시가 아니냐 사람이 낮에 다니면 이 세상의 빛을 보므로 실족하지 아니하고 밤에 다니면 빛이 그 사람 안에 없는 고로 실족하느니라(요 11:9-10)

'낮이 열두 시' 란 지금의 시각이 낮 12시란 말이 아니다. 옛날 유대인들은 낮의 길이를 12등분하여 열두 시간으로 계산하였다. 그러므로 '낮이 열두 시' 란 '낮은 열두 시간' 이란 의미다. 그러나 여기에서의 '낮' 이란 반드시 '하루' 만을 뜻하지 않는다. 도리어 인생을 의미하고 있다. 그런데 '낮은 열두 시가 아니냐' 는 본문은 전체 문맥상 전혀 상반된 두 뉘앙스를 동시에 내포하고 있다. 즉 '낮(인생)은 열두 시간밖에 없지 않느냐?' 로 해석될 수도 있고, '낮(인생)은 열두 시간이나 되지 않느냐?' 는 뜻으로 이해될 수도 있다.

믿음의 큰 틀 속에서 나의 작은 틀을 들여다보자. 그 작은 틀이 인생의 모든 것이라고 생각하는 자에게 인생이란 고작 열두 시간밖에 되지 않는다. 그 속에서의 인생이란 불과 몇십 년으로 제한되어 있기에, 하루하루 지날 때마다 그만큼 남은 시간이 줄어들기 때문이다. 그나마 그것도 순식간에 날아가 버리고 만다. 젊은 시절엔 꽤 여유 있어 보이던 사람도 나이가 들어 갈수록 매사에 무리하거나 초조해지는 이유가 여기에 있다. 그에게 남은 인생이란 겨우 열두 시간밖에 없기 때문이다. 이처럼 자신의 작은 틀 속에 갇힌 자는 마치 어둠 속을 헤매는 것 같아 실족할 수밖에 없다.

  작년에 유명한 코미디언 한 명이 유명을 달리하였다. 그로부터 1년 전, 그가 의사로부터 폐암으로 1년 이상 살 수 없다는 사형선고를 받고 병원에 입원했을 때였다. TV 3사의 연예 프로그램이 앞 다투어 그와의 인터뷰를 방영하였다. 병상에 누운 그는 이런 요지의 말을 했다. ―"내가 이처럼 드러눕고 보니 팬들이 나를 얼마나 사랑하는지 알게 되었다. 두고 보라. 폐암을 반드시 이기고 회복하여 무대에서 팬들의 사랑에 보답하겠다." 이것은 전혀 낯선 말이 아니었다. 불치의 병으로 사형선고를 받은 사람들 중에는 이처럼, '반드시 살아서 일어나겠다'고 호언하는 사람들이 적지 않다. 과연 그들이 모두 자신의 약속처럼 살아서 일어나던가? 아니다. 하루하루, 오직 살기 위해 애만 쓰다가 마치 실패자처럼 죽음을 맞고 만다. 그 코미디언 역시 마찬가지였다. 그의 장담과는 달리 그는 1년이 되기도 전에 화장터에서 한 줌의 재가 되고 말았다. 유족들이 그의 재가 든 유골함을 무덤 속에 안치하기 위해 묘지에 도착했을 때였다. 양옆에 부축을 받으며 무덤으로 향하는 미망인은 TV 카메라도 아랑곳하지 않고 계속 이렇게 흐느꼈다. ―"그렇게 살고 싶어했는데……. 그렇게도 살려 했는데……." 그렇게 살고 싶어했고, 그토록 살려고 갖은 애를 다 썼던 그 코미디언에게도 결국 인생은 고작 열두 시간밖에 없었던 것이다. 참으로 아쉬운 열두 시간이요, 허무한 열두 시간이었다.

  그러나 믿음의 큰 틀 속에서 나의 작은 틀을 다시 들여다보자. 나의 틀이 다가 아님을 깨달은 자, 자신의 작은 틀을 품고 있는 하나님의 큰 틀을 인식하며 사는 자의 인생은 언제든 열두 시간이나 된다. 자신의 틀 속에 남은 인생이 지극히 짧다 해도, 그 남은 시간은 자기 틀 너머의 영원과 접속되어 있기 때문이다. 설령 6개월 시한부인생의 선고를 받았다 할지라도, 그 6개월은 이미 영원선상에 있는 것이다. 이것을 알고 있는 그는 마치 빛 속에 거하는 자와 같아서 실족하지 않는다. 도리어 그는 내일 종말이 와도 오늘 심어야 할 사과나무를 의연하게 심는다. 그는 자신의 작은 틀이 조만간 끝날지라도, 오히려 하나님의 큰 틀 속에서 그 열매를 반드시 거두게 될 것임을 아는 것이다.

> 사랑하는 자들아 주께는 하루가 천년 같고 천년이 하루 같은 이 한 가지를 잊지 말라(벧후 3:8)

그대가 믿음의 큰 틀 속에 거한다면, 그대는 하루를 마치 천년같이 살아가게 될 것이다. 그렇지 않은가? 그대의 매일매일이 영원과 접속되어 있거늘, 그대의 하루가 어찌 천년과 다를 바가 있겠는가? 그래서 그대의 시간은 그대의 연령과 상관없이 날로 새로울 것이다. 그대의 인생은 언제나, 무려 열두 시간이나 되기 때문이다.

고난

사람이 살다 보면 여러 가지 형태의 원치 않는 고난을 당할 때가 있다. 그 경우 크리스천들 역시 근심과 불안 속에 쉽게 침몰해 버리고 만다. 자기 고난의 틀을 하나님보다 더 크게 인식하고 있음이다. 자기 고난의 틀이 클수록 그 속에서 하나님을 찾기란 더욱 어렵다. 하나님이 보이지 않는 것이다. 교회의 기도회에 참석하거나 혹은 산

속 기도원을 찾아 기도할 때면 문제가 곧 해결될 것 같은 마음이 들다가도, 그 자리를 떠남과 동시에 다시 근심의 파도에 휩쓸려 버린다. 용케 고난에서 벗어났다 하더라도, 그 다음 또 다른 고난을 당하게 될 경우 똑같은 과정이 되풀이된다. 그 결과 일평생 여러 번의 고난을 당하고서도 고난과 고난 사이에는 아무 접점이 없게 되고, 고난을 성숙의 발판으로 삼지도 못한 채 신앙은 늘 다람쥐 쳇바퀴 돌듯 제자리를 맴돌 뿐이다.

그러나 하나님의 큰 틀 속에 품겨 있는 나의 작은 틀을 보라. 하나님께서 지금 내가 고난당하고 있음을 아시는가, 모르시는가? 당연히 알고 계신다. 내게 지금과 같은 고난을 주신 분이 하나님이시다. 고난의 대명사로 불리는 욥의 고백에 귀를 기울여 보자.

> 나의 가는 길을 오직 그가 아시나니 (욥 23:10상)

욥이 지금 가고 있는 길이 대체 어떤 길인가? 하루아침에 재산을 다 날렸다. 자식이 한순간에 몰살당하고 말았다. 설상가상으로 욥의 발바닥에서부터 정수리에 이르기까지 온몸에 악창이 나 전신을 기와 조각으로 긁어야만 했다. 심지어는 아내마저 나가 죽으라며 저주를 퍼부었다. 동방의 거부였던 욥의 과거를 생각하면, 지금 욥은 고난의 거적을 뒤집어쓰고 있는 실정이다. 고난을 당하는 자의 가장 큰 괴로움은 이 세상 그 누구도, 하나님마저도 자신이 당하는 고난의 아픔을 알지 못할 것이라는 절망감이다. 그러나 욥은 달랐다. 자신이 걷고 있는 고난의 길을 이 세상 그 누구도 알지 못해도, 오직 하나님께서는 알고 계심을 확신하고 있었다. 그렇다면 하나님께서는 욥의 사정을 다 아시면서도 왜 그의 고난을 당장 제거해 주시지 않았는가? 아니, 애당초 왜 그 고난을 허락하셨는가? 욥의 고백은 이렇게 이어지고 있다.

> 나의 가는 길을 오직 그가 아시나니 그가 나를 단련하신 후에는
> 내가 정금같이 나오리라(욥 23:10)

욥은 하나님께서 고난을 주신 까닭이 자신을 골리거나 해치시기 위함이 아님을 잘 알고 있었다. 오히려 자신을 정금처럼 단련시키시기 위함임을 분명히 믿었다. 그는 믿음의 큰 틀 속에 거하고 있었던 것이다. 하나님의 큰 틀 속에 품긴 자신의 틀을 볼 때에, 하나님께서 주시는 것이라면 그 형태와 내용이 무엇이든 자신의 유익을 위함임을 어렵지 않게 깨달을 수 있었다. 결국 그는 바른 믿음의 큰 틀 속에서 고난을 발판으로 삼아 위대한 신앙의 표상이 되었다.

앞장에서, 작년 초 나의 왼쪽 무릎에 수술을 받았다고 했었다. 사고를 당하거나 심한 운동을 한 것도 아니었다. 점심식사를 끝내고 식탁에서 일어서는 순간, 왼쪽 무릎에 대못을 박는 것과 같은 격한 통증이 왔다. 통증이 얼마나 심했던지, 약 5분 동안 앉지도 서지도 못한 채 엉거주춤 왼쪽 무릎을 잡고 있어야만 했다. 시간이 지나면 괜찮아지려니 했지만 예전처럼 정상적으로 걸을 수가 없었다. 할 수 없이 병원을 찾았다. 진단 결과는 반월형 연골판 파열 ―수술을 받아야만 했다. 나는 왜 그날 가만히 앉아 있던 식탁에서 연골이 찢어져 나갔는지 그 이유를 알지 못한다. 혹 누군가는 이렇게 반문할 수도 있을 것이다. 목사 무릎의 연골이라면 생고무처럼 강해야지, 왜

그처럼 식탁에서 어이없이 찢어지는 건가? 그러나 나는 까닭 없이 찢어진 연골수술을 지금도 하나님께 감사드리고 있다.

  나는 오십이 넘었다. 그때의 수술이 아니었더라면, 매일 빡빡한 일정에 쫓기며 나는 오늘도 정신없이 살고 있을 것이다. 그러나 수술을 받기 위해 그리고 받은 후, 깊은 밤 병실에 누워 지금의 내 나이에 움직이는 열 손가락, 두 발의 의미는 무엇인지, 남은 생애 동안 나의 사지백체를 무엇을 위해, 어떻게 사용할 것인지를 깊이 되짚어 볼 수 있었던 것은 참으로 크나큰 은총이었다. 까닭 없이 찢어진 연골 제거 수술을 받고, 며칠 동안 병원에 입원해 있어야 하며, 몇 달간 지팡이를 짚고서야 움직일 수 있으며, 1년 넘게 재활운동을 해야 한다면 영락없는 고난인 것처럼 보인다. 그러나 그것이 나에게는 결코 고난일 수 없었음은, 하나님께서 그 과정을 통해 인생의 후반전에 돌입한 나의 몸과 마음을 정금처럼 제련시켜 주셨기 때문이다.

  모든 강엔 굽이가 있게 마련이다. 언뜻 흐르는 강물의 입장에서 보면, 갈 길을 가로막고 있는 굽이는 어김없는 장애물처럼 보인다. 그러나 굽이가 없는 강물은 흘러갈수록 유속이 점점 더 빨라져 마침내는 강 자체가 사람을 해치는 흉기가 된다. 마치 브레이크 없이 가속 페달만 있는 자동차처럼 말이다. 그러나 요소요소마다 자리잡고 있는 굽이가 유속을 적절하게 제어해 주기에 강물은 뭇사람들의 다정한 생명의 벗이 될 수 있다. 인생도 이와 같다. 고난의 굽이굽이가 인간의 무리수를 제어하는 브레이크가 되어 줌으로, 그 삶이 진리 안에서 참 생명으로 충만케 되는 것이다. 그래서 믿음의 큰 틀 속에 있는 자에게 고난은 고난이 아니다.

  원로시인 구상 선생님의 '꽃자리' 란 제목의 시가 있다.

앉은 자리가
꽃자리니라
네가 시방
가시방석처럼 여기는
너의 앉은 그 자리가
바로 꽃자리니라

경제적으로나 육체적으로, 혹은 다른 형태의 가시방석에 지금 앉아 있는가? 믿음의 큰 틀을 보라. 그대를 품고 계시는 하나님의 큰 틀을 응시하라. 그 틀 속에서 그것은 결코 가시방석이 아니다. 보다 성숙한 그대의 내일을 위해 하나님께서 특별히 마련하신 향기 만발한 꽃자리다. 이 비밀을 오래 전에 터득했던 시인은 그래서 이렇게 노래하였다.

고난을 당한 것이, 내게는 오히려 유익하게 되었습니다. 그 고난 때문에, 나는 주의 율례를 배웠습니다. 주께서 나에게 친히 일러 주신 그 법이, 천만 금은보다 더 귀합니다.(시 119:71-72/표준새번역)

기도와 찬양

바른 믿음의 큰 틀 속에서만 우리의 기도 그리고 찬양의 형태와 내용 역시 제자리를 찾을 수 있다.
크리스천의 기도는 대부분 하나님께서 자신의 필요나 사정을 모르신다는 데서부터 출발한다. 그래서 자기 사정을 하나님께 알리기 위해 소리를 지르기도 하고, 날마다 주문을 외우듯 같은 내용을 반복하기도 한다. 그러나 믿음의 큰 틀을 들여다보라. 하나님의 큰 틀 속에 나의 작은 틀이 끼워져 있지 않는가? 하나님의 틀이 나를 품고 계시지 않는가? 그 하나님께서는 전능하신 하나님이시다. 그렇다면 하나님께서 나의 필요, 나의 사정을 모르실 까닭이 없지 않겠는가? 그래서 주님께서 말씀하셨다.

> 또 기도할 때에 이방인과 같이 중언부언하지 말라 저희는 말을 많이 하여야 들으실 줄 생각하느니라 그러므로 저희를 본받지 말라 구하기 전에 너희에게 있어야 할 것을 하나님 너희 아버지께서 아시느니라(마 6:7-8)

너무나 당연하지 않은가? 나의 필요, 나의 사정을 내가 아뢰지 않는다고 해서 까맣게 모르는 하나님이라면, 그런 하나님이 어찌 전능한 분일 수 있는가? 아니, 그런 하나님을 믿어야 할 이유나 가치가 어디 있겠는가? 자식이 구하기도 전에 필요한 것을 미리 알고 준비하는 육신의 부모보다 더 못한 그런 무능한 하나님을 말이다. 그러나 여호와 하나님께서는 나의 필요는 물론이요, 나의 속마음까지도 다 아시는 분이시다. 그런 분을 향한 기도시간을 고작 나의 바람을 통보하는 내용으로만 채운다면 그것은 부질없는 시간낭비가 아니겠는가? 진정 우리 기도의 내용이 달라져야 되지 않겠는가?

주님의 말씀은 다음과 같이 계속되고 있다.

> 그러므로 너희는 이렇게 기도하라 하늘에 계신 우리 아버지여 이름이 거룩히 여김을 받으시오며 나라이 임하옵시며 뜻이 하늘에서 이룬 것같이 땅에서도 이루어지이다(마 6:9-10)

우리가 언급하기도 전에 이미 우리의 사정을 온전히 알고 계시는 하나님이시므로 우리 기도의 수준이 달라질 것을 주님께서 촉구하신바, 그 내용이 유명한 '주님의 기도'이다. 즉 성숙한 기도의 목적은 거룩하신 하나님의 뜻을 구하고 분별하며, 하나님의 나라와 뜻을 이 땅에 구현하기 위함이라는 것이다. 크리스천의 신앙수준은 그가 행하는 기도의 내용과 정비례함을 잊어서는 안 된다. 초신자가 자신의 필요를 하나님께 아뢰는 것은 참으로 아름다운 일이다. 그러나 수십 년이 흐른 뒤에도 오직 자기 욕구의 충족만을 위해 기도한다면 그는 여전히 신앙의 초보 단계에 정체되어 있는 자다. 그의 신앙이 성숙했다면, 그의 기도 내용은 '주님의 기도' 수준으로 격상되게 마련이다. 그는 자신의 필요를 하나님께서 이미 알고 계심을 확신하고 있기 때문이다. 기도는 하나님을 변화시키려 함이 아니라, 그분 안에서 내가 변화되기 위함이다. 이것을 아는 자가 세상을 변화시키는 주님의 제자가 됨은 물론이다.

기도와 관련하여 주님께서는 또 이렇게 말씀하셨다.

> 너는 기도할 때에 네 골방에 들어가 문을 닫고 은밀한 중에 계신 네 아버지께 기도하라 은밀한 중에 보시는 네 아버지께서 갚으시리라(마 6:6)

주님의 이 명령을 준수하기 위해 모든 크리스천은 자기 집에 기도의 골방이란 공간을 의무적으로 마련해야만 하는가? 그런 의미가 아니다. 눈을 감고 믿음의 큰 틀을 연상해 보라. 하나님의 큰 틀 속에 품긴 나의 작은 틀―바로 그것이 나의 기도의 골방이다. 그 기도의 골방 속에 들어가기만 하면 나는 나를 품고 계신, 천지를 창조하신 하나님을 온 영혼으로 은밀하게 그러나 너무나도 분명하게 느끼고 확인케 된다. 그 순간부터 소리쳐 기도할 필요가 전혀 없음을 알게 된다.

사람은 자기가 급하면 소리치게 마련이다. 가령 어느 인격자의 집에 불이 났다고 가정하자. 그 집 주인의 인격이 높다고 해서 대문 밖으로 나가 모기소리만큼 작은 목소리로, "동네 사람 여러분, 뜻하지 않게 우리 집에 불이 났답니다. 부디 오시어 진화 작업을 도와주신다면 진심으로 감사하겠습니다." ―이런 식으로 속삭이겠는가? 아니다. 젖 먹던 힘까지 다 동원하여, "불이야!" 하고 소리쳐 외칠 것이다. 그것은 전혀 인격과 상관없는 일이다. 그 외침을 듣고 뛰어나온 동네 사람들 덕분에 큰 사고 없이 진화에 성공했다고 하자. 큰 소리에 재미를 붙인 집주인이 그 이후 주민들을 만날 때마다 동네가 떠나갈 듯한 고성으로 인사말을 건넨다면, 매번 고래고래 고함을 치며 전화를 받는다면, 그는 비정상적인 사람임에 틀림없다. 불이 났을 때는 앞뒤 가리지 않고 큰 소리로 외쳐야 하지만, 위급 상황이 종료된 다음에는 평상심으로 돌아가는 것이 정상이다.

나의 사정이 급박할 때 하나님을 향해 얼마든지 울부짖을 수 있다. 죽고 싶을 정도로 괴롭고 억울한 일을 당했을 때엔, 있는 힘을 다해 나의 속마음을 하나님 앞에 토설할 수도 있다. 그것은 조금도 이상한 일이 아니다. 그러나 일평생 기도할 때마다 소리 지르지 않으면 기도하지 않은 것 같다거나, 혹은 심령이 컬컬한 것처럼 느껴진다면 그것은 정상에서 벗어난 것이다. 그와 같은 자에게 하나님이란 머나먼 곳의 존재에 지나지 않는다. 그 아득한 하나님이 들을 수 있도록 기도하기 위해서는 소리 지르는 것 이외의 방법이란 있을 수 없다. 하나님과 그토록 먼 거리를 느끼며 사는 자가 삶 속에서 참된 크리스천으로 살아갈 수는 없다. 그러나 믿음의 큰 틀을 들여다보라. 하나님께서 나를 품고 계시기에 하나님과 나 사이에 거리가 있을 수 없음을 알게 된다. 그래서 주님의 말씀처럼, 내 앞에 은밀하게 계시는 하나님께 은밀하게 기도드릴 수 있다. 이것이 인격적인 기도다. 존재와 존재의 상호 확인 및 교류 속에서만 인격적인 관계가 형성되고 심화되는 법이다.

한 걸음 더 나아가, 바른 믿음의 큰 틀 속에서만 비로소 하나님의 음성에 귀를 기울일 수 있다. 크리스천들에게 기도가 무엇이냐고 물으면 거침없이 '기도는 하나님과의 대화'라는 교과서적인 답변을 한다. 그러나 정말 하나님과의 대화를 위해 기도하는 크리스천은 드물다. 거의 모두 하나님을 향해 자기 계획 혹은 요구사항을 일방적으로 통보할 뿐이다. 그것은 대화일 수도 없으려니와, 그런 기도로는 신앙의 성숙을 꾀할 수도 없다. 수업시간 내내 학생이 교수의 강의를 듣기는커녕 자기 논리만 개진해서는 결코 실력이 향상될 수 없는 것과 같은 이치다. 교수의 강의를 경청하므로 학생의 실력이 진보되는 것처럼, 하나님의 음성에 귀 기울임으로써만 우리 믿음의 깊이와 높이가 더해진다.

채움 없이는 성숙이 있을 수 없고, 채움은 비움으로써 가능하며,

하나님 앞에서의 비움은 먼저 나의 입을 다무는 것으로부터 시작된다. 비움의 침묵 속에 하나님의 채움이 부어지고, 그 채움의 터 위에서 나의 생각이 교정되고 마음이 정화되며, 마침내는 신의 성품에 동참하는 기쁨을 누리게 된다.

> 이로써 그 보배롭고 지극히 큰 약속을 우리에게 주사 이 약속으로 말미암아 너희로 정욕을 인하여 세상에서 썩어질 것을 피하여 신의 성품에 참예하는 자가 되게 하려 하셨으니 이러므로 너희가 더욱 힘써 너희 믿음에 덕을, 덕에 지식을, 지식에 절제를, 절제에 인내를, 인내에 경건을, 경건에 형제 우애를, 형제 우애에 사랑을 공급하라(벧후 1:4-7)

이 모든 것은 비움의 침묵 없이는 불가능한 일이다.

이제 입을 다물고 눈을 감은 채 믿음의 큰 틀을 그려 보라. 나를 꼭 품고 계시는 그분을 침묵 가운데서 느껴 보라. 그대가 처한 그대의 처지 속에서, 오늘의 시대적 상황 속에서, 그대의 가정과 일터 속에서, 그대와 관련 맺고 있는 사람들과의 관계 속에서, 그대가 무엇을 어떻게 하기를 하나님께서 원하시는지 그분의 세미한 말씀—그 음성에 귀를 기울여 보라. 처음에는 어려울지 모른다. 그러나 그대가 진정 믿음의 큰 틀 속에 거하는 한 언젠가는 느껴지고 깨달아지게 마련이다. 그분은 목석이 아니라 살아 계신 하나님이시기 때문이다. 그리고 그 깨달음을 좇아 하루하루를 신실하게 살아라. 그제야 그대는 기도의 참된 능력을 체험할 것이다. 그와 같은 기도의 삶을 사는 그대는 이미 하나님의 성품으로 채워져 있을 것이기 때문이다.

20세기 후반 국내외의 한인 교회에 몰아닥친 두 개의 열풍이 있었다. 첫째는 성경공부의 열풍이었다. 세계 어느 곳에서도 유례를 찾아보기 힘들 정도로 한인 크리스천들은 성경공부에 열심이었다. 그러나 성경공부가 삶으로 연결되지 못한 채 단지 지식 습득의 차원을 넘어서지 못한 것은 앞으로 반드시 풀어야 할 숙제고, 그것은 성경을 가르치는 지도자들의 몫이다. 지도자들 스스로 자신이 가르치는 대로 살아간다면 배우는 자들의 삶이 변하지 않을 도리가 없다.

두 번째 열풍은 찬양이다. 70년대 초까지만 해도 예배당에서 기타 치는 것조차 이단시하는 풍조였지만, 80년대와 90년대를 거치면서 밴드를 갖춘 찬양팀이 없는 교회가 드물 정도로 찬양 열풍은 대단했고, 그 열기는 지금도 요원의 불길처럼 퍼져 나가고 있다. 하지만 찬양 열풍이 뜨거운 만큼 부작용 또한 만만찮다.

찬양시간에 불리는 노래는 주로 복음성가다. 사람들이 복음성가를 즐겨 부르는 까닭은 대개 리듬이 단순하고 반복적이어서 부르기가 쉽고, 또 부르는 이가 금방 즐거움을 느낄 수 있기 때문이다. 그러나 믿음의 큰 틀을 들여다보자. 나는 하나님의 큰 틀 속에 끼워져 있는 작은 틀에 지나지 않는다. 하나님께서 토기장이시라면 나는 흙일 뿐이다. 하나님께서 나를 위해 계시는 것이 아니라, 내가 그분을 위해 존재하는 것이다. 그러므로 찬양은 결코 나의 즐거움이나 흥겨움을 위해 부르는 것이 아니다. 그 찬양을 받으실 하나님께 바쳐 드리기 위함이다. 나의 찬양을 기뻐하시는 하나님으로 인해 나도 기뻐할 수는 있으나, 어떤 경우에도 나의 기쁨이나 즐거움 그 자체가 찬양의 동기와 목적일 수는 없다. 내가 즐거워서 찬양한다면, 기분이 상할 때는 찬양치 않아도 되는가? 결코 그렇지 않다. 찬양은 기도와 같이, 크리스천의 노동이다. 가슴이 찢어지도록 괴롭고 아플 때에도, 눈물을 흘리면서도 찬양을 드려야 한다. 나를 구원하신 그분께서는 나의 상황과 상관없이 나의 찬양을 받으시기에 합당한 분이시기 때문이다. 그러므로 흥겹고 부르기 쉬운 복음성가만이 아니라, 내 영혼의 그윽이 깊은 데서부터 우러나는 찬송을 하나님께 드릴 수 있어야 한다. 내 찬송의 호흡과 리듬이 깊을수록, 그 찬송을 받으실 하나님으로부터 주어지는 위로와 격려와 기쁨 역시 더 깊어진다.

복음성가 중에는 영적 통찰력이 결여된 가사도 적지 않다. 종종 찬양팀이 집회 전에 '오소서, 오소서' 혹은 '임하소서, 임하소서' 하며 주님을 초청하는 내용의 복음성가를 반복적으로 인도하는 경우를 접하게 된다. 마치 그렇게 하지 않으면 주님께서 임하시지 않는 것처럼 말이다. 무당이 꽹과리를 치며 귀신을 불러들이는 것과 흡사하다. 그러나 믿음의 큰 틀을 보라. 주님께서 대체 어디에 계시는가? 이미 우리와 함께하시면서 우리를 품고 계시지 않는가? 이에 베드로는 주님을 '내게 있는 것'이라 고백치 않았던가? 그렇다면 집회시간에 주님께서 임하시기를 노래하는 것은 바른 신앙이 아니다. 우리가 집회장소에 들어가기도 전에 이미 주님께서는 그곳에 임해 계신다. 그분은 무소부재하시다. 우리의 찬양은 응당 그곳에 이미 임재해 계시는 주님을 높이는 내용이어야 한다.

이처럼 바른 믿음의 큰 틀 속에 거할 때에만 우리 찬양의 내용, 자세, 목적이 어긋나지 않을 수 있다.

> 여호와는 광대하시니 극진히 찬양할 것이요 모든 신보다 경외할 것임이여(대상 16:25)

사람

　모든 인간은 누군가와의 관계 속에서 살아간다. 여기에서 예외인 사람은 아무도 없다. 인간의 출생 자체가 인간관계의 산물이다. 이처럼 살아 있는 자라면 필연적일 수밖에 없는 인간관계와 관련하여 우리를 괴롭히는 단어가 있다. '하필'이라는 단어다. 세상 많고 많은 남자 중에 왜 하필 이 남자와 결혼했을까? 그 많은 여자 중에 어쩌다가 하필 이 여자를 아내로 택했을까? 남의 자식들은 다 똑똑해 보이건만 어찌 내 자식은 하필이면 이 모양인가? 하필 내 부모는? 하필이면 저 사람이 나의 동료? 이처럼 '하필'이란 단어가 개입되는 순간부터 인간관계는 고통의 대상으로 전락한다. 사람이 이 세상에서 구체적으로 경험할 수 있는 천국과 지옥이 있다. 바로 인간관계다. 그리던 연인이 오랜만에 만났을 때 천국은 그들 가운데 있다. 그러나 결혼 후 심한 부부싸움을 하고 서로 등 돌리고 누우면 그들 사이에 있는 것은 끔찍한 지옥이다. 이처럼 '하필'은 인간관계를 지옥으로 만들어 버린다. 그래서 사람들은 계속 사람을 바꾸어 본다. 그러나 바꾸어야 할 것은 인간관계에 대한 나의 인식이지 상대방 사람이 아니다.

　이제 다시 믿음의 큰 틀 속에 있는 나의 작은 틀을 들여다보자. 하필이면 나의 속을 썩이는 그 사람이 왜 내 곁에 있는가? 하나님께서 나를 위해 친히 그곳에 두셨기 때문이다. 하나님께서 특별히 나를 위해 선택하시어 내 곁에 포진시키신 자라면, 최소한 내게 고통을 주지는 말아야 할 것 아닌가? 그런데도 왜 날이면 날마다 나를 괴롭히며 내 속을 썩이는 것인가? 하나님께서 그를 정으로 삼아 내 속의 모난 부분을 지금 갈아내고 계시기 때문이다. 흉기처럼 수많은 사람에게 상처를 주었던 나의 그 모난 마음을 말이다. 그런 방법이 아니고서는 내 마음이 크리스천답게 연마될 수 없음을 하나님께서 알고 계시는 것이다.

다윗이 아들 압살롬의 쿠데타로 황급히 왕궁을 버리고 도주할 때이다. 얼마나 상황이 다급했던지 맨발에 머리도 가다듬지 못한 상태였다. 누가 보아도 이제 다윗의 시대는 막을 내린 것 같았다. 그토록 비참한 모습으로 도망가는 다윗이 왕좌를 되찾는다는 것은 전혀 불가능해 보였다. 다윗이 바후림에 이르렀을 때다. 시므이라는 사람이 나타나 다윗에게 돌을 던지며 온갖 저주의 욕설을 다 퍼부었다. 시므이 보기에 다윗은 끝난 인생이었던 것이다. 다윗을 호위하던 아비새 장군이 시므이를 가만히 보고 있을 수만은 없었다. 도저히 용서할 수 없었던 것이다. 분기탱천한 아비새는 당장 시므이의 목을 베겠노라고 다윗의 허락을 구했다. 그러나 누구보다도 먼저 노해야 할 당사자 다윗은 침착하게 아비새를 만류하였다.

> 저가 저주하는 것은 여호와께서 저에게 다윗을 저주하라 하심
> 이니 네가 어찌 그리하였느냐 할 자가 누구겠느냐(삼하 16:10하)

다윗은 시므이의 저주를 단지 시므이의 행위로만 받아들이지 않았다. 다윗은 하나님께서 시므이를 통해 자신을 꾸짖고 계심을, 자기 속의 모난 부분들을 갈아내고 계심을 알았던 것이다. 압살롬 쿠데타의 원인 제공자는 따지고 보면 다윗 자신이었다. 그는 자신의 충복 우리아의 아내 밧세바를 범하고, 그 여인이 아이를 갖자 아예

남편 우리아를 죽여 버리고 말았다. 그러고는 천연덕스럽게 자기 아내로 삼아 버렸다. 그 일이 있고 난 후였다. 다윗의 장자 암논이 이복 여동생 다말을 강간한 뒤 나 몰라라 했다. 이에 격분한 다말의 친오빠 압살롬이 호시탐탐 기회를 노리다가 이복 형 암논을 죽여 여동생의 원한을 갚았다. 그리고 마침내는 아버지의 왕좌를 찬탈키 위해 아버지를 죽이려고 덤벼든 것이다. 계속 이어진 이 패륜적 사건들은 모두 자식들이 아버지 다윗에게서 배운 대로 한 짓들이었다. 누구를 탓할 일이 결코 아니었다. 시므이로부터 저주의 욕을 들으면서 다윗은 확연하게 깨달았다. 하나님께서 시므이의 저주를 통해 자기 속 욕망의 모난 각들을 깨고 부수고 갈아내고 계심을 말이다. 그래서 다윗은 시므이의 저주로 인해 자기 속상함을 피하려 하지 않았다. 오히려 하나님의 그 정 앞에 자신을 맡겼다. 그 이후 다윗이 다시는 같은 죄악을 반복치 않았다는 것은 결코 우연의 산물이 아니었다.

그러므로 믿음의 큰 틀 속에 거하는 사람이라면, 내 곁의 사람이 나의 속을 썩일 때 피하려 해서는 안 된다. 그를 변화시키려 해서도 안 된다. 눈물을 삼키면서도 속썩임을 당해야 한다. 그래야 주님의 손길에 의해 나의 마음이 큰 그릇으로 변화될 수 있다. 내가 큰 그릇이 되어 그를 품는 순간부터 그로 인한 나의 속상함도 종지부를 찍게 되고, 속상함이 더 이상 속상함으로 여겨지지 않는 것은, 이미 그와의 관계에서 문제였던 것이 더 이상 문제되지 않음을 의미한다.

잊지 마라. 하나님께서 그 사람을 그대 곁에 두신 것은 그를 변화시키려 하심이 아니다. 그를 통해 그대 자신을 변화, 다시 말해 키우시려는 것이다.

재물

믿음이 출중하다는 사람도 재물로부터는 자유롭지 못하다. 이를테면 구제를 즐겨 행하고 웬만한 일은 덮어 줄 줄 아는 아량을 지닌 자라도, 이유의 옳고 그름을 떠나 자신의 의사와 무관하게 금전적인 손실을 당하면 그 상황을 쉽게 받아들이지 못한다. 밤잠을 설치면서까지 견디지 못해 한다. 그러나 누구든 자기 인생을 되돌아보면 언젠가 전혀 예상치 않았던 물질―금액의 다소를 막론하고―이 주어졌던 경우, 혹은 자신이 예상했던 것보다 더 큰 이득을 본 경우가 반드시 있었을 것이다. 그런 일이 한 번도 없었다고 부정할 자는 아무도 없을 것이다. 희한한 것은 그처럼 과외로 들어온 물질은 당연히 자신의 것으로 간주하면서도, 자신의 것이 타인에게 빠져 나가는 것은 그 누구도 용납하려 하지 않는다는 것이다.

그러나 믿음의 큰 틀 속에 있는 나의 작은 틀을 들여다보자. 지난 세월 언젠가 내가 상상치도 않았던 물질을 주셨던 분이 누구신가? 하나님이시다. 나의 물질이 나의 뜻과는 상관없이 누구에겐가 흘러가게 하신 분은 또 누구신가? 역시 하나님이시다. 물질의 교통 정리자는 하나님이시요, 나는 단지 그 물질이 거쳐 가는 통로 혹은 창고에 지나지 않는다. 하나님의 선하신 뜻에 따라 물질이 내게 흘러올 수 있듯이, 내 주머니의 물질이 그분의 섭리에 따라 제3자에게 얼마든지 흘러갈 수 있다. 그러므로 바른 믿음의 틀 속에 거할 때에만 물질로 인해 시험에 들거나 사람을 잃지 않을 수 있고, 일평생 청지기의 사명을 청정하게 수행할 수 있다.

물건 혹은 상품의 참된 가치 또한 바른 믿음의 틀 속에서만 바르게 분별할 수 있다. 한국인들은 세계 어느 민족보다도 명품을 좋아한다. 제네바에서 가장 고급 백화점의 진열품들도, 질과 양 모든 면에서 서울 유명 백화점에는 미치지 못한다. 이제 다시 하나님의 큰 틀 속에 끼워져 있는 나의 작은 틀을 주목해 보자. 내가 지금 아무리 값비싼 명품들로 나를 두르고 있다 한들, 그것들은 모두 나의 작은 틀 속에서 미래의 쓰레기일 뿐이다. 제1장에서 황제의 논리와 영원의 논리에 대해 상고해 보았다. 황제의 논리는 나의 작은 틀을 목적으로 삼는 것이요, 영원의 논리란 하나님의 크고 영원한 틀을 지향하는 것이다. 그러므로 영원과 단절되어 나의 작은 틀에 갇혀 있는 한, 설령 그 속에서 내가 황제처럼 살지언정 나 자신은 물론이요 나에게 달린 모든 것들 역시 내일의 쓰레기에 지나지 않는다.

　제1장에서 언급한 바와 같이 내가 살고 있는 합정동 한강변엔 가톨릭 성지인 절두산(切頭山)이 있다. 누에의 머리를 닮았다고 하여 본래 잠두봉(蠶頭峰)이었던 이 봉우리가 절두산으로 불리게 된 것은, 1866년(고종3년) 병인양요 때 흥선대원군이 서양 오랑캐로 더럽혀진 한강물을 서학도(西學徒)의 피로 씻어야 한다며 1만 명이 넘는 가톨릭 신자들을 여기에서 참수형에 처했기 때문이다. 한국 가톨릭은 1966년 병인순교 100주년을 기념하여 이곳에 절두산 순교 기념관을 건립하였다. 기념관은 순교자 기념 성당과 박물관, 교육관 등으로 이루어져 있다. 그런데 근래 대대적인 보수작업에 들어가기 직전까지 기념 성당 아래층 바깥쪽 유리창 안엔, 1976년 한국 최초의 국산 고유 모델로 생산되었던 검남색 '포니' 승용차가 전시되어 있었다. 그리고 그 앞에는, 한국인 최초의 주교였던 노기남 신부님이 1984년

세상을 떠날 때까지 타던 승용차란 설명판이 놓여 있었다. 가톨릭 지도층 신부님들이 그보다 훨씬 큰 차를 타는 것과는 달리, 노 신부님은 죽는 날까지 그 작은 차로 만족하며 살았던 것이다.

포니는 조랑말을 뜻하는 문자 그대로 소형 승용차이다. 배기량이 불과 1,238cc에 지나지 않았으니, 포니를 직접 눈으로 보지 못한 젊은이도 그 크기를 충분히 짐작할 수 있을 것이다. 그에 반해 노기남 신부님은 6척 거구였다. 모든 것이 대형화된 현재의 관점에서 보면, 거구의 신부님이 포니 운전석에 앉아 과연 다리는 제대로 뻗을 수 있었을까 의구심이 들 정도로 그곳에 전시되어 있는 포니는 왜소해 보이기만 했다.

30년 전 포니는 시판과 동시에 폭발적인 인기를 구가, 불과 몇 년 만에 생산 30만 대를 돌파하는 돌풍을 일으켰다. 전국 어디나 포니 천국이라 해도 과언이 아닐 정도였다. 그런데 그 많던 포니가 다 어디로 갔는가? 몇 해 전 인터넷을 통해 첫해에 생산된 포니를 가져오면 포상하겠다는 현대자동차의 광고를 본 적이 있다. 포니 제작사마저 옛 포니를 찾기 위해 공개적인 광고를 해야 할 정도로 포니는 우리의 시야에서 사라져 버리고 말았다. 대체 다 어디로 가 버렸단 말인가? 두말할 것도 없이 모두 고철이 되어 용광로 속에서 녹아 버리고 말았다. 그런데 왜 노기남 대주교의 포니는 기념 박물관에 소중하게 전시되어 있는가? 노 신부님은 그 차를 자신의 작은 틀이 아닌 하나님의 큰 틀을 위해, 다시 말해 영원을 위한 도구로 쓴 까닭이었다. 하나님의 영원과 접속되어 있는 자는 세상 것의 크고 작음에 연연해하지 않는다.

그렇다면 이런 생각을 해 보자. 노 신부님이 그 옛날 포니를 구입할 때, 만약 하루 전에 자동차를 인도받았다면 어떻게 되었을까? 반대로 하루 늦게 자동차를 구입했다면 그 결과는? 어느 쪽이든 절두산 박물관엔 다른 포니가 전시되어 있을 것이고, 지금 박물관에서 귀중하게 대접받고 있는 포니는 이미 용광로 속에서 해체되고 말았을 것이다.

물건의 참된 가치는 가격표나 상표에 의해 결정되지 않는다. 가격과 상표만을 보고 물건을 구입하는 것은 미래의 쓰레기를 돈 주고 사는 짓이다. 물건의 참된 가치는 나의 작은 틀을 뛰어넘어 하나님의 큰 틀, 영원의 도구로 사용할 때 위로부터, 하나님의 큰 틀로부터 주어지는 것이다. 그때 고철 같은 포니도 귀중한 박물관의 전시품이 되고, 내가 남긴 볼품없는 몽당연필마저도 영원한 진리를 향한 의미심장한 이정표가 될 수 있다. 오직 바른 믿음의 큰 틀 속에 거하는 자만 헛된 물질의 유혹에 빠지지 않고 근검절약할 수 있는 까닭이 여기에 있다.

심판

> 수일 후에 벨릭스가 그 아내 유대 여자 드루실라와 함께 와서 바울을 불러 그리스도 예수 믿는 도를 듣거늘 바울이 의와 절제와 장차 오는 심판을 강론하니 벨릭스가 두려워하여 대답하되 시방은 가라 내가 틈이 있으면 너를 부르리라 하고(행 24:24-25)

사도 바울이 가이사랴의 감옥에 갇혀 있을 때였다. 당시 총독이었던 벨릭스가 바울을 불러내어 '예수 믿는 도', 즉 믿음의 요체가 과연 무엇인지를 물었다. 이에 대하여 바울은 믿음의 요체를 '의, 절제, 심판'으로 일목요연하게 설명하였다.

'의'를 쉽게 표현하면 '하나님과의 바른 관계'다. 건강한 부부란 쌍방 중 누구도 탈선이나 외도 없이 서로 자신의 책임과 의무를 다하는 부부, 즉 바른 관계를 존중하는 부부다. 믿음 역시 마찬가지다. 믿음이란 하나님과 바른 관계를 맺고 지키는 것이요, 불신앙이란 이 관계를 무시하는 것이다. 우리말로 '절제'라 번역된 그리스어 '엥크라테이아(enkratia)'는 흔히 오해하듯이, 조금 덜 하거나 아낀다는 말이 아니다. 칼로 무를 자르듯 아예 잘라내어 버린다는 의미다. 하나님과 바른 관계 속에 있는 자라면 자를 것을 잘라내는 것은 지극히 자연스런 일이다. 그러므로 바울이 믿음의 요체를 '의'와 '절제'로 압축한 것은 바울 신학의 압권이다.

여기에서 우리가 유념치 않을 수 없는 것은 바울이 믿음의 마지막 요체를 '심판'으로 규정했다는 사실이다. 현대 교회에서 심판이란 단어는 거의 실종되어 버렸다. 심판을 상실한 현대 크리스천의 신앙은 그 절대기준이 하나님의 말씀에서 자기 자신으로 둔갑하는 기현상을 초래하였다. 바로 이것이, 오늘날 크리스천들이 믿지 않는 불신자들로부터 비판의 대상으로 전락한 주요 이유 중의 하나일 것이다. 심판을 믿지 않는 자는 하나님과 바른 관계를 갖기보다는 자기 편리한 이기적인 관계를 지향하고, 그런 신앙으로는 자를 것을 미련 없이 잘라내는 믿음의 도가 실천될 리가 만무하다. 그러나 신약성경을 삼분의 일이나 기록하였던 바울은 심판이 믿음의 요체임을 분명히 밝히고 있다. 심판은 그토록 중요하다.

믿지 않는 자에게 심판은 멸망이지만, 구원받은 크리스천에게 심판이란 하나님의 셈하심이다. 주님께서 마태복음 25장의 달란트 비유를 통해 지적해 주셨듯이, 모든 크리스천은 하나님께서 맡겨 주신 물질과 건강 그리고 인생과 가능성을 무엇을 위해 어떻게 사용하였는지 하나님의 셈하심을 받아야 한다. 어떤 의미에서건 하나님의 심판을 모면할 수 있는 자란 있을 수 없다. 이처럼 크리스천의 삶과 불가분의 관계에 있는 심판이기에 바울이 심판을 믿음의 요체로 정의했고, 무릇 크리스천이라면 누구나 하나님의 심판을 의식하며 살아가야 할 당위성이 여기에 있다. 그런데도 왜 오늘날 크리스천의 삶 속에서 심판은 실종되어 버렸는가? 왜 크리스천들은 하나님의 심판과는 무관하게 살고 있는가? 하나님의 심판이란 먼 훗날, 그러니까 세상 끝 날에나 임하는 것처럼 그릇 이해하고 있기 때문이다. 이것은 마치 학생에게 30년 후에 시험을 칠 것이라고 말했을 경우, 그 어떤 학생도 시험을 의식하면서 오늘을 살아가지는 않을 것과 같은 이치다.

하나님의 심판과 관련하여 빼어 놓을 수 없는 성경구절이 있다.

> 스스로 속이지 말라 하나님은 만홀히 여김을 받지 아니하시나니 사람이 무엇으로 심든지 그대로 거두리라 자기의 육체를 위하여 심는 자는 육체로부터 썩어진 것을 거두고 성령을 위하여 심는 자는 성령으로부터 영생을 거두리라(갈 6:7-8)

심은 대로 거두게 하시는 것은 심판의 철칙이다. 악을 심은 자가 악을 거두고 선을 심은 자가 선을 거두게 하신다는 것은 얼마나 정의로운 하나님의 심판인가? 악을 심고서도 선을 거두기를 원한다면 그것은 스스로 자신을 속이는 짓이요, 나아가 하나님을 만홀히 여기는 경박한 짓이다. '만홀히 여긴다'는 그리스어 '뮉테리조(mukteerizo)'는 본래 '콧방귀를 뀐다'는 말이다. 제 멋대로 악을 심고서도 선을 거두리라 기대하는 자는 하나님의 말씀에 콧방귀를 뀌는 자임에 틀림없다. 중요한 사실은 어떤 경우에도 하나님께서는 콧방귀의 대상이 아니시라는 것이다. 반드시 심은 대로 심은 것을 거두게 하시기 때문이다.

　그렇다면 좀더 깊이 생각해 보자. 좋은 열매의 씨앗을 땅 속에 심었다 하자. 아무 일도 없다가, 어느 날 불현듯 좋은 열매가 마치 뻥튀기처럼 땅 속에서 불쑥 솟아오르는가? 그렇지 않다. 씨앗을 땅 속에 심는 바로 그 순간부터, 비록 땅 위에서는 아무 변화가 보이지 않을지라도 씨앗은 땅 속에서 '현재 진행형'으로 자라기 시작한다. 그리고 현재 진행형으로 움과 줄기가 땅 밖으로 돋아나고, 현재 진행형으로 성장하다가, 그 결과로 좋은 열매가 현재 진행형으로 맺히게 된다. 나쁜 열매의 씨앗을 심었을 경우도 이와 똑같다. 그러므로 심은 대로 거둔다는 것은 먼 훗날의 일이 아니라, 무엇을 심든 심는 그 순간부터 심은 것을 현재 진행형으로 거두는 것임을 의미한다. 바로 이것이 하나님 심판의 법칙이다. 심판은 세상 끝 날에 주어지는 것이 아니라, 언제나 현재 진행형으로 지금 계속되고 있는 것이다.

　이와 관련하여 우리가 주목해야 할 주님의 말씀이 있다.

> 사람이 내 말을 듣고 지키지 아니할지라도 내가 저를 심판하지 아니하노라 내가 온 것은 세상을 심판하려 함이 아니요 세상을

> 구원하려 함이로라 나를 저버리고 내 말을 받지 아니하는 자를 심판할 이가 있으니 곧 나의 한 그 말이 마지막 날에 저를 심판하리라(요 12:47-48)

매우 난해하게 보이는 말씀이다. 주님께서는 심판이 아닌 구원주로 오셨기에 주님의 말씀을 지키지 않는 자라 할지라도 심판치 않으시겠단다. 주님의 말씀이 여기에서 끝났다면 난해할 까닭이 없다. 그러나 주님의 말씀은 계속 이어졌다. 주님의 말씀을 저버리는 자를 심판할 이가 없지 않으니, 곧 주님의 말씀이 그를 심판하실 것이란다. 앞뒤가 서로 상반되어 보인다. 심판치 않으시겠다면서 또 심판하실 것이라는 것도 이해하기 어렵고, 더욱이 주님께서는 심판치 않으시나 주님의 말씀이 심판하실 것이라는 것은 더욱 난해하여 마치 억지논리처럼 보이기도 한다. 이것을 쉽게 설명하면 다음과 같은 의미다.

오늘날 우리 사회에서 가장 심각한 문제 중의 으뜸은 뭐니 뭐니 해도 부실공사일 것이다. 땅 위나 땅 속이나 부실 아닌 것이 드물 정도다. 외국인의 표현처럼 가히 한국은 부실 천국이다. 작년 11월에 필리핀을 다녀왔다. 출국하는 날 우리 집 맞은 편 집을 인부들이 헐고 있었다. 다세대 주택으로 신축하기 위함이었다. 그런데 필리핀에서 사흘 만에 돌아오니 새집의 기초공사는 물론이요 1층의 콘크리트 작업까지 이미 끝나 있었다. 불과 72시간 만의 일이었다. 그렇게 속전속결로 해치우고도 부실이 아니기를 바란다면, 도리어 그것이 이상한 일일 것이다.

부실공사란 공사와 관련된 자들이 부당한 이득을 취하기 위하여 관련 법규를 위반하는 것이다. 성실시공이란 복잡하거나 불가능한 일이 아니다. 공사와 관련된 법규를 제대로 지키기만 하면 그 결과는 자연히 성실시공이다. 부실공사가 초래될 까닭이 없다. 누군가가 부당한 이득을 취하려 관련 법규를 어기고 부실공사를 했다고 치자. 그런데 얼마 후 부실 건축물에 문제가 발생하여 부실 시공자들이 형사고발을 당했을 경우, 그들은 무엇에 의해 심판받게 되는가? 바로 그들이 어긴 법규에 의해 처벌받게 된다. 절대로 다른 법규에 의해서가 아니다. 그렇다면 우리는 여기에서 중요한 사실을 깨닫게 된다. 부실 시공자들에게 그들이 어긴 법규에 의한 심판이 시기적으로는 먼 훗날 주어진 것 같지만, 긴 안목에서 본다면 그들이 부실공사를 하는 순간부터 그 심판은 현재 진행형으로 그들에게 다가오고 있었다는 사실이다.

이것을 좀더 구체적인 예를 들어 생각해 보자. 1994년 현수경간(懸垂徑間)이 48미터나 붕괴되어 32명의 생명을 앗아간 성수대교는 부실공사의 대명사였다. 그 성수대교가 멀쩡하다가 하루아침에 느닷없이 무너져 내렸는가? 아니다. 1979년 10월, 관련 법규를 어기고 부실공사 끝에 준공되던 순간부터 계속 문제를 일으키고 있었다. 눈에 보이지는 않지만 속으로는 조금씩 주저앉고 있었던 것이다. 그러다가 결정적인 순간 더 이상 버티지 못해 허물어져 내리고 말았다. 그로 인해 부실공사 관련자들은 그들이 어겼던 법규에 의해 모두 처벌되었다. 그렇다면 그들이 시기적으로는 성수대교가 붕괴된 1994년 이후에 자신들이 어긴 법의 심판을 법정에서 받았지만, 그러나 1979년 성수대교가 부실준공 되던 순간부터 그 심판은 현재 진행형으로 그들에게 다가오고 있었음을 알게 된다. 이것이 주님께서 '사람이 무엇으로 심든지 심은 대로 거두리라' 말씀하신 의미요, '나를 저버리고 내 말을 받지 아니하는 자를 심판할 이가 있으니 곧 나의 한 그 말이 마지막 날에 저를 심판하리라' 하신 까닭이다.

노아의 경우도 마찬가지다. 노아는 하나님의 말씀을 믿고 하나님의 말씀을 좇아 운동장보다 더 큰 방주를 지었다. 그러나 동시대 사람들은 그와 같은 노아를 비웃었다. 그들은 단지 그들의 본능이 명령하는 대로 욕구를 따라 살았을 뿐이다. 마침내 하나님의 심판이 시작되었다. 홍수가 시작된 것이다. 방주를 지었던 노아 가족은 그 심판을 통해 인류의 두 번째 시조가 되는 영광을 얻었지만 나머지 사람들은 모두 멸망당하고 말았다. 그 심판 역시 마지막 어느 한 시점에서 일어난 일이 아니다. 노아가 하나님의 말씀을 믿고 방주를 짓기 시작하던 순간부터, 나머지 사람들이 노아에게 콧방귀를 뀌면서 자기 쾌락만을 탐닉하던 그때부터, 하나님의 심판은 현재 진행형으로 그들의 삶 속에서 시작되고 있었던 것이다.

그대가 하나님의 셈하심의 심판대 앞에 직접 서는 것은 먼 훗날의 일일 수 있다. 그러나 그 셈하심은 그날 비로소 이루어지는 것이 아니라, 지금 그대 삶 속에서 현재 진행형으로 계속 중임을 잊지 마라. 심은 대로 거두게 하시는 것이 하나님 심판의 원칙이다. 그대가 주님의 말씀을 좇아 울더라도 말씀의 씨앗을 뿌리면, 그대의 삶 속에는 천지를 창조하신 하나님의 영원하신 말씀의 열매가 영원한 현재 진행형으로 결실되게 될 것이다. 그러나 단지 욕망을 좇아 욕망의 씨앗만을 뿌리고 있다면, 지금 이 순간 그대의 삶—외형적으로 아무리 거창하게 보여도—속엔 실은 허망한 물거품만 현재 진행형으로 명멸하고 있을 것이다.

　세상에서는 부실공사로 막대한 부당이득을 취하고서도 요행히 부실공사가 들통나지 않아 죽을 때까지 호의호식하는 경우가 얼마든지 있을 수 있다. 그러나 바른 믿음의 큰 틀을 들여다보라. 하나님의 큰 틀이 나의 작은 틀을 품고 있다. 하나님께서는 나의 일거수일투족을 다 보고 계신다. 그분 앞에서는 아무것도 숨길 수도, 속일 수도 없다. 그분은 결코 인간으로부터 만홀히 여김을 당하시는 분이 아니시다. 그러므로 그대가 믿음의 바른 틀 속에 거할 때에만 하나님의 심판이 언제나 현재 진행형으로 계속되고 있음을 명심하며 살아갈 수 있고, 그와 같이 날마다 심판을 의식하며 살아가는 그대의 삶 속에 믿음의 요체인 '의'와 '절제' 역시 현재 진행형으로 이루어질 것이다.

　다시 믿음의 큰 틀을 들여다보라. 그 속에 그대가 품겨 있다는 것은 얼마나 신비스런 기적인가?

4. 주차장? 혹은 주유소?

이제 우리는 영국의 신약학자 톰 라이트의 말에 귀를 기울일 때가 되었다.

> "사도 요한은 말씀이 육신이 되었다고 말한다. 그러나 오늘날의 교회는 그 육신을 다시 말씀으로 환원시키려 한다. 하지만 세상을 변화시키는 것은 육신이다."

현대 크리스천들이 하나님의 말씀을 지식적으로만 받아들일 뿐, 말씀대로 살려 하지는 않음에 대한 지적이다. 여기에서 육신이란 인간의 육체 그 자체가 아니라, 말씀을 좇아 사는 육신 즉 인간의 삶을 가리킨다. 하나님의 말씀이 높고 높은 하늘에만 머물렀던들 이 낮은 지상의 인간과는 아무 관련이 없었을 것이다. 그야말로 모호하고 추상적인 천상의 소리에 지나지 않았을 것이다. 그러나 그 말씀이 인간의 육신을 입고 우리 가운데 오심으로 그 말씀은, 육신을 지닌 우리를 위한 우리의 말씀이 되셨다. 그 말씀으로 인해 우리 자신이 먼저 새로워지고 그 말씀 안에서 영원을 건져 올리며, 그 말씀의 능력을 힘입어 세상을 새롭게 변화시킬 수 있게 되었다. 그러나 이것은 말씀의 육화(肉化, incarnation), 즉 그 말씀을 자신의 삶으로 실천할 때에만 가능하다.

하나님께서는 영이시다. 하나님께서는 손과 발을 갖고 계시지 않다는 말이다. 이것이 하나님께서 언제나 인간의 손과 발을 당신의 도구로 사용하시며, 하나님의 말씀을 실천하는 자의 삶을 통해 당신의 역사를 이루어 가시는 이유다. 그렇기에 세상을 변화시키는 것은 인간의 삶과 괴리된 말씀이 아니라, 그 말씀대로 살아가는 자의 육신, 곧 삶이다. 하나님께서 그런 자의 삶을 도구 삼아 일하시는 까닭이다. 따라서 육신으로 오신 말씀을 단지 말씀만으로 환원시키고 있는 오늘날의 교회를 탄식하면서, 세상을 변화시키는 것은 오직 말씀을 좇는 육신임을 갈파하는 톰 라이트의 지적은 백 번 타당하다. 이런 관점에서 말씀 따로, 삶 따로의 이중적인 신앙생활은 시급히 시정되어야 한다. 말씀과 삶이 연결되지 않는 신앙이란 그 자체로 이미 신앙이 아니다.

주차장과 주유소는 그 기능과 목적이 명백하게 구별된다. 주차장은 자동차를 세워 두는 장소요, 주유소는 연료를 채우는 곳이다. 그러므로 급유받으려는 자가 주차장을 찾을 리 없고, 주차하려는 자가 주유소로 향할 리도 만무하다. 주유소에서 급유받는 이유는 목적지까지 갈 수 있는 에너지를 얻기 위함이다. 갈 곳이 없거나 어디로든 가야 할 이유도 없는 자라면 주유소를 찾을 까닭도 없다. 그 경우엔 주차장에 차를 세워 두기만 하면 된다. 그러나 그런 사람이라면 굳이 자동차를 구입할 이유도 없을 것이다. 이처럼 주유소의 목적이 분명할진대, 만약 어느 주유소가 들어오는 차를 모두 주차케 한 뒤 거기에서 계속 함께 노닐게 한다면 어떻게 될까? 누구도 그 주유소를 이용하려 하지 않을 것이다. 그것은 고객이 원하는 주유소가 아니기 때문이다.

　교회 혹은 신앙생활은 주차장을 의미하지 않는다. 그곳에 마냥 머물며 거기에서 즐기기 위함이 아니다. 교회 혹은 신앙생활은 주유소와 같다. 이 세상 속에서 크리스천으로 살아가기 위한 은혜와 영적 에너지를 공급받는 곳이 교회요, 신앙생활이다. 교회 혹은 신앙생활은 그 자체가 목적이 아니다. 만약 그것이 목적이라면 주차장처럼, 크리스천들은 신앙공동체 안에서만 머물러 있어야 한다. 교회 혹은 신앙생활의 목적은 죄악과 어둠에 물든 이 세상에서 진리의 빛을 발하며 그리스도의 증인으로 살아가기 위함이다. 그 삶의 무대는 교회 안이 아니라 교회 밖이다. 교회 안이 중요하다면, 크리스천들이 교회 밖에서 크리스천답게 살아가기에 필요한 주유소의 역할을 교회가 담당해야 하는 까닭이다.

　변화산에서 신비로운 은혜를 체험한 베드로는 그곳에 초막을 짓고 거기에서 천년만년 살기를 바랐다. 주차장을 원했던 것이다. 그러나 주님께서는 베드로의 요청을 일언지하에 거절하시고 산 아래, 여전히 죄와 악이 판을 치는 세상으로 내려가셨다. 이렇게 하여 주님께서는, 당신께서 이 땅에 오신 까닭이 주유소 역할을 하시기 위함임을 일깨워 주셨다. 어느 시대든 크리스천들이 살아야 할 곳은 변화산정이 아니라, 주님께서 향해 가신 변화산 아래 세상이다. 이것을 위해 교회가 존재하고, 신앙생활이 필요한 것이다.

사실이 이렇듯 명확함에도 오늘날의 교회는 주유소의 역할을 벗어 던지고 거대한 주차장으로 화하고 있다. 가능한 한 교인들을 조금이라도 더 교회 내에 묶어 두려 한다. 교회가 교인의 신앙 성숙도를 가늠하는 척도는 세상 속에서 얼마나 크리스천답게 말씀대로 살아가는가가 아니라, 일주일에 얼마나 더 많은 시간을 교회 봉사와 교회 프로그램을 위해 할애하느냐로 변질되었다. 이 와중에서 대부분의 교인들마저 교회의 주차장화에 길들여지고 말았다. 시급히 개선되어야 할 문제점이 아닐 수 없다. 교회가 주유소가 아닌 주차장을 지향하는 한 개교회가 대형화될 수 있을지는 모르나, 그 속의 사람들에 의해 세상이 새로워질 수는 없다. 그들의 신앙생활이란 톰 라이트의 지적처럼 육신이 배제된 공허한 말공부에 지나지 않을 것이요, 그런 자는 교회 밖 세상 속에서 또 한 명의 세상의 공범이 될지언정 세상을 밝히려 스스로 자신을 태우는 진리의 빛이 될 수는 없다.

인간의 말은 공기의 진동으로 전해진다. 그러나 단순한 공기의 떨림으로 사라져 버리는 말이 있는가 하면, 공기의 진동을 넘어 사람의 삶을 변화시키는 말도 있다. 물론 사람의 삶을 변화시키는 말이란, 곧 자신의 삶이 수반된 말임은 두말할 나위가 없다. 이런 의미에서 세상을 변화시키는 것은 말이 아니라 말씀을 좇는 육신임을 갈파한 톰 라이트의 지적은 아무리 강조해도 지나침이 없을 것이다.

사랑하는 청년이여!

교회 혹은 신앙생활을 주차장으로 여기는 우를 범치 말아라. 반드시 주유소로 삼으라. 주일예배를 통하여 영적 에너지를 주유받으라.

그 힘으로 한 주간을 세상 속에서 그리스도의 빛으로 최선을 다하며 살아라. 주님께서 그대를 부르신 것은 교회 내에서 안주하라 하심이 아니라, 그대의 육신을 통해 세상을 변화시키시기 위함임을 언제나 마음에 새기고 살아라. 이 어두운 사회의 미래가 그대에게 달린 것이다. 그러나 그대의 결심만으로 이 일이 이루어지는 것은 아니다. 베드로의 고백처럼 '내게 있는 것'—그대와 함께하고 계시는 주님에 대해 깨어 있을 때에만 가능하다.

눈을 들어 믿음의 큰 틀을 바라보라. 그대를 품고 계시는 하나님을 똑바로 쳐다보라. 그대가 어디를 가든, 그대는 그분의 틀 속에 있음을 잊지 마라. 그 믿음의 큰 틀을 날마다 의식하며 살라. 그분의 급유 속에서 이 세상을 가로지르는 진리의 기관차가 되라. 그대는 기필코 이 시대를 회복시키는 하나님 역작—하나님의 액자소설이 될 것이다. 그대는 비록 볼품없어도, '내게 있는 것'—그대를 품고 계시는 하나님께서 천지를 창조하신, 전능하신 하나님이시기 때문이다.

책을 닫으며

우리는 오랜 시간 동안 베드로의 삶을 함께 추적하며,
그의 삶을 거울 삼아 우리 자신을 비추어 보았다.

가이사랴 빌립보에서 역사상 가장 위대한 신앙고백을 드렸으면서도,
끝내 자기 욕망을 헤어나지 못해 순식간에 사단으로 전락했던 베드로.
죽을지언정 주를 버리지 않으리라 호언장담했건만 결정적인 순간,
대제사장 집 마당에서 주님을 부인하고 맹세하고 저주하다가
마주친 주님의 시선에 뛰쳐나가 가슴을 치며 대성통곡하던 베드로.
그러나 '내게 있는 것',
주님께서 자신과 함께하고 계심을 확신하면서부터 그가 달라졌다.
날 때부터 앉은뱅이였던 거지에게 손을 내밀어,
그로 하여금 일어나 뛰며 주님을 찬양케 하는 성전 미문의 베드로.
날이 샘과 동시에 목 베임 당할 것을 누구보다 잘 알면서도,
삼엄한 경비 속의 감방에서 두 다릴 뻗고 태연히 잠을 자는 베드로.
확실히 그는 예전과는 전혀 다른 베드로가 되었다.

그대의 신앙수준이 베드로의 어느 단계에 와 있는지 모른다.
비록 그대의 수준이 가이사랴 빌립보나,
대제사장 집 마당의 베드로와 같을지라도 전혀 절망할 것은 없다.
'그대에게 있는 것',
그대와 함께하고 계시는 주님을 바라보라.
그분을 믿음의 원천으로 삼아,
바른 믿음의 큰 틀을 지니고,
영원한 믿음의 논리를 반복하면서,
그대 중심으로 믿음의 자리를 고수하라.
그대는 앉은뱅이 같은 이 시대를 일으키는 성전 미문의 베드로,
이 사회를 부정과 부패, 불의와 절망의 감옥으로부터 이끌어내는
이 시대의 사도 베드로가 반드시 될 것이다.
그대가 믿는 주님께서는 박물관의 화석이 아니라,
살아 계신 전능하신 하나님이시기 때문이다.
이것을 깨닫고,
깨달은 대로 살아가는 것이,
그대가 여태까지 이 책을 읽은,
단 하나의 이유다.

> 베드로가 가로되 은과 금은 내게 없거니와 내게 있는 것으로 네게 주노니 곧 나사렛 예수 그리스도의 이름으로 걸으라(행 3:6)

믿음의 깊이를 더해 주는,
청년·대학생을 위한 홍성사의 책

고통의 문제

고통이 제기하는 지적(知的) 의문에 대한, 명쾌하고 강인한 신학적 답변!

"하나님이 선하고 전능하다면, 왜 자신의 피조물들이 고통을 당하도록 허락하시는가?"라는 지적 의문에 대해, 영국의 영문학자이자 사상가요 비평가이면서 한때 확신에 찬 무신론자였던 C. S. 루이스가 명징하고 강인한 신학적 답변을 시도한 작품.

"한 권의 책을 아무 거리낌 없이 칭송할 수 있다는 것은 정말 기쁜 일이다. 《고통의 문제》에 대해 할 수 있는 것이 바로 그것이다." —가디언 *Guardian*

C. S. 루이스 지음 / 이종태 옮김 / A5신변형 / 양장 / 248면

스크루테이프의 편지

영적 유혹과 인간 본성에 관한 탁월한 통찰력

경험 많고 노회한 악마 스크루테이프가 조카이자 풋내기 악마인 웜우드에게 인간을 유혹하는 방법에 관해 쓴 31통의 편지글. 가족간의 갈등, 기도의 어려움, 영적 침체, 인간의 본성, 남녀간의 차이, 사랑, 쾌락, 욕망 등 그리스도인들의 여러 삶의 영역들을 다루고 있다.

"탁월하고, 활기 넘치며, 도전적이고, 도발적인 책!"
—업저버 *The Observer*

C. S. 루이스 지음 / 김선형 옮김 / A5신변형 / 양장 / 208면

침묵

일본이 낳은 최고 현대소설가 엔도 슈사쿠의 대표 작품

17세기 일본의 기독교 박해 상황이라는 역사적 사실에 소설적 재미를 곁들여 진지하면서도 생동감 있게 서술하고 있다.

"나는 《침묵》을 세 번이나 연거푸 읽고 나서 나 자신의 신앙을 깊이 되살펴보았다. 《침묵》은 누구든지 꼭 읽어야 할 책이다."

–김진홍 목사 / 두레교회

엔도 슈사쿠 지음 / 공문혜 옮김 / A5신변형 / 양장본 · 보급판 / 312면

러빙 갓

거듭난 지성 찰스 콜슨이 들려주는 독보적인 대답

이 책은 리처드 닉슨 전 미국대통령의 특별고문이었던 저자가 워터게이트 사건에 연루되어 하루아침에 죄수로 전락, 칠흑 같은 교도소의 어둠 속에서 극적으로 체험한 하나님의 사랑이 있었기에 나올 수 있었다.

"한번 집어 들면 끝까지 읽지 않고는 내려놓지 못할 책이다."

–라이브러리언스 월드 *Librarians World*

찰스 W. 콜슨 지음 / 김지홍 옮김 / B6변형 / 양장 / 448면

한밤의 노크 소리

마틴 루터 킹 목사의 영감 넘치는 위대한 설교

'마틴 루터 킹 논문 프로젝트'를 통해 10년 넘게 킹 목사의 설교를 오디오로 녹음하고 글로 옮겨 적으면서 그의 많은 설교 가운데 가장 큰 감동을 준 설교들만을 가려내 묶었다.

"마틴 루터 킹의 설교에는 '말씀으로 체득한 설교자의 삶'을 통해 인간 존재의 심층부에서 참으로 쉬게 하고 치유하는 맑음뿐 아니라 말씀으로 시대를 읽어 내는 선명한 현실 인식으로 생명과 희망 그리고 새로운 힘을 불어넣어 준다."

–한종호 목사/〈기독교사상〉 편집부장

클레이본 카슨 · 피터 홀로란 엮음 / 심영우 옮김 / A5신변형 / 양장 / 280면

내게 있는 것
With What I Have

지은이 이재철
펴낸곳 주식회사 홍성사
펴낸이 정애주
국효숙 김의연 박혜란 손상범
송민규 오민택 임영주 차길환

2020. 1. 10. 초판 발행 2023. 12. 15. 30쇄 발행

등록번호 제1-499호 1977. 8. 1.
주소 (04084) 서울시 마포구 양화진4길 3   전화 02) 333-5161   팩스 02) 333-5165
홈페이지 hongsungsa.com   이메일 hsbooks@hongsungsa.com
페이스북 facebook.com/hongsungsa
양화진책방 02) 333-5161

ⓒ 이재철, 2003

• 잘못된 책은 바꿔 드립니다. • 책값은 뒤표지에 있습니다.

ISBN 978-89-365-0199-0 (03230)